Henning Melber / Kristin Platt (Hrsg.)

Koloniale Vergangenheit – postkoloniale Zukunft?
Die deutsch-namibischen Beziehungen neu denken

Mitte Mai 2021 wurde von den Sonderbeauftragten Deutschlands und Namibias als Ergebnis von neun Verhandlungsrunden seit Ende 2015 ein »Versöhnungsabkommen« paraphiert. Als bislang einzigartigen Schritt einer ehemaligen Kolonialmacht erkennt dieses Abkommen den in Südwestafrika verübten Völkermord politisch und moralisch an. Die vereinbarte »Geste der Anerkennung« wird seither in beiden Ländern kontrovers diskutiert.

Vor diesem Hintergrund stellt dieser Band die verschiedenen Perspektiven vor und lässt dabei unterschiedliche Stimmen aus Politik, Zivilgesellschaft und Kultur in Deutschland und die Sicht der Betroffenen in Namibia zu Wort kommen. Damit soll die Bandbreite der Meinungen und Versuche zur Bearbeitung der kolonialen Hinterlassenschaften am Beispiel des deutsch-namibischen Beziehungsgeflechts, aber auch im Umgang mit der Erinnerung an Massengewalt und Genozid in der Geschichte insgesamt dokumentiert werden.

Henning Melber kam als Sohn deutscher Einwanderer nach Namibia, wo er 1974 der SWAPO beitrat. Er war Forschungsdirektor des Nordic Africa Institute und ist Direktor emeritus der Dag Hammarskjöld Stiftung (beide in Uppsala), Extraordinary Professor an der Universität Pretoria und der University of the Free State in Bloemfontein sowie Senior Research Fellow des Institute for Commonwealth Studies der Universität London. Mehrere Buchveröffentlichungen bei Brandes & Apsel.

Kristin Platt ist Leiterin des Instituts für Diaspora- und Genozidforschung der Ruhr-Universität Bochum und Privatdozentin am Institut für Kulturwissenschaft der Humboldt-Universität zu Berlin. Zu ihren Arbeitsschwerpunkten gehören Fragen der Genozidforschung, Diasporaforschung und Traumaforschung. Ihr besonderes Interesse gilt der Untersuchung psychologischer, kultureller und sozialer Bedingungen von kollektiver Gewalt.

Henning Melber / Kristin Platt (Hrsg.)

Koloniale Vergangenheit – postkoloniale Zukunft?

Die deutsch-namibischen Beziehungen neu denken

Brandes & Apsel

Auf Wunsch informieren wir Sie regelmäßig mit unseren Katalogen »Frische Bücher« und »Psychoanalyse-Katalog«. Wir verwenden Ihre Daten ausschließlich für die Zusendung unserer beiden Kataloge laut der EU-Datenschutzrichtlinie und dem BDS-Gesetz. Bitte senden Sie uns dafür eine E-Mail an info@brandes-apsel.de mit Ihrer Postadresse. Außerdem finden Sie unser Gesamtverzeichnis mit aktuellen Informationen im Internet unter: www.brandes-apsel.de sowie www.kjp-zeitschrift.de

1. Auflage 2022

DTP: Brandes & Apsel Verlag
Cover: Brandes & Apsel Verlag unter Verwendung einer Fotografie von Reinhart Kößler, mit freundlicher Geneghmigung
Lektorat: Brandes & Apsel Verlag
Übersetzungen: Die Herausgeber*innen
Druck: STEGA TISAK d. o. o., Printed in Croatia
Gedruckt auf einem nach den Richtlinien des Forest Stewardship Council (FSC) zertifizierten, säurefreien, alterungsbeständigen und chlorfrei gebleichten Papier.
Bibliografische Information der Deutschen Nationalbibliothek:
Die Deutsche Nationalbibliothek verzeichnet diese Publikation in der Deutschen Nationalbibliografie; detaillierte bibliografische Daten sind im Internet über www.ddb.de abrufbar.

ISBN 978-3-95558-321-7

Inhalt

Deutschland und Namibia in Geschichte und Gegenwart: Namibische Wirklichkeiten

Vorwort

Am 18. Juni 2021 sendete der Deutschlandfunk in der Reihe »Wortwechsel« ein Gespräch zwischen Ruprecht Polenz, Michael Küppers-Adebisi und den für die Herausgabe dieses Bandes Verantwortlichen zum Thema: »Verbrechen der Kolonialmächte: Verjährt Verantwortung für Völkermord?«[1] Roland Apsel veranlasste dies, uns von der Idee zur Verwirklichung dieses Bandes zu überzeugen. Dass zwischen seiner engagierten Anregung und dem Erscheinen des Ergebnisses nur neun Monate liegen, verdanken wir der professionellen Betreuung und effizienten Arbeitsweise des Teams im Verlag, aber auch der tatkräftigen Unterstützung von Medardus Brehl am Institut für Diaspora- und Genozidforschung der Ruhr-Universität Bochum. Insbesondere aber der spontanen Bereitschaft so Vieler, auf unsere kurzfristige Einladung zur Mitwirkung positiv zu reagieren und zur inhaltlichen Gestaltung beizutragen.

Wir hoffen, dass der Versuch gelungen ist, die vielschichtigen Perspektiven in einem anregenden Panorama zu versammeln, das zeigt, dass wir die Erfahrung der kolonialen Vergangenheit nicht erinnern können, wenn sie nicht zuerst erzählt wird. Daher verbindet sich das allgemeinere Anliegen einer Auseinandersetzung mit kolonialer Geschichte und deren Herausforderungen in der Gegenwart Deutschlands mit dem Bemühen, bislang weitgehend ignorierten Stimmen aus Namibia Gehör zu verschaffen. Sie verdienen es, auf ihrer schmerzlichen Erkundungsreise durch ihre Erfahrungen mit deutsch-namibischen Wirklichkeiten ernst genommen und begriffen zu werden.

Viel zu lange hat sich Europa nur um sich selbst gekümmert und auch in der Beschäftigung mit dem »Anderen« weitgehend eurozentrisch zur Perpetuierung globaler asymmetrischer Machtverhältnisse beigetragen. Die Beitragenden eint in unterschiedlichen Formen und Perspektiven ein Engagement, dies zu ändern. Ganz im Wortsinn verbindet sich dies mit einer Bereitschaft zur Verständigung, wobei die Verständigung über die Bedeutung kolonialen Unrechts als erstes fordert, die Gegenwart der offenen Fragen zu

1 https://www.deutschlandfunkkultur.de/verbrechen-der-kolonialmaechte-verjaehrt-verantwortung-fuer-100.html.

erkennen, die von den Autorinnen und Autoren zur Sprache gebracht werden.

Henning Melber / Kristin Platt
Uppsala und Bochum

Henning Melber / Kristin Platt

Einleitung

> »Die Wahrheit ist: Wenn es um die Kolonialzeit geht, haben wir sonst so geschichtsbewussten Deutschen allzu viele Leerstellen! Wir haben blinde Flecken in unserer Erinnerung und unserer Selbstwahrnehmung. [...]
> Hier mehr Licht ins Dunkel zu bringen, das ist nicht nur eine Aufgabe für Historiker. Das Unrecht, das Deutsche in der Kolonialzeit begangen haben, geht uns als ganze Gesellschaft etwas an. [...] Die tieferen Wurzeln des Alltagsrassismus werden wir nur dann verstehen und überwinden können, wenn wir die blinden Flecken unserer Erinnerung ausleuchten, wenn wir uns viel mehr als bislang mit unserer kolonialen Geschichte auseinandersetzen.«[1]

Diese weitreichende Einsicht, die Bundespräsident Frank-Walter Steinmeier in seiner Rede zur Eröffnung des Humboldt-Forums im September 2021 artikulierte, findet in der Koalitionsvereinbarung für die im Dezember 2021 konstituierte neue Bundesregierung nur eine unzureichende Entsprechung. Unter dem Stichwort »koloniales Erbe« verpflichtet sich der Vertrag für 2021–2025 lediglich, »ein Konzept für einen Lern- und Erinnerungsort Kolonialismus« entwickeln und mit diesem »koloniale Kontinuitäten überwinden« zu wollen.[2] Das mag als Absichtserklärung begrüßt werden können, um einen weitreichenderen Aufarbeitungsprozess zu beginnen, der dann möglicherweise auch die »blinden Flecken« wissenschaftlicher und öffentlicher, künstlerischer und bildungsbezogener Beschäftigungen mit der kolonialen Vergangenheit Deutschlands in den Blick nimmt. Und doch entziehen sich die Worte der Verantwortung, an konkreten Vorhaben gemessen zu werden, wie beispielsweise der Errichtung einer zentralen Gedenkstätte für die Opfer von Kolonialismus. So vereinbart die Koalition zum Aspekt »Auswärtiger Kultur- und Bildungspolitik« weiter:

---

1 Bundespräsident Frank-Walter Steinmeier, Ausstellungseröffnung im Humboldt Forum in Berlin, 22. September 2021 (https://www.bundespraesident.de/SharedDocs/Reden/DE/Frank-Walter-Steinmeier/Reden/2021/09/210922-Humboldt-Forum.html;jsessionid=305522B3075371FA6BA6ACCD49FE4866.2_cid504?nn=9042544).

2 Mehr Fortschritt wagen – Bündnis für Freiheit, Gerechtigkeit und Nachhaltigkeit. Koalitionsvertrag zwischen SPD, Bündnis 90/Die Grünen und FDP, S. 125f. (https://www.tagesspiegel.de/downloads/27829944/1/koalitionsvertrag-ampel-2021-2025.pdf).

> »Die Aussöhnung mit Namibia bleibt für uns eine unverzichtbare Aufgabe, die aus unserer historischen und moralischen Verantwortung erwächst. Das Versöhnungsabkommen mit Namibia kann der Auftakt zu einem gemeinsamen Prozess der Aufarbeitung sein.«[3]

Erwächst Aussöhnung tatsächlich aus zu übernehmender historischer und moralischer Verantwortung?

Die Rede von der »historischen Verantwortung« steht stets in zwei Risiken: Zum einen im Risiko, bereits so sehr zur Formel geworden zu sein, dass sie überlesen wird; zum anderen im Risiko, bereits als so universale politische Figur gesprochen zu werden, dass sie nur noch in einem sehr flüchtigen Zusammenhang steht mit dem konkreten historischen Ereignis. Kann man eine »historische Verantwortung« übernehmen für etwas, das nur verklausuliert benannt wird, als tragisches Geschehen oder dunkler Beginn des 20. Jahrhunderts? Positiv lässt sich fraglos feststellen, dass mit der Erklärung zur Bereitschaft der Übernahme einer wie auch immer gestalteten Verantwortung die Diskussion darüber wegfällt, ab welcher Generation der Nachgeborenen politisch Entscheidende von der Stellungnahme entlastet sind. Doch was bedeutet es, wenn das Angebot, eine moralische Verantwortung zu übernehmen, als Gegenstand eines Vertrags formuliert wird, dessen Ziel, eben die »Aussöhnung«, bereits im Vertragstitel mit festgelegt wird? Warum darf nicht offen bleiben, wer sich im Prozess der »Aufarbeitung« begegnen wird? Warum scheint das Ziel, eine Verständigung über die Erfahrungen und ihre Bedeutungen im Heute zu suchen, zu riskant? Vielleicht ist es sogar eines der Hauptmerkmale der eigentümlichen Gattung von Verträgen über historische Erinnerung, gerade der Offenheit von Erinnerungsprozessen entgegenwirken zu wollen und die durch sie möglicherweise hervorgerufenen Verunsicherungen von vornherein zu verhindern.

Gerade dieser Verunsicherung will sich unser Band widmen. Der koloniale Genozid in »Deutsch-Südwestafrika«, der hier in seinen Fortwirkungen zur Sprache kommt, hat Tote ohne Begräbnisorte hinterlassen. Fotos, in denen eine kalte Dehumanisierung deutlich wird, Namen, die weitergetragen werden und doch keine Familiengeschichte beweisen. Er hinterließ eine Vielzahl von Beunruhigungen, die in den hier versammelten Beiträgen von ganz unterschiedlichen Perspektiven aus zur Sprache kommen. So wird die Beobachtung aufgeworfen, dass

3 Ebd., S. 126.

man »Aussöhnung« kaum wird denken können, wenn man den Erinnerungsprozess von vornherein auf Formen und Verfahren festlegt, die nicht auch von den Nachfahren der Überlebenden des Genozids wenigstens mitgestaltet werden. Es zeigt sich die Beunruhigung, ob tatsächlich eine universale moralische Antwort am Ende eines Prozesses der Aufarbeitung stehen sollte. Geht es nicht zunächst immer noch um Anerkennung? Wird die historische Anerkennung des Genozids einfach »übersprungen«? Es zeigt sich die Irritation, wie ein Erinnerungsprozess gestaltet werden kann, der einer politischen Praxis folgen soll, aber Gewaltordnung und Gewalt, Verlust und Trauma nicht konkret benennt. Die Beitragenden prüfen die politischen Redeformeln, aber vor allem fordern sie die Erinnerung selbst heraus. Von welcher Position aus ist überhaupt eine Erinnerung möglich, die man selbst versteht und die andere verstehen? Doch ist auch eine Vielzahl offener Fragen aufgekommen, die aus den Prozessen der Entwicklung und Durchsetzung des »Versöhnungsabkommens« selbst entstanden sind. Darunter Fragen danach, wer über Erinnerung verhandeln darf. Wo müssen »Sensibilitäten« berücksichtigt werden – und wo geht es gar nicht um »Sensibilitäten«, sondern um das Recht auf eine eigene Stimme?

Diese Fragen verweisen auf den konkreten Anlass des vorliegenden Bandes. Seit Mitte Mai 2021 sorgt das zwischen der deutschen und namibischen Regierung ausgehandelte »Versöhnungsabkommen« insbesondere in Namibia für Kontroversen. Der Text der Vereinbarung folgt dem Eingeständnis des Auswärtigen Amtes von Mitte 2015, dass die Kriegführung der »Schutztruppen« des Deutschen Kaiserreichs gegen die Ovaherero und Nama (sowie die oftmals nicht genannten Damara und San) zwischen 1904 und 1908 in der Kolonie »Deutsch-Südwestafrika« nach heutigem Verständnis (im moralischen und politischen, aber nicht rechtlichen Sinne) ein Völkermord gewesen sei. Von den Sonderbeauftragten beider Länder paraphiert, wurde es von Bundesaußenminister Heiko Maas im deutschen Bundestag Anfang Juni 2021 als Ergebnis von neun bilateralen Gesprächsrunden präsentiert. Der Sonderbeauftragte Ruprecht Polenz fasst wesentliche Inhalte des Dokuments, das von deutscher Seite als endgültig betrachtet wird, in seinem Beitrag zu diesem Band zusammen.

Das Eingeständnis von Gewaltverbrechen als integralem Teil kolonialer Unrechtsherrschaft seitens der deutschen Regierung fand auch internationale Aufmerksamkeit. Mit einer solchen Erklärung einen wichtigen Anfang zu setzen, die kolonialen Gewaltpraktiken aufzuarbeiten, wird heute als längst überfälliger Schritt von den ehemaligen Kolonialmächten erwartet. Wie konkret eine solche Aufarbeitung gedacht werden muss, bleibt dabei politisch brisant. Die Auseinandersetzungen um die einzugehenden Konsequenzen und die bisherigen Schritte zu einer Versöhnung zeigen deutlich die Grenzen des deutsch-namibischen Abkommens auf: einer seitens zweier Regierungen verfolgten (und erklärten) Völkerverständigung, die ohne maßgebliche Beteiligung beider Völker und nur unter höchst begrenzter Beteiligung der Nachfahren der von den Gewaltakten betroffenen Bevölkerungsgruppen ausgehandelt wurde.

Das Abkommen hält dazu fest:

> »Deutschland bittet die Nachkommen der Opfer um Entschuldigung und verneigt sich vor ihnen. (...) Die Regierung und die Bevölkerung Namibias nehmen Deutschlands Entschuldigung an und sind überzeugt, dass sie den Weg für dauerhaftes beiderseitiges Verständnis und für die Festigung der besonderen Beziehungen zwischen den beiden Nationen [...] ebnet.«[4]

Nicht zuletzt angesichts der Reaktionen aus den Reihen der Nachfahren der von der Vernichtungsstrategie betroffenen Bevölkerungsgruppen im heutigen Namibia ist dies eine voreilig getroffene, aber auch eine unzutreffende Übereinstimmungserklärung. Sie verdeutlicht die Aneignung einer Position zugleich des Sprechers und Entscheiders, zeigt eine Anmaßung von Regierungen, die für sich reklamieren, die Menschen ihrer Staaten zu vertreten, ohne dass diese auch nur ansatzweise vollumfänglich an den Prozessen beteiligt wären. In Fragen politischer Repräsentanz – zumal in internationalen Zusammenhängen –- mag dies ein unumgänglicher Widerspruch sein. Aber wenn es um Verständigung geht – und sogar um ein deklariertes »Versöhnungsabkommen« –, kann eigentlich allein die von Bundespräsident Steinmeier im Eingangszitat diagnostizierte Notwendigkeit leitend sein, dass Versöhnung nur mit selbstkritischen (Neu-) Positionierungen einhergehen kann.

Die kritische Frage an die kultur- und mentalitätsgeschichtlichen Grundlagen unserer Weltbilder, an die Wissensrahmungen der heutigen Eigen- und Fremdwahrnehmungen, die Hinterfragung gültiger

4 Gemeinsame Erklärung der Bundesrepublik Deutschland und der Republik Namibia »Vereint im Gedenken an unsere koloniale Vergangenheit, vereint im Willen zur Versöhnung, vereint in unserer Vision für die Zukunft«. Inoffizielle Übersetzung, vom Auswärtigen Amt an die Parteien im Deutschen Bundestag übermittelt, Paragraph III/13 und Paragraph IV/14., S. 4 und 5.

Verständnisse von Kultur und Gesellschaft müssen die Ausgangsposition bestimmen, von der aus nur eine Verständigung begonnen werden kann. Dazu muss auch die Bereitschaft gehören, den Sichtweisen, Wahrnehmungen und Erfahrungen der »Anderen« einen Raum zu bieten, diese nicht nur zur Kenntnis zu nehmen, sondern sich auch ansprechen zu lassen. Aussöhnung kann nicht vorgeschrieben werden, oder doch nur, wenn man den Erinnerungsprozess von vornherein ausschließt, indem die Erinnernden ausgeschlossen werden.

Dabei sind die Erinnernden, die um die Geschichte ringenden Personen, die in diesem Band an die Fragen der Bedeutung kolonialer Vergangenheit heranführen, höchst anwesend – selbst wenn sie auf den Stelen des Holocaust-Denkmals (mit Dank an Reinhart Kößler für das Titelbild) realisieren, dass die eigene Geschichte noch kaum erzählt ist.

Viele der Beitragenden zu diesem Band beteiligen sich »anders« an dem Versuch zur Verständigung. Kritisch. Offen. Irritiert. Unversöhnlich. Unversöhnt. Kompromisserprobt. Kompromissmüde. Dabei suchen sie zu zeigen, dass man den Prozess der Aufarbeitung nur beginnen kann, wenn man sich der Vielschichtigkeit von Erfahrungen, Erinnerungen und Einschätzungen stellt. Aussöhnung kann nur begonnen werden, wenn man den Konflikt der Begegnung zulässt. Dies schließt auch Missverständnisse und das Missverstehen ein.

Wenn wir im öffentlichen und politischen Raum über Verständigung sprechen, suchen wir nach Strategien, die eine Basis schaffen wollen, damit diese in der Zukunft gelingt. Der Band will darauf aufmerksam machen, dass Verstehen nur gelingen kann, wenn wir akzeptieren, dass die Herausforderung kolonialer Verbrechen kein Kapitel aus einer Vergangenheit ist, das auf dunkle Weise fortwirkt. Es kommt zukünftig nicht darauf an, die Gedenktage um einen weiteren zu erweitern, sondern unsere eigenen Erzählungen neu zu hinterfragen.

Eine Vielzahl aktueller Bildungsprojekte, die sich der Erinnerung an die Shoah widmen, geht von der Feststellung aus, dass mit dem Tod der Überlebenden die Nähe, die Verpflichtung an die Gewaltpolitik des Nationalsozialismus nachlassen könnte. Als Antwort wird die Erweiterung und Übernahme der Zeugenschaft probiert.

Sprechen die Überlebenden nach ihrem Tod wirklich nicht mehr? Dieser Band dokumentiert, dass die Stimmen nicht verstummt sind, dass sie die öffentlichen Gedenkformen nach wie vor irritieren können und in der Familienerinnerung schmerzhafte Lücken beschreiben.

Ein erster einführender Teil leitet mit drei Beiträgen in ausgewählte thematische Aspekte ein. Diese befassen sich mit Überlegungen zum

Umgang mit Völkermorden als genereller Herausforderung einer Gedenk- und Erinnerungskultur, skizzieren den Umgang mit dem Völkermord des deutschen Kaiserreichs in der deutschen Geschichte und Gegenwart und stellen eine kritische Übersicht zu den einschlägigen Debatten und Initiativen im deutschen Bundestag seit der Unabhängigkeit Namibias vor.

In einem zweiten Teil werden Überlegungen zu einer europäischen und insbesondere deutschen Bearbeitung des kolonialen Verhältnisses präsentiert. Namibia bildet dabei einen besonderen, aber keinesfalls ausschließlichen Bezugspunkt. Die Beiträge präsentieren Stimmen aus Politik, Zivilgesellschaft und Kultur und eröffnen ein Panorama unterschiedlicher Blickwinkel und Perspektiven. Sie machen deutlich, dass mit jeder Generation neue Herausforderungen, neue Fragen an die Geschichte gestellt werden.

Der dritte Teil öffnet einen Raum, um Erfahrungen und Sichtweisen von Menschen aus Namibia zur Sprache bringen zu können. Eingebunden in unterschiedliche generationale, politische und soziale Lebenszusammenhänge, verschiedene Herkünfte und höchst unterschiedliche biographische Prozesse beweisen sie die Diversität der Fragen an die Bedeutung der Geschichte. Aber sie beweisen mit den Fragen an die Vergangenheit, die keine ist, dass es zunächst noch nicht um Versöhnung, sondern erst einmal um Resonanz gehen muss.

Die Beiträge verbinden mit den sorgsamen, kritischen, vorsichtigen oder auch enttäuschten Reflexionen die Hoffnung, tatsächlich einen Schritt zu einer deutsch-namibischen Verständigung leisten zu können. Dieser Schritt schließt sich explizit an eine Frage an, die von Yosef Hayim Yerushalmi (1932–2009) gestellt worden ist: Ob möglicherweise das Antonym (also die entgegengesetzte Bedeutung) von »Vergessen« nicht »Erinnerung« sei, sondern »Gerechtigkeit«?[5]

5 Yerushalmi, Yosef Hayim: *Zakhor. Jewish History and Jewish Memory.* Seattle WA/London 1996, S. 117.

Kristin Platt

Gewalt, Trauma und Erinnerung

Zum Umgang mit Völkermord

Im öffentlichen Reden über die Erinnerung an historische Verbrechen geht es zumeist um die Bestätigung, dass wir aus dem, was hinter uns liegt, lernen wollen für die Zukunft. In dieser Denkfigur stecken zwei, vielleicht sogar drei Selbstvergewisserungen. Zum einen ist die Bestätigung integriert, dass wir das, was hinter uns liegt, kennen, dass wir es benennen können und dann auch zu bewahren in der Lage sind. Zum anderen aber geht es auch um die Vergewisserung, dass das, was wir erinnern, tatsächlich vorbei ist. Denn in Öffentlichkeit und Politik ringen wir nicht zuletzt um die Bedeutung der Erinnerung, um damit den Geistern der Vergangenheit entgegenzuhalten, dass ihre Stimmen heute nicht mehr gültig sind. Mit der historischen Verantwortung, die wir mit den Narrativen des öffentlichen Gedenkens übernehmen, und dies ist dann doch eine dritte Selbstvergewisserung, wird nicht zuletzt eine Ablösung des Gestern durch das Heute betont. Politisches Gedenken basiert auf der manifesten Überzeugung, dass wir im Heute von einer gewachsenen Einsicht in die Bedeutung eines jeweiligen Ereignisses ausgehen können.

Die Skepsis, die aktuell dem Abkommen zwischen den Regierungen Namibias und Deutschlands über die Schritte zu einer gemeinsamen Erzählung der Vergangenheit entgegengebracht wird, fordert dazu auf, übergreifende Fragen an die Bedingungen und Formen postkolonialen Erinnerns zu stellen.[1] Es drängt zunehmend in den Vordergrund, dass als sicher angenommenes Wissen über die Strukturen von Geschichte, die Funktionen von Erinnerung oder den Ort der Vergangenheit relativiert werden muss. Nicht zuletzt wird den derzeitigen Diskussionen auch deshalb international eine hohe Aufmerksamkeit entgegengebracht, weil die europäischen Staaten nicht auf ihre kolonialen Vergangenheiten zugehen können, ohne dass es notwendig wird, ins-

1 Der Begriff »postkolonial« wird hier hinsichtlich zweier Bedeutungen verwendet: zum einen als Markierung der zeitlichen Gegenwart »nach« der Phase des Kolonialismus, zum anderen mit Verweis auf die theoretischen Ansätze der Postkolonialismus-Studien. Dabei schließt sich der Beitrag nicht explizit einer spezifischen theoretischen oder methodischen Vertiefung der Postcolonial Studies an.

titutionalisierte politische Diskursformen einer kritischen Prüfung zu unterziehen.

Konzeptuelles Gedenken

Die Formen des Gedenkens, die in Europa in Bezug auf die beiden Weltkriege und den Holocaust, aber auch in Bezug auf spezielle nationale Ereignisse von Gewalt und Trauer entwickelt worden sind, basieren auf einer Vermittlung zwischen formalen Ritualisierungen und situativ präsentierten Emotionen. Mit dieser Vermittlung wird die Aussage unterstrichen, dass »wir alle« von dem jeweils zu gedenkenden Ereignis betroffen seien, dass das zurückliegende Geschehen »uns alle« angehe. Über die Ausweitung der Betroffenheit wird es möglich, die Aufforderungen zu erinnern, an die Konstruktion eines »uns« zu richten. Die Zuschreibung einer Bedeutung an das Ereignis und einer Botschaft, die »uns alle« betreffen soll, gelingt, wenn das Ereignis als vergangen, das heißt als abgeschlossen betrachtet werden kann. Diese Bedeutungsfestschreibung basiert auf der Überführung des Geschehens in einen historisch-politischen Gegenstand, der nicht mehr nur durch die Erfahrung der Opfer erschließbar ist. Die Opfer selbst werden in ihrer Position transformiert: Sie werden von den Zeugen eines Ereignisses zur moralischen Figur, in die jeder, der gedenken will oder gedenken soll, hineinschlüpfen kann. Der Preis für die »Anerkennung« der Erfahrung der Opfer ist die Übernahme in eine nicht mehr relativierte Gedenkerzählung. In dieser stehen die Opfer jedoch nicht mehr für die Geschichte, sondern für die Botschaft, die mit der Gedenkpolitik durchgesetzt wird.

Fraglos geht es beim Bemühen um die Etablierung von Versöhnungs-, Wahrheits- und Gedenkpolitiken um Gerechtigkeit und Verantwortung. Versöhnungspolitik sieht keine Akte globaler Umarmungen vor, noch folgt sie einer naiven Friedensidee. Sie ist hingegen als Teil der Transformation nationaler Geschichtsbilder zu sehen, die gesellschaftliche Neugestaltungen begleiten oder vorbereiten.

In den Politiken nationaler Anerkennung und Entschuldigung, wie sie in den letzten Jahren zum Beispiel in Australien verfolgt wurden, zeigt sich eine institutionalisierte »konzeptuelle Diplomatie«.[2] Gesprächsrunden, Sprecher, Expertengutachten oder Anhörungen sollen

2 Niezen, Ronald: *Public Justice and the Anthropology of Law*, New York NY 2010, S. 16.

nicht nur die Spannungen mindern, die Versöhnungspolitiken begleiten oder die in politischen Prozessen der Versöhnung jeweils gefürchtet werden. Im Rückblick zeigt sich, dass gerade die strukturellen Formen, das heißt die Auswahl der Gesprächsorte oder die Formen der Anhörungen, Foren entstehen lassen, die den Kreis der Verhandelnden verengt und den Verhandlungsgegenstand zu einem Spezialwissen mit vereinheitlichtem Vokabular zusammenschließen. In Bezug auf die Frage postkolonialer Versöhnungsdiplomatie ist zudem zu bedenken, dass der »Metadialog«[3] von den ordnungsbezogenen, grammatikalischen und symbolischen Bausteinen westlicher Diskurse bestimmt ist: Dazu gehören die Ideen, dass die »gemeinsame Trauer« die »Wunden« der Vergangenheit zu schließen vermöge, dass mit dem gemeinsamen Erinnern die Opfer nicht vergessen werden, oder sogar, dass mit dem gemeinsamen Gedenken eine Läuterung zum moralisch Guten manifest geworden sei.

Die heutigen politischen Prozesse einer *Transitional Justice*, welche Aufklärungs- und Versöhnungsaufgaben verbinden, knüpfen an Erfahrungen der Wahrheits- und Versöhnungskommissionen in Mittel- und Südamerika sowie in Südafrika an. Dabei wird der Erfolg gesellschaftlicher Versöhnungspolitik davon abhängig gemacht, ob es gelingt, im Prozess der Versöhnung keine gesellschaftlichen Spannungen herauszufordern.[4] Dieses Ziel kann mit dem Bemühen um strafrechtliche Verfolgungen und Reparationen durchaus in einen Konflikt geraten.

Formen des Gedenkens würden also die Einsicht, dass die kolonialen Vergangenheiten der europäischen Staaten politische und soziale Tatsachen geschaffen haben, die bis heute fortwirken, nicht behindern. Aber sie würden die Fragen nach der Bedeutung der kolonialen Vergangenheit begrenzen. Das koloniale Gewaltereignis soll über die Prozesse des versöhnenden Gedenkens eingeordnet werden in größere Zusammenhänge. Dabei wird festgeschrieben, welche übergreifenden historischen Linien und Entwicklungen durch das jeweilige Ereignis verdeutlicht werden können. Das Gedenken, zu dem sich Regierungen entschließen und das von Öffentlichkeiten akzeptiert und dann auch mitgestaltet wird, basiert fest auf der Inanspruchnahme von Wissen und Objektivität. Nicht zuletzt eröffnet sich aufgrund der Definition der historischen Bedeutung überhaupt erst die Möglichkeit zu einem

3 Auch dieser Begriff wird hier von Ronald Niezen entlehnt. Siehe ebd., S. 21.

4 Bonacker, Thorsten: Völkerstrafrechtspolitik und Transitional Justice. Warum UN-Administrationen sich schwertun, Kriegsverbrechen anzuklagen, in: *Völkerstrafrechtspolitik*, hrsg. von Christoph Safferling und Stefan Kirsch, Berlin/Heidelberg 2014, S. 85–111.

»wir« und »uns«, wobei Personen zu »Sprechern« werden, die dann repräsentierend für das Ereignis, aber auch stellvertretend für die Opfer reden können.

In Bezug auf postkoloniale Versöhnungspolitiken sind nationale Diskurse nach wie vor vorherrschend. Diese sind auch für die deutsch-namibische Annäherung leitend. Zum einen waren in Namibia die Entwicklungen von Gedenkorten und Gedenkformen seit den 2000er Jahren von Durchsetzungen beziehungsweise dem Widerstand gegen die Identitäts- und Freiheitserzählung der SWAPO-Regierung verbunden.[5] Zum anderen folgten die Gespräche mit deutschen Regierungsvertretern lange dem Ziel, eine Verständigung zu suchen mit politischem Symbolwert.

Die politische Suche nach Annäherung und Gemeinsamkeit hat durch die Skepsis der Nachfolgegenerationen der Überlebenden des Genozids an den Herero und Nama, Damara und San zweifellos eine Störung erfahren. In dem gegenwärtigen Prozess der Durchsetzung einer politischen Erzählung in Bezug auf die Bedeutung (aber eben auch die historische Abgeschlossenheit) der deutsch-namibischen Gewaltgeschichte wird der Position der Nachfolgegenerationen zumeist Unverständnis entgegengebracht. Ihre Hinweise, dass sie in der schriftlich fixierten Gedenk- und Kulturoffensive keinen Platz haben, werden als Angriff gegen die Legitimität der Positionen der Sprechenden verstanden. Tatsächlich ziehen die Nachfolgegenerationen die Legitimität der Sprache und der Sprechenden des Abkommens in Zweifel. Dadurch sind auch die allgemeinen Mechanismen der Ernennung und Selbsternennung von Definitionsmacht in Gedächtnispolitiken sichtbar geworden sowie ihre starke nationale Grammatik.

Mit einer Politik der Versöhnung geht der Anspruch einher, die Gruppe der Erinnernden auszuweiten. Eine solche Ausweitung der »Gedenkgemeinschaft« strebt explizit an, die Trennung zwischen den Nachkommen der Täter und den Nachkommen der Opfer aufzuheben. Ziel soll sein, von einer »gemeinsamen Vergangenheit« oder wenigs-

5 Siehe dazu unter anderem: Zuern, Elke / Jasper, James M.: Heroes and Victims in Divided Nationalism. The case of Namibia, in: *Journal of Nationalism, Memory and Language Politics, Jg. 14 (1)*, 2020, S. 1–27; Melber, Henning: Genocide Matters. Negotiating a Namibian-German past in the present, in: *Stichproben. Wiener Zeitschrift für kritische Afrikastudien / Vienna Journal of African Studies Nr. 33*, 2017, S. 1–24; Kössler, Reinhart: Two Modes of Amnesia. Complexity in postcolonial Namibia, in: *Acta Academica, Jg. 47 (1)*, 2015, S. 138–160; Bargueño, David: Cash for Genocide? The politics of memory in the Herero case for reparations, in: *Holocaust and Genocide Studies, Jg. 26 (3)*, 2012, S. 394–424; Zuern, Elke: Memorial Politics: Challenging the dominant party's narrative in Namibia, in: *The Journal of Modern African Studies, Jg. 50 (3)*, 2012, S. 493–518.

tens einer »gemeinsam geteilten Geschichte« sprechen zu können. Dem stehen heute Konzepte zur Seite wie die »multidirektionale Erinnerung« oder die Idee, »zweiter Zeuge« zu werden. Flankiert werden diese Diskursfiguren von Argumentationen, die die »Heilung« von historischen Traumata dadurch versprechen, dass nun »miterinnert« werde und die Erinnerung eine Bedeutung »auf Dauer« erhalte.

Ähnliche Argumente finden sich in der »Anerkennung« des Genozids an den ArmenierInnen durch den Deutschen Bundestag 2016.[6] An der Resolution waren die Nachfahren der Überlebenden nicht beteiligt. Die Gespräche wurden mit den Republiken der Türkei und Armeniens geführt – ungeachtet der Tatsache, dass nicht die Republik Armenien, sondern die als Folge des Genozids entstandene westarmenische Diaspora Träger der Erinnerung und der Verluste ist. Nicht nur wurde damit Erinnerung zum diplomatischen Verhandlungsgegenstand gemacht. Auch das Ergebnis ist bemerkenswert: Denn seitdem wird eine Forschungseinrichtung zum Thema großzügig unterstützt, die an deutscher Geschichtsklitterung interessiert ist. Die Nachfahren der Opfer können hingegen als Lobbyisten oder »armenische Interessenvertreter« diskriminiert werden – eine logische Folge, wenn den Erinnerungen der unmittelbar Betroffenen im schriftlichen Dokument keine Legitimität verliehen wird.

Kann das deutsch-namibische Abkommen im Gegensatz dazu eine Legitimität für die Familien und Nachfolgegemeinschaften der Opfer der kolonialen Gewalt- und Genozidpolitik ermöglichen und dabei unterstützen, was gegenwärtig aufbricht: ein Findungsprozess, der Zeit braucht, der den einzelnen Gemeinschaften in Namibia erlaubt, das Gemeinsame und das Getrennte ihrer Erfahrungen zu Wort kommen zu lassen? Ein Prozess, der nicht nur das Andere der bestehenden deutschen Kolonialerzählung beweist,[7] der nicht eine »Gegengeschichte« ist, sondern der dem nachkommt, was Erinnerung ist, nämlich ein sozialer Prozess, der innergemeinschaftlich die Möglichkeit eröffnet, Erfahrungen weiterzugeben, in neue Formen und Erzählungen zu überführen und damit zu bewahren?

6 Vgl. dazu den Antrag der Fraktionen CDU/CSU, SPD und BÜNDNIS 90/DIE GRÜNEN (31.05.2016): Erinnerung und Gedenken an den Völkermord an den Armeniern und anderen christlichen Minderheiten in den Jahren 1915 und 1916, *Bundestagsdrucksache 18/8613* (https://dserver.bundestag.de/btd/18/086/1808613.pdf).

7 Zu der Ausbildung einer Kolonialerzählung in Deutschland und ihrer Bedeutungsveränderungen siehe vor allem die Arbeiten von Britta Schilling, darunter unter anderem: German Postcolonialism in Four Dimensions. A historical perspective, in: *Postcolonial Studies, Jg. 18 (4)*, 2015, S. 427–439.

Über Gewalterfahrungen sprechen

Den postkolonialen Herausforderungen wird kaum allein mit dem europäischen Lösungsangebot des Umschreibens von Geschichte zu begegnen sein. Sicherlich gibt es Notwendigkeiten historiographischer Revisionen: Obwohl die Gewaltpolitik gegen die Bevölkerungsgruppen der deutschen Kolonien von HistorikerInnen kaum bestritten wird, besteht noch die Aufgabe, den Genozid in »Deutsch-Südwestafrika« nicht als Eskalation einer kolonialen Phase zu sehen, sondern als Schwelle eines national-kolonialen Projekts.[8] Die Herausforderung betrifft die explizit verteidigte Deutungshoheit. Dabei geht es für die Nachkommen der indigenen Gruppen Namibias nicht um einen Begriff für den Genozid, aber um Begriffe für die unterschiedlichen Formen von Gewalt, die den Genozid ausmachten, ihn begleiteten und ihm nachfolgten: für Hunger, Flucht, Verlust von Zugehörigkeit, Waisenschaft, fremde Eltern, fremde Sprachen, Raub, physische Verletzungen, Vergewaltigung, Deportation, Gefängnis, Zwangsarbeit.[9] Im Gegensatz zu nationalen Erinnerungen liegt die koloniale Erfahrung nicht in der Vergangenheit, sondern in der Zukunft: Sie wird und muss durch Erinnerung erst rekonstruiert werden. Erinnerung ist nicht Ritual oder Zeremonie, sondern die Suche nach einer eigenen Stimme. Ist dies der Grund, warum die Überlebenden in politischen Versöhnungsprozessen als Risiko gelten? Gilt doch ihre Erinnerung der Rekonstruktion der Vergangenheit, nicht dem Abschließen der Vergangenheit in einer universal geteilten Deutung, und damit sogar dem expliziten Widerspruch gegen das, was als »Geschichte« durchgesetzt werden soll. Das Erinnern der Nachkommen der Überlebenden hat kein definierbares Ziel. Es ist Tätigkeit mit einem offenen »Sinn«, denn es ist ein soziales Verfahren der Selbstbestimmung, nicht der Suche nach symbolischen Gedenkorten oder den passendsten Inschriften. Die symbolisch angebotene Entschädigung verletzt daher nicht aufgrund der Höhe einer angedachten Summe, sie verändert die Situation, weil die Erinnerung der Deszendenten nicht um die Bedeutung einer symbolischen Erfahrung ringt, sondern um den sozialen und kulturellen Ort ihrer realen Erfahrung.

8 So die Konzeptualisierung von Mihran Dabag, siehe: National-koloniale Konstruktionen in politischen Entwürfen des Deutschen Reichs um 1900, in: *Kolonialismus. Kolonialdiskurs und Genozid*, hrsg. von dems., Horst Gründer und Uwe-K. Ketelsen, München 2004, S. 19–66.

9 Siehe dazu auch Correa, Sílvio Marcus de Souza: History, Memory, and Commemorations. On genocide and colonial past in South West Africa, in: *Revista Brasileira de História. Jg. 31 (61)*, 2011, S. 85–103.

Die in der Gedenkpolitik Sprechenden repräsentieren jedoch gerade nicht die Erfahrung, sondern stehen für die Bedeutung, die einem Geschehen zuerkannt worden ist. Die Rituale der Versöhnungs- und Gedenkpolitik suchen zwar gezielt die Geschichte der Opfer zu integrieren. Diese Integration ist jedoch nur scheinbar eine »Anerkennung«. Denn mit dieser Anerkennung geht eine Forderung einher. Die Nachkommen sollen aufhören, jenen einen Satz zu sprechen, der bis heute als Schlüssel zu ihrer Identität steht, aber auch bis heute von außen nicht verstanden wird: »Diese Geschichte ist meine Geschichte – und nur wir wissen, was sie bedeutet.«. Dieser Satz lässt keine universale Definition der Bedeutung des Geschehens zu, sondern erklärt, dass jede Generation neu die Möglichkeit haben muss, die Bedeutung der Ereignisse für sich auszuloten. Aus Sicht der nationalen Politiken wird nur schwer akzeptiert, dass sich die Bedeutung des Gewaltereignisses für jede Generation aus den bis heute relevanten Folgen der radikalen Verluste ergibt. Die Gewalt eines Völkermords löscht Familiennamen, die eigene Geschichte und eigene Identitätserzählungen aus. Die Relevanz dieser Verluste wird erst im Danach sichtbar.

Eine Gedenkpolitik kennt kein Risiko des Verlusts von Erinnerung, braucht keine Archäologie der Erinnerung vorzunehmen, sie kennt kein Problem des Nicht-Sprechens oder Nicht-Sprechbaren. Ihre Aufgabe liegt im Bewahren der definierten Bedeutung, damit aber auch in einem Bereich öffentlichen Ordnens. Die Ordnungssicherheit des Gedenkens wird dabei von der Überzeugung vorgegeben, dass man Vergangenheit, Gegenwart und Zukunft unterscheiden kann. Noch wesentlicher: Ein kolonialer Versöhnungs- und Gedenkdiskurs kann, beginnend mit der politischen und literarischen Kolonialliteratur des 19. Jahrhunderts, eine feststehende Erzählung aufnehmen, kodierte politische Einstellungen analysieren, sich kritisch mit den Positionen auseinandersetzen und sie weiterschreiben, wobei dieses Weiterschreiben sich durch die Möglichkeit der Kritik selbst legitimiert. Die Faktizität eines Genozids ist immer die Geschichte der Täter, nie die Geschichte der zerstörten Gemeinschaften. Die Form der Gewalt des Genozids selbst hat die Kontinuität der Geschichte überzeitlich bestimmt.

Mit den Bedingungen,, auf denen eine versöhnungsorientierte Geschichts- und Gedenkpolitik basiert, ist die Erinnerung der Nachfolgegenerationen der Überlebenden nicht vermittelbar. Mit ihren Erinnerungen können sie in die nationalen Festschreibungen von Bedeutung nicht einwilligen, weil damit die Bedeutungshoheit an die Nachfolgegenerationen der Täter übergeht. Das politische Versprechen, einen

Rahmen dafür zu schaffen, den »Sinn« des historischen Ereignisses zu bewahren, weil es nun allgemein, mit universaler Zugänglichkeit institutionalisiert wird, schließt die Familien der Überlebenden aus.

Es ist in den öffentlichen, ebenso wie in den wissenschaftlichen Diskussionen in Deutschland geläufig, das Reden über Erinnerung auf Differenzierungen zu basieren. So ist der Gedanke, dass es ein kollektives, gelebtes Gedächtnis gegenüber einem kulturellen, institutionalisierten Gedächtnis gibt, zum Bestand eines Allgemeinwissens geworden. Dass das kollektive Gedächtnis von Erinnerungen charakterisiert sei, die trägerspezifisch sind, die »zurückbinden«, die erst nach der Übergabe an eine dritte Generation ihre gelebte Relevanz verlieren, findet sich als Beschreibung der beiden Gedächtnisformen ebenso regelmäßig wie die Annahme, dass die Ausbildung eines kulturellen Gedächtnisses mit der Etablierung allgemein zugänglicher, generalisierter Erinnerungen zu tun hat, die sicher sind und eine Fähigkeit zur Integration haben.

Dabei ist hier nicht der Ort, die beiden Figuren hinsichtlich ihrer wissenschaftlichen Entstehung und Rahmung kritisch zu diskutieren. Aber es soll wenigstens kurz angemerkt werden, wie eigentümlich es ist, anzunehmen, dass Differenzierungen helfen können, Zusammenhänge zu verstehen. Vielleicht mag es überraschen, dass gerade die Erinnerungsdiskurse in Deutschland zeigen, dass über nationale Erinnerungen hegemoniale Denkstile etabliert, gestärkt und legitimiert werden: Denn die Durchsetzung der binären Semantik vom »kollektiven« und »kulturellen« Gedächtnis geht in problematischer Weise von der Annahme aus, dass institutionalisierte Erinnerung »objektiv«, sicher und integrierend sei, während der oralen Form, der »gelebten« Erinnerung, ein Ziel der Ausschließung Anderer zugeschrieben wird, eine auf sich bezogene Orientierung. Fraglos hat die einfach zugängliche wissenschaftliche Ausarbeitung zu der Durchsetzung dieser elitären Klassifizierung beigetragen. Überraschend ist, wie deutlich in den Gedächtnisdiskursen in Deutschland die Hoffnung in Wirkung tritt, die Gegenwart der Erinnerung an die erste Hälfte des 20. Jahrhunderts mit dem Genozid in Deutsch-Südwestafrika, dem Genozid im Osmanischen Reich und dem Holocaust abschütteln und in eine Schublade stecken zu können, zu der man selbst den Schlüssel hat, so dass man sie nur noch an Gedenktagen öffnen muss. Noch weit überraschender jedoch ist, dass die diskriminierende Erinnerungsqualifizierung bis heute nahezu unwidersprochen blieb.

Insbesondere am Umgang mit der Temporalität der Erfahrung wird die Differenz zwischen der Gedenkpolitik und der Erinnerung der Überlebenden deutlich. Denn das Erzählen der Erfahrung einer Genozidgewalt verweigert sich der Möglichkeit, über Vergangenheit und Gegenwart sprechen zu können, sie löst die Temporalitäten sogar gezielt auf. Die Erinnerungserzählungen zeigen keine Unsicherheit, sondern eine Hinterfragung der Abfolgen in Geschehenssituationen, weil nach Formen gesucht werden muss, die Brüche so darzustellen, dass die Erzählung sie gerade nicht schließt. Um die Erzählungen der Überlebenden, aber auch die Erzählungen der nachfolgenden Generationen zu verstehen, reicht die Frage, wie Gewalt erzählt werden kann, nicht aus. Primär muss berücksichtigt bleiben, wie Gewaltsituationen selbst die individuellen Erfahrungen bestimmen und was eine Erfahrung von Gewalt ausmacht.

Die Schriftstellerin und Philosophin Charlotte Delbo, die vor allem durch ihre autobiographische Schrift *Trilogie: Auschwitz und danach* bekannt geworden ist, in der sie die Erfahrung der Deportation nach Auschwitz und der Unmöglichkeit des Überlebens eindrucksvoll reflektierte, erörterte in ihrer letzten Schrift *La mémoire et les jours*, eine Art »Tiefenerinnerung«, eine tiefe Körpererinnerung, die die Erfahrung immer in Präsenz lässt, eingegraben in den Körper.

> »Auschwitz hat sich so tief in mein Gedächtnis eingeschrieben, dass ich nicht einen einzigen Moment vergessen kann. Sie leben also mit Auschwitz? Nein, ich lebe in seiner unmittelbaren Nähe. Auschwitz ist da, unveränderlich, präzise, aber umhüllt in der Haut der Erinnerung, einer undurchlässigen Haut, die es von meinem Gegenwarts-Ich isoliert. Anders als die Haut der Schlange, erneuert sich die Haut der Erinnerung nicht selbst.«[10]

Charlotte Delbo nutzte das Bild der in den Körper eingeschlossenen, sich nicht verändernden Erinnerung, um auf die atemporalen Charakteristika der Erinnerung hinzuweisen. Erinnerung wird beim Erinnern neu zum Ereignis, völlig außerhalb der Bedeutung, die der Erinnerung inzwischen zugeschrieben wurde. Sie wird Gegenwart, ohne in die Vergangenheit zurückzubinden, sie verwandelt die Menschen und Dinge der Gegenwart, das Handeln der Gegenwart, sie macht sich präsent.

Die heutige öffentliche Rezeption von »Trauma« folgt Diskursmustern, die überraschenderweise jenen ganz ähnlich sind, durch die der westliche Gedächtnisdiskurs bestimmt ist. Dabei kann hier die

10 Delbo, Charlotte: *La mémoire et les jours*, Paris 1995. Eine englischsprachige Übersetzung erschien unter dem Titel: *Days and Memory*, Evanston IL 2001, S. 2 (Übers. d. Verf.).

Beobachtung nur kurz angesprochen werden, dass »Trauma« zu einer gesellschaftlichen Metapher geworden ist, mit der die globalen Wohlstandsmenschen Rückschläge oder Versagen, ein Berührtwerden oder Erfahrungen von Trauer und Verlust zu beschreiben suchen, ohne dass sie sich selbst als Versagende betrachten müssen. Der heutige Blick auf »Trauma« zeigt den Gedanken einer Last, die zurückbindet, die Störungen verursacht und dadurch Handlungsfähigkeit verhindert. Trauma, so die Annahme, wird dann zur Krankheit, wenn keine Widerstandsfähigkeit vorhanden ist oder nicht aufgebaut werden kann.

Die Langzeitfolgen der Extremtraumatisierungen in einem Genozid lassen sich dabei nicht durch die Analyse von Symptomkomplexen erklären. Sie zeigen sich vor allem in Irritationen von Familienverständnissen oder von Unsicherheiten im Entstehen eines kohärenten Gefühls für das eigene Selbst. Doch zugleich kann die Erinnerung an die Gewalt des Genozids nur durch die eigene Person bewahrt werden. Das Wachhalten der Verletzungen, der Gewalterfahrungen, die Bewahrung zerstörter sozialer Kontinuität ist ein Weg, die biographische Kohärenz des Überlebenden zu sichern. Die Vergegenwärtigung der Gewalterfahrung ist eine Vergegenwärtigung der Ermordeten und eine Versicherung der Tatsächlichkeit des Geschehens.

Ein Völkermord ist ein nicht-überbrückbarer Bruch im Leben einer Gemeinschaft. Es sind nur Fragmente, die von dem Leben vor dem Völkermord zeugen, der Sprachen zerstörte, Überlieferungszusammenhänge, Beziehungen zum Land, Wissen von Familien und Geschichte. Das Zeugnis der Überlebenden ist das Wissen um jene Wunde, das Bild der Wunde selbst ist ein Bild für die Tatsächlichkeit der Erfahrung.

Das Trauma der Überlebenden von Genozid zeigt sich dadurch, dass es keine Erzählung hat, und nicht die Last einer Vergangenheit beschreibt, sondern die Last einer Zukunft: Denn die traumatischen Erinnerungen sind keine erzählbare Erfahrung, sondern ein nicht-erzählbarer Bruch. Dass viele Überlebende das Bild der Wunde nutzen, ist nicht als Metapher zu verstehen. Die Wunde ist vielmehr jene Öffnung, jenes Offenwerden der Erfahrung, die nicht das Pathologische oder das Rückbindende der Erfahrung bezeugt, sondern die für die nicht-sprechbare Erfahrung selbst steht. Die brennende Nähe, die Erinnerung und die Erfahrung, die unter der Haut mitgetragen wird, kann sich in jeder Situation neu und anders äußern. Als Symptom oder als Erzählung, als Unfähigkeit oder Fähigkeit. Es ist die unbekannte Beunruhigung, die die Nachfolgegenerationen der verschiedenen namibischen Gemeinschaften verbindet, die mit dem »Abkommen« ihre eigene Familiengeschichte und ihre eigenen sozialen Orte hinterfragen.

Eine Erinnerung, die nicht im Gedächtnis von Gedenktagen institutionalisiert ist, wird in Bildern erzählt, gerade weil die Sequenzialität der Ereignisse nicht in der Erinnerung rekonstruiert werden kann. So beschrieben die Überlebenden des Genozids an den ArmenierInnen mit einem sich wiederholenden »*kalezink, kalezink*«, dem nicht endenden »Wir gingen und gingen«, die Wege der Deportation, die sie mit dem Frühjahr 1915 aus den Städten und Dörfern des historischen Westarmeniens und anderen armenischen Siedlungsgebieten Anatoliens in Richtung der syrischen Wüsten führten. Die Überlebenden der Flucht aus der Kolonie Deutsch-Südwestafrika beschreiben ihre Wege unter anderem im Verfolgen von Tierspuren oder im Verfolgen eines Weges, der mit geschlossenen Augen gegangen wird. Es wird von einem Vogel erzählt, der roh gegessen werden musste und dann den Weg nicht mehr zeigen konnte, weil seine Stimme verloren ging.[11] Ohne hier zu sehr oberflächliche Beobachtungen aneinanderzureihen, können für das Verstehen der Erzählungen bestimmte allgemeine Aspekte afrikanischer Literatur zu Sterben und Gewalt herangezogen werden, so die Frage nach dem Verbleib der Identität des Gestorbenen oder nach der Schwelle zwischen dem Tod auch der Natur der Umgebung und dem Leben. Es werden sich Aspekte christlicher Erzählungen aufzeigen lassen, ebenso wie soziale Aspekte der familialen Einbindung, aber auch Gender-Aspekte nehmen in der Literatur über Trauma und Erinnerung eine wichtige Rolle ein.. Dabei kommt es darauf an, diesen Erzählungen einen Raum zu geben, ohne sie mit der »Historiographie« zu korrigieren.[12] Häufig werden ja sogenannte »Inkonsistenzen« oder »Erinnerungsfehler« angemerkt. Doch werden diese erst dadurch konstruiert, dass wir die Geschichte eines Genozids aus der Sicht der Täter schreiben. Die »Inkonsistenzen« sind keine Erinnerungsfehler, sondern zeigen auf die Besonderheit der Gewalterfahrung, die mit einer extremen raum-zeitlichen Desintegration einherging.[13]

11 Es ist eine wichtige Aufgabe, diese Erzählungen zu bewahren, die zwischen den Generationen weitergegeben wurden. Oral History kann diese Erzählung fraglos nur »aufzeichnen«, wenn der/die dazu Forschende Teil der sozialen Gemeinschaft ist und einen Ort in der Übertragungssituation hat. Siehe dazu auch: *Writing Namibia. Literature in transition*, hrsg. von Sarala Krishnamurthy und Helen Vale, Windhoek 2018.

12 Dieser Falle kann auch Casper W. Erichsen nicht ganz entgehen: *What the Elders Used to Say. Namibian perspectives on the last decade of German colonial rule*, Windhoek 2008, S. 22.

13 Siehe dazu Platt, Kristin: Narrative und traumatische Kohärenz. Schemata, Herausforderungen, Interpretationsrisiken, in: *Videographierte Zeugenschaft. Ein interdisziplinärer Dialog*, hrsg. von Sonja Knopp, Sebastian Schulze und Anne Eusterschulte, Weilerswist 2016, S. 175–211; dies.: *Bezweifelte Erinnerung, verweigerte Glaubhaftigkeit. Überlebende des Holocaust in den Ghettorenten-Verfahren*, München 2012.

Die kolonialen Gewaltpolitiken haben bis heute keine durchgesetzten Erzählungen. Sie haben, dies lässt sich mit dem Genozid in Deutsch-Südwestafrika sichtbar machen, Traditionen und Lebensformen, Religion und Selbstverständnisse entscheidend zerstört oder verändert. Dies betrifft zum Beispiel die Generationenfolgen: Die Unsicherheit über den Tod der Vorfahren macht es unmöglich, sie in die Reihe der *Vorfahren* einzuordnen, die ein Erbe für eine Familie hinterlassen, eine Bedeutung. Dies lässt eine Unsicherheit darüber entstehen, welchem Erbe man selbst zugehört, welche Seele aus der eigenen Person spricht. Die sowohl mythische, aber auch symbolische Beziehung, die zerstört wird, wirkt fort, weil sie Bedingung ist, sich selbst als Person wahrzunehmen. Noch wesentlicher aber ist, dass narrative Traditionen nicht weiterentwickelt werden kann, sondern übersetzt werden muss. Jedes Reden von eigenen Traditionen oder Überlieferungen ist eine Übersetzung, die sich nach wie vor europäischer Wertungen hinsichtlich der Formlosigkeit oder der Reduziertheit poetologischer Verfahren verwehren muss.[14]

Dabei lässt sich berücksichtigen, dass in der oralen Literatur die Markierung von Vergangenheit und Gegenwart eine wichtige Aufgabe der sozialen Situation des Erzählens ist. Vergangenheit und Gegenwart werden zwischen ErzählerIn und ZuhörerInnen ausgehandelt.[15] In dieser Aushandlung nehmen die Toten eine wichtige Funktion ein, denn sie geben der Vergangenheit eine Bedeutung, einen Sinn. Die Geschichte der Toten zu erzählen, konstituiert die Möglichkeit, die Vorfahren zu ehren, sich zu bedanken, und die Zukunft als offen anzunehmen.

Und doch ist die Frage nach der Überlieferung und der eigenen Erzählung der Ereignisse 1904 bis 1908 nicht primär unter Berücksichtigung oraler Formen, des Zerbrechens kultureller Zusammenhänge durch Tod und Flucht oder der Tatsache der Übersetzung zu verfolgen. Die zentralen Formen der Erzählung der Erfahrung von Genozid werden durch die Gewalterfahrung selbst bestimmt.

Das Misslingen der Bestimmung von Zeitdauern, Bilder, die an die Stelle von Orten rücken, eine Verkürzung oder Vagheit in Bezug auf die Darstellung von Geschehensfolgen sind nicht Beweis für ein individuelles Unvermögen, sich »genau« zu erinnern: weil die Erlebnisse zu überwältigend waren, weil Hunger und Durst die kognitiven Leistungen schmälerten oder die inzwischen verstrichene Zeit die Erinne-

14 Siehe dazu Okpewho, Isidore: *African Oral Literature. Backgrounds, character, and continuity*, Bloomington/Indianapolis IN 1992.

15 Ebd., S. 58f.

rungsleistung beeinträchtigte. In erster Linie ist die Schwierigkeit, die Dauer anzugeben, durch Bedingungen des Gewaltereignisses selbst verursacht – da man lief und lief, da das Ziel nicht bekannt war, da der Weg nicht von dem Erreichen des Ziels abhing, sondern vom Überleben.

> »In dem Jahr, als die Herero und die Deutschen kämpften, begann der Krieg hier in Okahandja. Wir aber in Otjosazu wußten nichts. Und Vater hörte, daß in Okahandja Krieg war, und fragte: »Wie ist es möglich, daß ich es nicht wissen kann, und ihr sagt, daß Krieg ist?« Man antwortete: »Ja, es herrscht Krieg.« Und die jungen Leute, sie machten sich mit den Vätern auf und zogen dorthin nach Okahandja. [...] Und auch wir verließen dann Otjosazu. Und zuerst gingen wir in gerader Richtung nach Otjitwezu, und die Leute von dort hatten Okandjira erreicht. Und danach kehrten wir zurück und zogen nach Katjapya.
>
> Und alle Herero versammelten sich dort, wo wir weilten. Ich vermag nicht mehr zu wissen, wieviele Monate es waren. Aber ich meine, daß es vier Monate waren. Und danach fanden die Kämpfe in Katjapya und in Okandjira statt. [...] Und als der Krieg mit den Herero aufs Neue begann, wurden sie in die Flucht geschlagen, und wir flohen und eilten in gerader Richtung nach Osten davon. Und das Land hatte viel Sand, aber grüne Bäume und Wasser waren nicht da.«[16]

Daher reicht auch die Frage, wie Gewalt überhaupt erzählt werden kann, nicht aus, um die Erzählung zu »verstehen«. Vor allem muss berücksichtigt sein, was es eigentlich heißt, die Erfahrung von Gewalt zu durchleben. Da ist auf der einen Seite die Rede vom Kolonialkrieg, heute abgelöst durch den Begriff des Kolonialverbrechens. Auch das Wort des »Aufstandes« ist heute wieder integriert, wenn es um die Klärung des historischen Geschehens geht. Dieses aber kann das »wir flohen und eilten in gerader Richtung nach Osten davon« kaum wiedergeben. Denn die Rede vom kolonialen Verbrechen zeigt ein abgeschlossenes Ereignis, dessen Bedeutung in gewisser Weise zur Frage steht. Das Gehen aber in gerader Richtung nach Osten dauert an. Das Schreiben folgt nicht dem Willen zum Überleben, sondern der Flucht. Es folgt nicht dem Ziel, einen Sinn im Ereignis zu erkennen, sondern die Irritation des Weges zu bezeugen. Es erfüllt nicht die Annäherung an eine Gesamtbedeutung des Ereignisses, sondern die Rekonstruktion einer Leere. Während die eine Erzählung dem Bestreben folgt, Ereignismuster, Geschehen und Personen in einen Zusammenhang zu stellen, folgt die

16 Kukuri, Andreas: *Herero-Texte*, Berlin 1983, S. 51.

Erinnerung der Überlebenden dem Bruch des Zusammenhangs von Sprache und Überlieferung.

Dem Trauma einen Namen geben

Traumatische Ereignisse haben eine Zeit der sich wiederholenden Präsenz. Man kann durchaus sagen: Trauma *ist* die Desintegration von Zeit.

Die norwegische Sozialanthropologin Kirsten Elisabeth Alnæs notierte Lieder, die von Herero auf der Flucht nach Botswana mitgenommen wurden, aber dann auch weitergetragen wurden in andere Sprachen und für die Erzählung neuer Katastrophen – so der Hungersnot in Malawi 1949 – einen »Text« anboten.

> »Ich kann das Weinen des Kindes hören
> es weint ohne aufzuhören
> es weint wie ein Vogel
> es hat geschlafen, draußen im Busch
> es hat keinen Ort, um zu schlafen.«[17]

Das Lied, das von Frauen gesungen wird, bringt eine Unsicherheit darüber zu Wort, ob diejenigen, die zurückblieben oder zurückgelassen wurden, noch am Leben sind. Aber es spielt auch auf ein afrikanisches Sprichwort an, das besagt, dass ein Baby auf dem Rücken seiner Mutter verhungert, wenn es nicht weint. So bringt das Lied einen elementaren Bruch zum Ausdruck, denn dieses Baby hat keine Mutter, aber es schreit, weil es leben will. Es weint wie ein Vogel, der eine eigene Stimme hat, wobei der Vogel fraglos auf einen mythologischen Sinnkontext verweist. Diese Lieder wurden in sozialen Situationen gesungen. Die Bilder von Flucht und Tod, die Verlusterfahrungen, die Erfahrung der Zerstörung des Landes, konnten vor allem in die religiösen Themen einrücken.[18]

Erzählungen sind kein Resultat von Erinnerungen; eine Erzählung macht es hingegen erst möglich, ein Geschehen oder Erleben als Ereignis zu erinnern. Das zeitlose Ereignis (man bekommt einen Teddybären

17 Alnæs, Kirsten: Living with the Past. The songs of the Herero in Botswana, in: *Africa. Journal of the International African Institute, Jg. 59 (3)*, 1989, S. 267–299, hier S. 292.

18 Ebd., S. 292f.

zu Weihnachten, als man sechs Jahre alt ist) wird nur erinnerbar und temporal verortbar, wenn mit dem Ereignis eine bestimmte Situation verbunden werden kann (man hat sich den Bären gewünscht, weil alle Freundinnen ihn hatten; die Mutter hatte den letzten noch überhaupt verfügbaren Bären gekauft), die eine Referenz zum Alter enthält (»Ich weiß genau, dass dies war, als ich sechs Jahre alt war, weil es das erste Weihnachten war, an dem wir allein waren«). Die Fähigkeit, biographische Erfahrungen entlang von Zeit- und Raumangaben zu ordnen, Erlebnisse als autobiographische Erinnerungen zusammenzubinden und zu erzählen, ist keine »natürliche«, anthropologische Fähigkeit des Individuums. Hier liegt hingegen eine kulturelle Eigenschaft und sozialisatorisch erlernte Fähigkeit vor, die in der westlich-abendländischen Welt nicht zuletzt mit der kulturellen Vorstellung des Lebenslaufs als Entwicklungsverlauf in Beziehung steht.[19]

Die Möglichkeit, das eigene Leben anhand von Motiven des Planens und Erreichens, der Erfüllung und des Scheiterns zu erzählen, ist für die Überlebenden politischer Verfolgung und Völkermord kaum gegeben. Das Durchleben eines Ereigniszeitraums, in dem persönliche Erfahrungen nicht geordnet werden können, ihnen kein Sinn zugeschrieben werden kann, ist in der biographischen Erinnerungserzählung nur schwer als chronologisches Durchleben zu rekonstruieren. Gerade dies bleibt auch als Besonderheit des Erzählens traumatischer Erfahrungen für die nachfolgenden Generationen gültig.

Der langfristig wirksamste Verlust betrifft die Möglichkeit, sich als handelnde Person wahrzunehmen, sowie den Verlust der sozialen Position als Sprecher. Die Literatur der Überlebenden wurde von Missionaren oder von Anthropologen gesammelt. Eine Möglichkeit, selbst für die Erfahrung zu sprechen, war für die Überlebenden in den unterschiedlichen Fluchtländern nicht möglich. Erst heute suchen die Nachkommen der unterschiedlichen Generationen über auch ästhetische Formen, Kunst und Literatur, für die Erfahrungen einen Raum zu definieren. Dass diese Auseinandersetzungen und Bearbeitungen noch immer einen eher marginalisierten Ort haben, liegt nicht zuletzt daran, dass die westlichen Konzepte von Trauma und Erinnerung eine universale Validität in Anspruch nehmen, aber auch daran, dass sich durch die Erweiterung des Traumakonzepts auf die Tätergenerationen eine Art normativer Trauma-Ästhetik durchgesetzt hat.

19 Bruner, Jerome: A Narrative Model of Self-Construction, in: *The Self Across Psychology. Self-recognition, self-awareness, and the self-concept*, hrsg. von Joan G. Snodgrass und Robert L. Thompson, New York NY 1997, S. 145–161.

Ein weiterer wichtiger Verlust betrifft die Brüche im Erzählen der Familien, der nicht zuletzt in den Namen sichtbar werden. Eigennamen verweisen zum Beispiel in der Tradition der Herero auf Ereignisse, sie dokumentieren die Bedeutung, die einem Geschehen, einer Geschichte zugeschrieben wird. So bedeutet Morenga, »eine anständige Person« zu sein, wobei der Name die Beziehung zu den Vorfahren grundlegt: Der Name gewährleistet, von den Vorfahren erkannt zu werden. Die Änderung des Namens bricht diese Beziehung. Mit der Veränderung von Namen zeigen sich die sozialen und kulturellen Veränderungen von Gruppen selbst, das heißt die Wechselwirkungen zwischen Überlieferung, Identifikationen und dem Verlust des Lebensorts oder der Sprache.

Die Namensgebung ist ein mächtiges Diskurselement, um Identifikationen sozialer Gruppen mit einer Vergangenheit herzustellen. Dies lässt sich nicht nur in öffentlichen Diskussionen um die Benennungen, Neu- oder Umbenennungen von Orten oder Objekten zeigen. In sprachlichen Zeichen bleiben politische Konflikte bestehen, in Namen von Konflikten oder historischen Orten (»Amselfeld«, »General Post Office Dublin«, »Stalingrad«...) bleiben Hegemonialansprüche, Opfer- und Tätererfahrungen, persönliche und politische Narrative präsent. Namen lassen sich als ein »symbolisches Kapital« verstehen, mit dem nicht eine Zugehörigkeit, sondern eine Verbundenheit einen Ausdruck finden soll. Namen zeigen gesellschaftliche Aufstiege an und lassen Eliten erkennbar werden. Der Eigenname verspricht Besonderheit und Bedeutung. Namen sind für ein Kind erste Zeichen, über die sie die Ordnungen der sozialen Lebenswelt erlernen, sie sind Teil des komplexen Wissens über die eigene Person. Nach einem Genozid gibt es keine Namen, die *nicht* mit den Geschehnissen verbunden wären. Namen erhalten auch deshalb eine so besondere Bedeutung, weil von den Verstorbenen keine Fotos, keine Papiere, keine Andenken zeugten. Allein der Name blieb – nicht als Symbol, sondern als Erinnerungszeichen.

In oralen Übertragungszusammenhängen kommt dabei dem Namen eine besondere Bedeutung zu, denn mit ihm wird symbolisch nicht nur eine Position der Sprechenden oder eine soziale Position übertragen, sondern es werden Elemente einer Persönlichkeit bewahrt und wieder erfahrbar. Damit werden auch die traumatischen Verletzungen und die Lücken, die die Erfahrungen hinterlassen, übergeben und rekonstruiert.

Die Untersuchung sprachlicher Formationen lässt Rückschlüsse zu auf »unsichtbare« strukturelle Gewalt, auf institutionalisierte Ungleichheiten, Macht- sowie Verletzungsverhältnisse. Gerade der Blick auf Benennungen kann die Chance öffnen, Aspekte kolonialer Machtpolitik herauszuarbeiten,, die bis heute fortwirken. Dies betrifft vor allem die Bedeutung von kulturellen Zeichen und Symbolen. Zwangsnamen zeigen Ermächtigungen zur Festigung einer neuen Ordnung, die Intention zur radikalen Um- beziehungsweise Neugestaltung von Regionen, die Einbindung der Gewaltakte in rechtliche und administrative Rahmungen. Namen kommt in Verfahren der Kodifizierung, Lesbarkeit und Legitimation von gesellschaftlichen Ordnungen eine hohe Bedeutung zu. So wird mit dem Begriff des Sklaven eine gesellschaftliche Kategorie angesprochen; doch der Sklave ist, im Gegensatz zum Diener oder Knecht, nicht nur eine Person, die einen individuellen Namen verlieren oder erben kann (wenn zum Beispiel mit Eintritt in einen Hof auch der Name des vorhergehenden Knechts übernommen wird). Das Recht der Namensgebung befindet sich allein beim Sklavenbesitzer, der mit dem Namen auch entscheidet, welchen Rang von Individualität oder Recht der versklavten Person eigen sein darf.[20] Der Name komprimiert als »Code« eine Doppelfunktion der Signalisierung von Zugehörigkeit und Ausgrenzung.

Einen der zentralen Ausgangspunkte gesellschaftlicher Realisierung von Gewaltpolitik hat Zygmunt Bauman vorgestellt: Namen heben Ambivalenz auf. Sie gestalten mit der Eindeutigkeit der Benennung eine Eindeutigkeit des benannten Gegenstands.[21] Sie machen Ordnungen durchsichtig. Nach Bauman zeigen moderne Gesellschaften in der Verwirklichung von Gewaltformen nicht nur die Fähigkeit, Ordnungen bewusst denken und gestalten zu können, sondern auch stets neu hervorgebrachte Ambivalenzen, wenn das Unerwartete und Unkontrollierte als Widerspruch zur erstrebten Ordnung verstanden wird. In die Überlegung gerade von Benennungen als Aspekt moderner Ordnungs- und Identitätspolitik band Bauman als Nebengedanken ein, dass jede Benennungshandlung eine Welt zweiteile, »in Einheiten, die auf den Namen hören; und in alle übrigen, die dies nicht tun«.[22] Benennungen sind aber nicht nur, wie Bauman betonte, »Klassifizierungen«, sondern auch Ansprachen. Sie markieren, wer sprechen darf und wessen Antwort gehört werden kann. Benennungs- und Markierungsverfahren sind fester Teil von Gewaltpolitiken.

---

20 Siehe dazu auch Därmann, Iris: *Figuren des Politischen*, Frankfurt am Main 2009, hier u. a. S. 68.

21 Bauman, Zygmunt: *Moderne und Ambivalenz. Das Ende der Eindeutigkeit*, Hamburg 2012 (2. Aufl. der Neuausgabe 2005, zuerst 1992; *Modernity and Ambivalence*, Cambridge/Malden MA 1991; Ithaca NY 1991), S. 13.

22 Ebd.

Der Blick auf die Funktion von Namen zeigt auf vier Ebenen, die im Rahmen des Versöhnungsabkommens relevant wurden: Während zum einen daran erinnert werden muss, dass die Namensgebung Teil einer kolonialen Politik war, zum anderen ganz allgemein gesehen werden muss, dass Benennungen Teil sozialer und politischer Ordnungsdurchsetzung sind, ist zum dritten allgemein zu berücksichtigen, dass Namen ein wichtiger Aspekt des persönlichen Identitätsaufbaus sind sowie – ergänzend – dass Verletzungen und Traumata der Überlebenden und ihrer Nachkommen gerade im Namen und ihren Beziehungen zu Namen deutlich werden. Ein Abkommen über Erinnerung und Versöhnung wird dort kritisch, wo Begriffe für das Geschehen durchgesetzt werden sollen, ohne dass die direkt vom Völkermord Betroffenen eigene Namen durchsetzen konnten.

Damit wird noch einmal nachdrücklich deutlich, dass das deutsch-namibische Versöhnungsabkommen in Verbindungen oder Wechselwirkungen zwischen kulturellen, sozialen und politischen Prozessen steht, die weder abgeschlossen noch überhaupt begonnen wurden. Das Abkommen folgt zweifellos der Frage, welche Resonanz erwartet werden kann. Aber es wurde übersehen, dass ein solches Abkommen nicht nur die Resonanz seiner eigenen Worte und Sprache prüfen sollte. Das Abkommen steht auch in Resonanz zu der Gewaltpolitik selbst.

Trauma und Erinnerung dekolonisieren

In literaturtheoretischen und literarischen Thematisierungen afrikanischer SchriftstellerInnen, Sozial- und KulturtheoretikerInnen nimmt die Frage nach den Sprachen des kolonialen Traumas von Sklaverei und kolonialer Gewalt und den Notwendigkeiten einer Dekolonisierung von Erinnerung und Trauma einen wichtigen Raum ein.[23] Dabei gewinnen Denkfiguren wie jene der »Amnesie« eine wichtige Funktion

23 Dies ist unter anderem in den Schriften von Wole Soyinka, Ben Okri oder Zakes Mda zu verfolgen, aber auch in den Romanen des Literaturnobelpreisträgers 2021 Abdulrazak Gurnah. Siehe dazu allgemein: *African Literature. An anthology of criticism and theory*, hrsg. von Tejumola Olaniyan und Ato Quayson, Malden MA u. a. 2007; Eyerman, Ron: *Memory, Trauma, and Identity*, New York NY 2019; *Postcolonial Traumas. Memory, narrative, resistance*, hrsg. von Abigail Ward, New York NY 2015; Visser, Irene: Decolonizing Trauma Theory. Retrospect and prospects, in: *Humanities, Jg. 4 (2)*, 2015, S. 250–265; Craps, Stef: *Postcolonial Witnessing. Trauma out of bounds*, New York NY 2013; Luckhurst, Roger: Beyond Trauma. Torturous times, in: *European Journal of English Studies, Jg. 14 (1)*, 2010, S. 11–21.

oder Fragen an die Konfrontation säkularer westlicher mit nicht-säkularen Gemeinschaften.[24] Allgemein sollte daher Überlegungen dazu leitend sein,, wie die Strukturen der oralen Literatur besser verstanden werden können. Es geht nach wie vor um eine stärkere Akzeptanz und Achtung der Vielsprachigkeit und der Unterschiedlichkeit der Kulturen und Überlieferungen Afrikas. Es geht aber auch um ein neues Ernstnehmen des »post«, des »Danach«, also um die konkrete Gegenwart, das heißt darum, die gegenwartsbestimmende Präsenz von Erinnerung und Trauma in ihren sozial und kulturell bestimmenden Bedeutungen und Praktiken anzuerkennen.[25]

Für die nachkoloniale Geschichte Namibias sind nicht zuletzt Wege zu finden, die Durchdringung von »Kolonialem« und »Eigenem«, von Geschichte und Politik, Erzählung und Überlieferungsverlust zur Sprache zu bringen. Dies ist vielleicht auch die besondere Chance der gegenwärtigen Prozesse: Sie zeigen, dass trotz der Gegensätze auf politischer Ebene in Namibia selbst die Fähigkeit wächst, die Verwobenheit der einzelnen Vergangenheiten anzuerkennen.

Das Verständnis für die Formen der postkolonialen Gedächtnisse von Gewalt, Verlust und Trauma muss sich dabei vor allem um eine Loslösung von der Beschäftigung mit einem textbasierten Trauma bemühen, um den Blick auf die körperlichen und mythischen Figurationen von Trauma zu lenken. So ist sicherlich die unbewusst wirksame Idee aufzulösen, dass dort kein Trauma ist, wo es nicht in Symbolen zum Ausdruck gebracht wird, die die Wechselwirkungen zwischen einem Erzählen-Können und dem Nicht-erzählen-Können beschreiben. Es ist noch immer nicht selten, dass beispielsweise in Bezug auf die Überlebenden des Genozids in Ruanda von einer höheren »Resilienz« die Rede ist oder dass ForscherInnen das Konzept des Traumas als Reaktion des postindustriellen westlichen Menschen sehen wollen. Während es einerseits bisher zu wenige Foren gibt, den Stimmen zu begegnen, die die Nachfolgen kolonialer Gewalt zu Wort bringen, zeigen nicht zuletzt die Beiträge des vorliegenden Bandes, wie stark die Durchdringung von Verlust und Trauma in den Fragen an den Wert der eigenen Person bis heute ist.

24 Nandy, Ashis: *Time Warps. The insistent politics of silent and evasive pasts*, New Dehli 2003.

25 Insofern führt diese Überlegung unmittelbar zurück zu den Anliegen, mit denen die Postcolonial Studies begründet wurden, insbesondere zu Frantz Fanon und das gerade auf seine Studien zurückführbare Konzept eines »post traumatic slave syndrom«.

Dabei wird deutlich, dass der heutige Umgang mit »Trauma«, insbesondere die Interpretation von Überwältigungen, die Handeln eingrenzen, aber auch die seltsame Idee, dass traumatisierte Überlebende zunächst immer schweigen und erst zum Reden gebracht werden müssten, sich allgemein von den Beschreibungen der Verletzungen der Überlebenden wegbewegt hat zu der Idee einer Verletzung, die erzählt werden kann, ohne die Täter zu benennen. Die heutigen westlichen Traumadiskurse zeigen eine Rückkehr zu der Idee, dass der Einzelne für »sein« Trauma die Verantwortung trägt, also nicht die soziale Erfahrung, sondern eine allgemeine historisch-politische Lage sowie die zur Verfügung stehenden Bewältigungsmechanismen für »das Trauma« verantwortlich zeichnen. Die Berücksichtigung der Bedingungen der Gewaltgeschehnisse – der erlebten Verluste und Verletzungen – hat sich verschoben hin zu einem Fokus auf die einzelne Person, ihre Ich-Stärke, ihre jeweiligen Beeinträchtigungen und Überwindungsstrategien.

Die Forderung nach einer Dekolonisierung der gegenwärtigen Traumavorstellungen heißt dabei nicht mehr und nicht weniger, als vom Täter sprechen zu dürfen – und dies auch morgen noch tun zu dürfen. Eine weitere wichtige Forderung betrifft die Akzeptanz und Förderung sozialer und kultureller Erinnerungen, da sie Teil der Arbeit an Identitätsvorstellungen zu einer Basis des Lebens der Gegenwart gehört. Es mag seltsam klingen, aber es müssen die konstruktiven Verfahren von Trauma und Erinnerung neu entdeckt und auch gestärkt werden. Neben dem Aspekt der Zerstörung und Fragmentierung ist zu sehen, dass kulturelle Traumata Generationen verbinden und es überhaupt möglich machen, nach dem Genozid wieder von Generationen zu sprechen. Traumatische Bindungen ermöglichen die Bewahrung der Erinnerung.

Mit der so zu erfolgenden Übergabe, über die Nachfolgegemeinschaften der Überlebenden selbst zu »Spezialisten« ihres Traumas werden dürfen, könnte nicht zuletzt auch die Argumentation der problematischen Übertragung von Traumata auf nächste Generationen aufgelöst und ein Verständnis für die Bewahrung der Erinnerung als Gegenwart erreicht werden. Das Erkennen der engen Verbindung von Trauma und Erinnerung öffnet den Blick dafür, dass jede Generation neu Erinnerungen und Trauma definiert. Insofern zeigt gerade die aktuelle Diskussion, wie wichtig es ist, die problematischen Universalisierungen in den Vorstellungen von Trauma und Erinnerung zu erkennen, wie notwendig, die Beobachtung der Dekonstruktion durch Trauma mit der Beobachtung einer konstruktiven Funktion zu ergänzen, wie überfällig, die Konflikte zu thematisieren, die sich auftun, wenn das »Trauma« der Täter und die traumatischen Verletzungen und Erinnerungen der Überlebenden in einer nationalen Gedächtniserzählung zusammengeführt werden sollen. Die jeweiligen Erfahrungen nähern sich weder über die traumatischen Verletzungen noch über die Formen der Erinnerung aneinander an. Eine Annäherung kann erst möglich werden, wenn ein Prozess des Erinnerns begonnen wird, dessen Ziel nicht festgeschrieben ist – und in dem die Nachfolgegemeinschaften der Überlebenden nicht als Risiko gelten, weil sie »Interessen« jenseits der definierten Diskurse verfolgen könnten.

In einem solchen Prozess kann Projekten eine besondere Rolle zukommen, die an den narrativen Formen und der Ästhetik von Gewalterfahrungen in Vergangenheit und Gegenwart arbeiten. Die Arbeit an der Grammatik und Ästhetik von Diskursen löst dabei jeweils die einzelnen Positionen auf, um sie neu zu rekonstruieren. Reparationen als Anerkennung sind ein wichtiger symbolischer Schritt. Noch wichtiger ist die Förderung der einzelnen Gemeinschaft in ihrer sozialen Arbeit und Kulturarbeit selbst,[26] um damit auch ein Zeichen für die Bedeutung nicht-staatlicher Gemeinschaftsformen zu geben und einen Beitrag dafür zu leisten, politische Strukturen außerhalb zentralisierter Nationalstaaten zu stärken. Mit dieser Überlegung wird nicht zuletzt ein Hinweis darauf gegeben, dass Verfahren einer *Transitional Justice* zwar politische Prozesse anstoßen wollen, aber direkt keine innerstaatlichen Beeinflussungen suchen sollten. Doch muss überlegt werden, ob postkoloniale Politik konzipiert werden kann, ohne ein Zeichen dafür zu setzen, dass die Welt des 21. Jahrhunderts aus rund 200 Staaten besteht, jedoch geschätzt um 15 Prozent der Weltbevölkerung religiösen, sozialen oder indigenen Minderheiten zugehören – sich zudem in den letzten Jahren eine neue enge Verbindung von Menschenrechtsverstößen und Minderheitenzugehörigkeit abzeichnete.

Fraglos dürfen in einer Aufarbeitung der Verletzungen, der Erinnerung und Zukunft der Gemeinschaften Namibias die Fragen nach Land, Landbesitz und Landverlust nicht tabuisiert bleiben.[27] Landbesitz

26 Siehe dazu zum Beispiel mit ersten Erkundungen: *Colonial Repercussions. Namibia. 115 years after the genocide of the Ovaherero and Nama*, hrsg. vom European Center for Constitutional and Human Rights e. V. (ECCHR) und der Akademie der Künste (Berlin), verantw. Judith Hackmack und Arite Keller, Berlin 2019.

27 Ausführlicher dazu Melber, Henning: Deutsche Kolonialgeschichte als Gegenwart. Land und Entwicklung in Namibia, in: *Zeitschrift für Menschenrechte, Jg. 15 (1)*, 2021, S. 10–25.

bedeutete historisch die Möglichkeit, als Gemeinschaft zu überleben. Landverlust verursachte nicht zuletzt den Verlust sozialer Bindungen, den Verlust kultureller Kontinuität. »Land« ist symbolische und soziale Kategorie in der kolonialen Gewaltpolitik Deutschlands. Die Logiken der Auslöschung indigenen Lebens in den Kolonien, insbesondere über Landentzug und Deportationen, machen es notwendig, auch im gemeinsamen Erinnerungsprozess »Land« sprechbar zu machen, ohne Sorge vor möglichen politischen Konsequenzen in den politischen und sozialen Ordnungen Namibias, die auf anderen Ebenen verhandelt werden müssen.

Prozesse postkolonialer Gedächtnis- und Geschichtspolitik sind komplexer, als es das formulierte Abkommen zulässt.. Die Vielschichtigkeit der Prozesse wird zweifellos auch durch die internationalen Beobachter mitgestaltet, die sich vor ähnlichen Aufgaben sehen. Zur Vielschichtigkeit trägt nicht zuletzt bei, dass es noch darum geht, Begriffe für die Gewaltpolitik zu finden, die nicht mehr relativiert werden. Dies betrifft zum Beispiel das auf der Haifischinsel in der Lüderitzbucht errichtete Konzentrationslager für Nama, in dem auch Frauen und Kinder interniert wurden. Eine gemeinsame Arbeit an der Erinnerung verlangt mit der Anerkennung der Sprechenden eine Sicherheit der Begriffe und Namen, die erst einmal gesprochen werden müssen, um sie dann vor der Frage der Verbindung zum Holocaust weiter zu denken.

Die gesellschaftlichen, sozialen und kulturellen Bereiche, in denen dieses Weiterdenken erfolgt, dürfen dabei nicht auf die Museumsprojekte, Publikationen oder historischen Arbeiten an deutschen Universitäten begrenzt bleiben. Das Weiterdenken muss in den Literaturen, Kulturen und der Wissenschaft Namibias erfolgen. Nicht zuletzt bietet gerade die Literatur eine Chance, die Interdependenz von Erinnerung, Trauma und Überlieferung deutlich zu machen. Insbesondere untermauert der Weg in die Wissenschaft die so wichtige Sprecherposition. Während die generalisierende Theoretisierung des Trauma-Konzepts und die binäre Klassifizierung von Erinnerung aufgebrochen werden müssen, ist es zum Beispiel notwendig, die Position der Zeugen und der Deszendenten zu theoretisieren, um ihre dynamische Rolle in den oralen und geschriebenen Geschichtsdiskursen sichtbar zu machen.

Das deutsch-namibische Abkommen rührt an einen wichtigen Punkt gesellschaftlicher Aufarbeitung. Dies könnte eine wertvolle Chance sein. Um diese zu ergreifen, erfordert es einen Schritt aus dem sicheren Formalismus der Bausteine einer *Transitional Justice* auf die unsicheren

Ebenen von Begegnungen, in denen die Traumata der Vergangenheit akzeptiert zur Sprache gebracht werden können. Eine wichtige Rolle wird die Einsicht in eine veränderte Temporalität einnehmen müssen. Denn die Erinnerung an die Geschichte kolonialer Gewalt liegt in der Zukunft.

Henning Melber

Zum Völkermord in Deutsch-Südwestafrika

Es hat 110 Jahre gedauert, bis die Bundesregierung bereit war, die kolonialen Gewaltverbrechen der Jahre 1904 bis 1908 als »Völkermord« zu bezeichnen. Das tat sie jedoch zunächst vor allem, um sich aus einer versehentlich entstandenen peinlichen Lage zu befreien. Diese wurde durch eine Bundestagsdebatte anlässlich des 100. Jahrestags des an Armenier*innen begangenen Völkermords verursacht, in deren Verlauf der Begriff mehrfach zustimmend Verwendung fand.[1] Dies löste eine Kettenreaktion aus, in der insbesondere die Empörung des türkischen Präsidenten Erdogan Wirkung zeigte, der Deutschland zweierlei Maß vorwarf: Nicht nur würde das Osmanische Reich zu Unrecht eines Völkermords beschuldigt, sondern Deutschland würde dabei geflissentlich übersehen, dass der erste Völkermord des 20. Jahrhunderts vom deutschen Kaiserreich in der Kolonie Südwestafrika begangen wurde. In einem Artikel für *Die Zeit* räumte Bundestagspräsident Norbert Lammert (CDU) so Anfang Juli 2015 auch ein: »An den heutigen Maßstäben des Völkerrechts gemessen, war die Niederschlagung des Herero-Aufstands ein Völkermord.«[2] Dies sollte die Ouvertüre für eine bis dato unerwartete Kehrtwendung in der offiziellen deutschen Politik sein. So wurde auf einer Pressekonferenz am 10. Juli 2015 der Sprecher des Auswärtigen Amtes[3] mehrfach befragt, ob der damalige Außenminister Steinmeier an der Formulierung eines (gescheiterten) Resolutionsantrags aus seiner Zeit als Oppositionsführer im Bundestag

1 Siehe dazu: Debatte zu Armenien. Bundestag spricht von Völkermord, deutschlandfunk.de, https://www.deutschlandfunk.de/debatte-zu-armenien-bundestag-spricht-von-voelkermord-100.html. Siehe zum Wortlaut der Debatte Deutscher Bundestag, Stenografischer Bericht, 101. Sitzung, 24. April 2015, Plenarprotokoll 18/101, 9653A-9665B. Ausführlicher zum Kontext dieses Kapitels: Kößler, Reinhart / Melber, Henning: *Völkermord – und was dann? Die Politik deutsch-namibischer Vergangenheitsbearbeitung*, Frankfurt am Main 2017; sowie zu den Bundestagsdebatten und -resolutionen zu Namibia das folgende Kapitel von Medardus Brehl.

2 Bundestagspräsident Lammert nennt Massaker an Herero Völkermord, zeit.de, https://www.zeit.de/politik/deutschland/2015-07/herero-nama-voelkermord-deutschland-norbert-lammert-joachim-gauck-kolonialzeit.

3 Die Bundesregierung: Regierungspressekonferenz vom 10. Juli [2015]. Mitschrift Pressekonferenz, bundesregierung.de, https://www.bundesregierung.de/breg-de/aktuelles/pressekonferenzen/regierungspressekonferenz-vom-10-juli-847582.

festhalte, wonach die Vernichtungsstrategie der deutschen »Schutztruppe« zwischen 1904 und 1908 in der damaligen Kolonie Südwestafrika ein Völkermord gewesen sei. Nachdem er dies bejaht hatte, folgte die Frage, ob dies nun auch die Nomenklatur der Bundesregierung sei, die er mit »In der Tat« bestätigte. Als daraufhin aus der Runde versammelter Journalisten die Bemerkung »Das ist ja eine Meldung« folgte, meinte er trocken: »Dann melden Sie es.«[4]

Damit wurde eine Zäsur geschaffen, die Ende des Jahres zur Aufnahme bilateraler Verhandlungen mit der Regierung Namibias führte, deren Ergebnis (und Anlass dieses Buches) die Paraphierung eines »Versöhnungsabkommens« der beiden Sonderbeauftragten Mitte Mai 2021 war. Die Verhandlungsmaxime (und das Ergebnis) wurde bereits 2016 in einer Ausarbeitung der Wissenschaftlichen Dienste des Deutschen Bundestages deutlich: »Die Anerkennung bzw. Nichtanerkennung der Geschehnisse als Völkermord durch den Deutschen Bundestag ist aus völkerrechtlicher Perspektive letztlich ein rein innerstaatlicher Vorgang, der zwar erhebliche politische Bedeutung hat, aber für die rechtliche Beurteilung der Geschehnisse unerheblich ist.«[5] – Wobei anzumerken bleibt, dass es seither noch keine Beschlussfassung des Deutschen Bundestags gab – analog zu der am 2. Juni 2016 verabschiedeten Armenien-Resolution[6] –, den Völkermord in Deutsch-Südwestafrika als offiziellen Tatbestand anzuerkennen.

Dieser Überblick befasst sich nicht weiter mit der seit 2015 erfolgten Dynamik der Verhandlungen und deren Ergebnis, das in einigen der nachfolgenden Beiträge thematisiert wird. Hier geht es um den Nachweis, dass angesichts der langjährigen Existenz umfangreicher Wissensbestände die Dauer von 110 Jahren bis zum Eingeständnis des Völkermords durch Verantwortliche in der deutschen Politik und Diplomatie bestenfalls mit kolonialer Amnesie und Verdrängung zu erklären ist.

4 Die Szene konnte für einige Monate in der Sonderausstellung des Deutschen Historischen Museums zur deutschen Kolonialgeschichte auf einem Videodokument verfolgt werden.

5 Wissenschaftliche Dienste des Deutschen Bundestages: Ausarbeitung. Der Aufstand der Herero und Nama in Deutsch-Südwestafrika (1904-–1908). Völkerrechtliche Implikationen und haftungsrechtliche Konsequenzen (WD 2 – 3000 – 112/16), online verfügbar unter: https://www.bundestag.de/resource/blob/478060/28786b58a9c7ae7c6ef358b19ee9f1f0/wd-2-112-16-pdf-data.pdf, S. 5.

6 Deutscher Bundestag: Antrag zum Völkermord an Armeniern beschlossen, bundestag.de, https://www.bundestag.de/webarchiv/textarchiv/2016/kw22-de-armenier-423826.

Was ist ein Völkermord?

Als sich nach dem Zweiten Weltkrieg die Vereinten Nationen formierten, wurde dem Horror des Holocaust besondere Aufmerksamkeit zuteil. Winston Churchill nannte ihn ein »Verbrechen ohne Namen« (*crime without a name*). Doch Raphael Lemkin und andere hatten sich bereits jahrelang der Herausforderung gestellt, angesichts der unerbittlichen Verfolgung und Vernichtung der europäischen Juden Formen von Massengewalt dieses Ausmaßes zu benennen und zu ächten.[7] Dabei führte Raphael Lemkin als maßgeblicher Urheber der von den Vereinten Nationen 1948 verabschiedeten Völkermord-Konvention in seinen zahlreichen Schriften auch die Vernichtungsstrategie, die sich in erster Linie gegen die Ovaherero und Nama zwischen 1904 und 1908 im damaligen Deutsch-Südwestafrika richtete, als ein frühes Beispiel für Genozid an.[8] Auch Hannah Arendt wies wenig später darauf hin, dass der Holocaust nur in Rückbesinnung auf die Praktiken totaler Herrschaft in den Kolonien verstanden werden könne. In den dortigen Formen der Entmenschlichung sah sie einen Ausgangspunkt für die hemmungslose Vernichtung von Menschen Jahrzehnte später im eigenen Land und anderen europäischen Gesellschaften.[9]

Die *Völkermordkonvention* (»Übereinkommen über die Verhütung und Bestrafung des Völkermordes«) wurde am 9. Dezember 1948 als erste normative Rahmenvereinbarung ein Tag vor Annahme der *Allgemeinen Erklärung der Menschenrechte* durch die Mitgliedsstaaten der Vereinten Nationen verabschiedet und signalisiert damit deren gewichtigen Stellenwert im Schatten des Holocaust.[10] Die vereinbarte Definition ist so klar wie einfach:[11]

7 Siehe insbesondere Sands, Philippe: *East West Street. On the origins of genocide and crimes against humanity*, London 2016. In Deutschland erschien die Übersetzung unter dem Titel *Rückkehr nach Lemberg. Über die Ursprünge von Genozid und Verbrechen gegen die Menschlichkeit*, Frankfurt am Main 2018.

8 Dazu Schaller, Dominik: Colonialism and Genocide. Raphael Lemkin's concept of genocide and its application to European rule in Africa, in: *Development Dialogue 50*, 2008, S. 95–123, online verfügbar unter: http://www.daghammarskjold.se/wp-content/uploads/2008/12/Development_dialogue_50_web.pdf.

9 Arendt, Hannah: *The Origins of Totalitarianism*, New York NY 1951. In Deutschland erschien die Übersetzung unter dem Titel *Elemente und Ursprünge totaler Herrschaft*, Frankfurt am Main 1955.

10 Siehe zu deren Bedeutung https://www.voelkermordkonvention.de/.

11 Siehe den vollständigen Wortlaut hier: https://www.voelkermordkonvention.de/uebereinkommen-ueber-die-verhuetung-und-bestrafung-des-voelkermordes-9217/.

»Artikel II

In dieser Konvention bedeutet Völkermord eine der folgenden Handlungen, die in der Absicht begangen wird, eine nationale, ethnische, rassische oder religiöse Gruppe als solche ganz oder teilweise zu zerstören:

1. Tötung von Mitgliedern der Gruppe;
2. Verursachung von schwerem körperlichem oder seelischem Schaden an Mitgliedern der Gruppe;
3. vorsätzliche Auferlegung von Lebensbedingungen für die Gruppe, die geeignet sind, ihre körperliche Zerstörung ganz oder teilweise herbeizuführen;
4. Verhängung von Maßnahmen, die auf die Geburtenverhinderung innerhalb der Gruppe gerichtet sind;
5. gewaltsame Überführung von Kindern der Gruppe in eine andere Gruppe.«

Es wird deutlich, dass gemäß dieser Definition siedlerkoloniale Herrschaftsformen nicht nur in Deutsch-Südwestafrika den Charakter eines Völkermords hatten, wie die Unterwerfung und Vernichtung der indigenen Bevölkerungen in Süd- und Nordamerika (einschließlich Kanadas), Neuseeland und Australien markant vor Augen führen. Dass diese vom Kolonialismus verantworteten Verbrechen auch anderswo passierten, sollte allerdings keinesfalls als Entlastung missverstanden werden.

Ein öffentlicher Völkermord

Der Kolonialismus war keinesfalls eine Randerscheinung deutscher Geschichte – auch nicht in Deutschland selbst.[12] So gab es im Kaiserreich eine sogenannte »Hottentottenwahl« (25. Januar 1907) zum Reichstag als nur eines der zahlreichen innenpolitischen Indizien für die präsente Kolonialpolitik. Die bei »Strafexpeditionen« gegen die Widerstand leistenden autochthonen Bevölkerungen geraubten Körperteile, die in unbekannter Zahl in ebenso wenig genau bekannten Orten Deutschlands eingelagert und bislang zumeist nicht repatriiert wurden, sind zugleich Erinnerung

12 Siehe dazu: *Kritik des deutschen Kolonialismus. Postkoloniale Sicht auf Erinnerung und Geschichtsvermittlung*, hrsg. von Wolfgang Geiger und Henning Melber, Frankfurt am Main 2021.

daran, dass sie zum Zwecke einer pseudo-wissenschaftlichen kolonialen Anthropologie den Weg zum arischen Rassenwahn ebneten.

Doch erst ab 1884 hatte sich das Deutsche Reich im »Wettlauf um Afrika« mit den anderen europäischen Kolonialmächten als »Nachzügler« einige Stücke der Beute gesichert. Immerhin genug, um zu Beginn des 20. Jahrhunderts das insgesamt viertgrößte Kolonialgebiet nach Großbritannien, Frankreich und Russland zu besitzen. Das mit dem Streben zur Weltmacht korrespondierende Herrenmenschentum kulminierte aufgrund der klimatischen Bedingungen in Teilen des als Siedlerkolonie geeigneten »Deutsch-Südwestafrika«, in dem sich eine Siedlergesellschaft mit lokaler Eigendynamik entfaltete. »Deutsch-Südwest« wurde zum kulturgeschichtlich-ideologischen Topos, der bis in die Gegenwart Wirkung zeigt.[13]

Ab Ende 1903 führte die mit Landnahme einhergehende koloniale Durchdringung zur massiven Bedrohung der Existenzgrundlagen der lokalen Gemeinschaften und mündete in ein Kriegsgeschehen, das in der neueren Literatur auch als namibisch-deutscher Krieg bezeichnet wird. In einer organisierten Erhebung der meisten Ovaherero-Verbände im Januar 1904 wurden über 100 deutsche Siedler auf ihren Farmen ermordet. Einem Befehl des damaligen Oberhäuptlings Samuel Maharero folgend blieben Frauen und Kinder ebenso wie Missionare und Männer, die nicht als Deutsche identifiziert wurden, weitestgehend verschont. Dennoch schützte diese selektive Kriegsführung nicht vor der umfassenden und rigorosen Machtentfaltung der militärisch weit überlegenden Kolonialmacht mittels ihrer umgehend massiv verstärkten Armee. Deren Kriegsführung zielte auf die vollständige Unterwerfung – auch unter bewusster Inkaufnahme der ebenso vollständigen physischen Vernichtung – der widerspenstigen Kolonisierten ab. Angesichts der sich entfaltenden Vernichtungsaktionen schlossen sich zahlreiche Nama-Verbände unter Führung des Kapitäns Hendrik Witbooi Ende 1904 – als die Ovaherero bereits entscheidend geschlagen und vernichtet oder vertrieben waren – dem Widerstand an und führten einen jahrelangen Guerilla-Krieg, in dessen Verlauf ihnen mit einem ähnlichen Schicksal gedroht und dieselbe rigorose Vernichtungspraxis angewendet wurde.

13 Vgl. *Kolonialismus als Kultur. Literatur, Medien, Wissenschaft in der deutschen Gründerzeit des Fremden*, hrsg. von Alexander Honold und Oliver Simons, Tübingen/Basel 2002; *Phantasiereiche. Zur Kulturgeschichte des deutschen Kolonialismus*, hrsg. von Birte Kundrus, Frankfurt am Main 2003; dies.: *Moderne Kolonialisten. Das Kaiserreich im Spiegel seiner Kolonien*, Weimar/Wien 2003; *Kein Platz an der Sonne. Erinnerungsorte der deutschen Kolonialgeschichte*, hrsg. von Jürgen Zimmerer, Frankfurt am Main 2013.

Wie zeitgenössische Quellen belegen, vollzog sich die Eskalation zu einem Völkermord in der südwestafrikanischen Kolonie in aller Öffentlichkeit, ja, wurde regelrecht gefeiert. Der eigens für die erbarmungslose Kriegführung zum Oberkommandierende der deutschen »Schutztruppen« berufene Lothar von Trotha, der als Kolonialoffizier bereits in Deutsch-Ostafrika gegen die Wahehe und in Kiautschou im »Boxerkrieg« seine blutigen Sporen erworben hatte, erließ am 2. Oktober 1904 einen Vernichtungsbefehl gegen die Ovaherero:

> »Innerhalb der deutschen Grenze wird jeder Herero mit oder ohne Gewehr, mit oder ohne Vieh erschossen. Ich nehme keine Weiber und Kinder mehr auf, treibe sie zu ihrem Volk zurück oder lasse auf sie schießen.«[14]

Zwei Tage später erklärt von Trotha in einem Bericht an Generalstabschef von Schlieffen: »Dieser Aufstand ist und bleibt der Anfang eines Rassenkampfes, den ich schon 1897 in meinem Bericht an den Reichskanzler für Ostafrika vorausgesagt habe.«[15] In einem Schreiben vom 5. November 1904 umriss er seine Vorstellung vom »Rassenkampf« als kulturhistorische Aufgabe. Unter Anspielung auf seine einschlägige Erfahrung bei der Niederschlagung des Wahehe-Aufstandes in Deutsch-Ostafrika räsonierte er:

> »Ich kenne genug Stämme in Afrika. Sie gleichen sich alle in dem Gedankengang, dass sie nur der Gewalt weichen. Diese Gewalt mit krassem Terrorismus und selbst mit Grausamkeit auszuüben, war und ist meine Politik. Ich vernichte die aufständischen Stämme mit Strömen von Blut und Strömen von Geld. Nur auf dieser Aussaat kann etwas Neues entstehen, was Bestand hat.«[16]

Die Kampfhandlungen mit der offen erklärten Vernichtungsabsicht wurden ausführlich in zwei Bänden von der Kriegsgeschichtlichen Abteilung 1 des Großen Generalstabs öffentlich dokumentiert. Der erste Band beschreibt die Folgen der Absperrung des wasserlosen Sandfelds:

---

14 In vollem Wortlaut veröffentlicht auf der Internetseite https://taz.de/!808930/.

15 Völkermord an den Herero. Quellen, segu-geschichte.de, https://segu-geschichte.de/voelkermord-an-den-herero-quellen/.

16 Akten des Reichskolonialamtes, RKA Nr. 2089, Bl. 100-102, zitiert in: Drechsler, Horst: *Südwestafrika unter deutscher Kolonialherrschaft. Der Kampf der Herero und Nama gegen den deutschen Imperialismus (1884–1915)*, Berlin 1984 (2. Aufl.; zuerst 1966), S. 156.

> »Keine Mühen, keine Entbehrungen wurden gescheut, um dem Feinde den letzten Rest seiner Widerstandskraft zu rauben; wie ein halb zu Tode gehetztes Wild war er von Wasserstelle zu Wasserstelle gescheucht, bis er schließlich willenlos, ein Opfer der Natur seines eigenen Landes wurde. Die wasserlose Omaheke sollte vollenden, was die deutschen Waffen begonnen hatten: die Vernichtung des Hererovolkes.«[17]

Generaloberst Graf von Schlieffen telegrafierte als Leiter des Generalstabs General von Trotha Glückwünsche: »Hier ist alles voll Bewunderung für die außerordentlich energische und erfolgreiche Verfolgung unter so schwierigen Verhältnissen.«[18] Der Band endet mit der Vollzugsmeldung: »Das Strafgericht hatte sein Ende gefunden. Die Hereros hatten aufgehört, ein selbständiger Volksstamm zu sein.«[19]

Die Vernichtungsstrategie war damit keineswegs beendet. Trotha erließ am 22. April 1905 eine Proklamation »an das Volk der Hottentotten«. Unter Verweis darauf, »wie es dem Volk der Hereros ergangen ist«, forderte er die Nama zur Kapitulation auf:

> »Ihr werdet Arbeit bekommen und Kost erhalten, bis nach Beendigung des Krieges der große deutsche Kaiser die Verhältnisse für das Gebiet neu regeln wird. Wer hiernach glaubt, daß auf ihn die Gnade keine Anwendung findet, der soll auswandern, denn wo er sich auf deutschem Gebiet blicken läßt, da wird auf ihn geschossen werden, bis alle vernichtet sind.«[20]

17 *Die Kämpfe der deutschen Truppen in Südwestafrika. Bd. 1: Der Feldzug gegen die Hereros*, hrsg. vom Großen Generalstabe, Kriegsgeschichtliche Abteilung 1, Berlin 1906, S. 207.

18 Ebd., S. 208. Als sein Vorgesetzter teilte Generaloberst Graf von Schlieffen von Trothas Meinung in einem Brief an das Reichskolonialamt vom 23. November 1904 noch ausdrücklich zu einer Zeit, da der Vernichtungsbefehl bereits heftiger öffentlicher Kritik in Deutschland ausgesetzt war: »Daß er die ganze Nation vernichten und aus dem Land treiben will, darin kann man ihm beistimmen. Ein Zusammenleben der Schwarzen mit den Weißen wird nach dem, was vorgegangen ist, sehr schwierig sein, wenn nicht erstere dauernd in einem Zustand der Zwangsarbeit, also einer Art Sklaverei erhalten werden. Der entbrannte Rassenkampf ist nur durch die Vernichtung einer Partei abzuschließen.« Zitiert in: Hunke, Heinz: Namibia. Mission der deutschen Oblaten im Spannungsfeld zwischen von Kolonialismus und Befreiungsbewegung, in: *Und sie gingen in seinen Weinberg. Hundert Jahre deutsche Ordensprovinz der Oblaten der Makellosen Jungfrau Maria* (Hünfelder Oblaten), hrsg. von Josef Krasenbrink, Mainz 1995, S. 138–182, hier S. 140.

19 *Die Kämpfe der deutschen Truppen 1* (Anm. 17), S. 214.

20 *Die Kämpfe der deutschen Truppen in Südwestafrika. Bd. 2: Der Hottentottenkrieg*, hrsg. vom Großen Generalstabe, Kriegsgeschichtliche Abteilung 1, Berlin 1907, S. 186.

Das Versprechen auf »Arbeit« und »Kost« reiht sich in die genozidale Strategie ein. Sie beschränkte sich keinesfalls nur auf die bei Kriegshandlungen Getöteten und den Tod durch Verhungern und Verdursten durch die Absperrung der wasserlosen Omaheke. Die Überlebenden Ovaherero und Nama (einschließlich Frauen und Kinder) wurden in Konzentrationslager verbracht und mussten Zwangsarbeit verrichten. Frauen und Mädchen wurden missbraucht. Durch Mangelernährung und unzureichenden Schutz, insbesondere in den Lagern an der Küste, starb fast die Hälfte aller Gefangenen. Schätzungen gehen davon aus, dass bis zu zwei Drittel aller Ovaherero und ein Drittel der Nama den deutsch-namibischen Krieg und dessen Folgen nicht überlebten.[21] Die kulturelle und wirtschaftliche Grundlage der Ovaherero und Nama (sowie der Damara und San) war irreversibel zerstört und die Einführung von strikt durchgeführten Gesetzen einer Rassentrennung als Beginn der Apartheid setzte deren bisheriger Lebensweise ein endgültiges Ende. – Auch dies entspricht der Definition eines Völkermords.

Im November 1905 betrachtete von Trotha seine Mission als weitgehend erfüllt. Seinem Gesuch um Abberufung wurde stattgegeben. Für seine Verdienste wurde ihm der Orden *Pour le Mérite* verliehen. Dies veranlasste den gegenüber der deutschen Kolonialpolitik weitgehend loyalen Inspektor (und ab 1908 Direktor) der Rheinischen Mission Johannes Spiecker zu der Bemerkung:

> »Und so ein Held wird mit dem höchsten Orden geschmückt und mit Ehren überhäuft. [...] Hier kann einem für die Zukunft des Vaterlandes angst und bange werden.«[22]

Fast zeitgleich mit Erscheinen des vorliegenden Bandes kann erstmals der Nachlass von Trothas umfassend zugänglich gemacht werden. Dies dürfte die Einblicke in dessen von der Maxime des »Rassenkriegs« geleitete Denk- und Handlungsweise vertiefen.[23] Wir sollten aber nicht

21 Die Fakten sind in der nachfolgend aufgeführten Literatur und den darin weiter enthaltenen Originalquellen wie auch anderer, teilweise fremdsprachiger Literatur hinreichend verifiziert und belegt.

22 Zitiert in: Siefkes, Martin: *Sprache, Glaube und Macht. Die Aufzeichnungen des Johannes Spiecker in Deutsch-Südwestafrika zur Zeit des Herero-Nama-Aufstands*, Würzburg 2013, S. 135.

23 Siehe dazu die Projektbeschreibung: Eckl, Andreas / Häussler, Matthias: *Text- und Bildnarrativ eines Genozids. Kritische Edition des schriftlichen und fotografischen Nachlasses von Lothar von Trotha, Oberkommandierender der Schutztruppe für Deutsch-Südwestafrika 1904 bis 1905* auf der Internetseite http://www.idg.ruhr-uni-bochum.de/forschung/projekte/trotha/index.html.de. Dort findet sich auch eine umfassende Liste

über die Fallstricke einer selektiven Wahrnehmung mit entlastender Funktion stolpern: Weder koloniale Fremdherrschaft noch die Unterwerfung, Ausbeutung und Vernichtung Kolonisierter waren Akte, die sich auf einzelne Täter reduzieren lassen. Sie waren ein System. Eine gesellschaftliche geteilte, auch historische Verantwortung dafür lässt sich nicht dadurch relativieren, dass es unterschiedliche Formen der Vollstreckung und der Radikalität von Vollstreckern gab. Gesellschaftliche Verantwortung für solche Taten, deren Bewusstmachung und Bearbeitung bestehen in der Aufklärung und Einsicht darüber, dass diese nicht verhindert wurden. Die Vollstrecker wurden nicht nur geduldet, sondern unterstützt. Sie handelten wissentlich als Teil eines Herrschaftssystems.

Auch der gerne bemühte Hinweis, die koloniale Vernichtungspraxis wäre dem damaligen »Zeitgeist« geschuldet und könne nicht aus heutiger moralisch-ethischer Perspektive beurteilt werden, ist letztlich Geschichtsklitterung. Auch damals gab es ein Unrechtsbewusstsein. Dies beweist nicht nur der Kommentar Spieckers sowie die vereinzelte massive Kritik – nicht nur von Sozialdemokraten wie August Bebel – im Reichstag. Auch der Präses der Rheinischen Herero-Mission betonte rückblickend unter Bezug auf die deutschen Freiheitskriege gegen die französische Besatzung zu Beginn des 19. Jahrhunderts die existenzielle Bedrohung als Motiv für den Widerstand der Kolonisierten. Er respektierte diesen als legitime, nachvollziehbare und verständliche Handlungsweise:

> »Kein freiheitsliebendes Volk lässt sich Schritt vor Schritt in seinen ursprünglichen Lebensbedingungen zurückdrängen, in seinem Rechtsempfinden kränken. Die blutige Auseinandersetzung war unausbleiblich, der Aufstand eine logische Folgerung der Verhältnisse, wie sie sich entwickelt hatten. Für die Herero war es ein Kampf um Freiheit und Heimat, nicht anders zu beurteilen, als der Freiheitskampf des deutschen Volkes vor 100 Jahren.«[24]

der einschlägigen Veröffentlichungen aus dem Institut für Diaspora- und Genozidforschung (IDG) der Ruhr-Universität Bochum, wo das Projekt angesiedelt ist.

24 Olpp, Johannes: *Die Kulturbedeutung der evangel. Rh. Mission für Südwest. Rheinische Mission, Südwestafrika*, o. O. 1914, S. 18. Schon zuvor wies er klärend darauf hin, dass »weiße Frauen selbst von den heidnischen Herero, die noch neun Zehntel der Volksmasse ausmachten, durchweg geschont wurden«, ebd., S. 13.

Wissen versus koloniale Amnesie

Bis heute wird noch häufig als vermeintliches Gegenargument zur Anwendung des Begriffs Völkermord auf den kolonialen Vernichtungskrieg in Deutsch-Südwestafrika angeführt, das mit der Wortschöpfung einhergehende Rechtsverständnis habe es damals noch nicht gegeben. Auch die deutsche Regierung wendet auf das vereinbarte Versöhnungsabkommen diese Unterscheidung mit der Umschreibung an, es habe sich damals im moralischen und politischen (aber nicht rechtlichen) Sinne aus heutiger Sicht um einen Völkermord gehandelt. Wird dieser Einwand ernst genommen, dürften der Holocaust und die Vernichtung der Armenier*innen ebenfalls nicht als Völkermord bezeichnet werden, denn beide Ereignisse vollzogen sich ebenfalls vor der Völkermord-Konvention und der damit einhergehenden Begriffsbildung.

Es lässt sich nur schwerlich des Verdachts erwehren, es handele sich bei dieser Scheinlogik um ein Zweckargument, der adäquaten Einordnung geschichtlicher Prozesse und den Fakten nicht ins Auge blicken zu müssen. Tatsächlich lässt sich bis in die Gegenwart eine koloniale Amnesie diagnostizieren.[25] Noch immer finden sich weit verbreitete kolonialapologetische oder zumindest verharmlosend relativierende Sichtweisen zu einer deutschen Kolonialherrschaft, die als geschichtliche Lappalie relativiert wird. Doch die Sicht der davon betroffenen Kolonisierten zeichnet ein anderes Bild. Dabei muss nicht einmal deren Perspektive zur Kenntnis genommen werden. Eigentlich reicht es schon, das (selbst-) kritische Engagement von Teilen innerhalb der Gesellschaftswissenschaften und von postkolonialen Initiativen zu berücksichtigen.

So präsentierten schon in den späten 1960er Jahren die veröffentlichten Dissertationen zweier Historiker in der DDR[26] und der BRD[27] detailliert das Gewaltregime in »Deutsch-Südwestafrika« und dessen

25 Siehe speziell hierzu Kößler, Reinhart / Melber, Henning: Koloniale Amnesie. Zum Umgang mit der deutschen Kolonialvergangenheit. Rosa Luxemburg Stiftung: *Standpunkte 9*, 2018, online verfügbar unter: https://www.rosalux.de/fileadmin/rls_uploads/pdfs/Standpunkte/Standpunkte_9-2018.pdf; sowie die Kapitel von Reinhart Kößler, Henning Melber und Joachim Zeller in: *Deutschland und Afrika. Anatomie eines komplexen Verhältnisses*, hrsg. von Henning Melber, Frankfurt am Main 2019.

26 Drechsler: *Südwestafrika unter deutscher Kolonialherrschaft* (Anm. 16).

27 Bley, Helmut: *Kolonialherrschaft und Sozialstruktur in Deutsch-Südwestafrika 1894–1914*, Hamburg 1968.

Auswirkungen.[28] Diesen folgte eine weitere analytische Vertiefung[29] sowie deutlich öffentlichkeitswirksamer die Popularisierung des Themas durch den (seither mehrfach neu aufgelegten) Roman von Uwe Timm[30] sowie Beiträge aus einem Forschungsprojekt der Universität Bremen.[31] Auch Veröffentlichungen der *Informationsstelle Südliches Afrika* in Bonn versuchten schon vor Jahrzehnten, über deutsche Kolonialverbrechen in Namibia aufzuklären.[32]

Ein Jahrhundert nach der Berliner Afrika-Konferenz (1884/85) gab es verschiedene Versuche, hinsichtlich des Gewaltcharakters des deutschen Kolonialismus zu sensibilisieren.[33] Weiteren Bemühungen, auf die Tatbestände im damaligen Südwestafrika hinzuweisen,[34] folgten anlässlich der hundertjährigen Wiederkehr des Beginns des deutsch-

28 Siehe zum Vergleich der Bearbeitung deutscher Kolonialgeschichte in den beiden deutschen Staaten Bürger, Christiane: *Deutsche Kolonialgeschichte(n). Der Genozid in Namibia und die Geschichtsschreibung der DDR und BRD*, Bielefeld 2017.

29 Schmitt-Egner, Peter: *Kolonialismus und Faschismus. Eine Studie zur historischen und begrifflichen Genesis faschistischer Bewußtseinsformen am deutschen Beispiel*, Gießen/Lollar 1975.

30 Timm, Uwe: *Morenga*, Königstein im Taunus 1978. Zahlreiche Neuauflagen wurden veröffentlicht: unter anderem Köln 1983 und 1985 sowie zuletzt aus Anlass des 80. Geburtstags des Autors in 16. Auflage München 2020 mit einem Nachwort von Robert Habeck. Habeck endet mit der Feststellung, Timm habe »mit Jakobus Morenga, stellvertretend für sein ermordetes Volk, ein literarisches Denkmal [gesetzt], eines, das nicht ihn zeigt, sondern seine Geschichte neu schreibt. Als Negativ zu jener Glorifizierung, die eine Geschichtsschreibung der Sieger ist« (S. 475).

31 *Namibia. Die Aktualität des kolonialen Verhältnisses. Beiträge aus dem Projekt ›Politische Landeskunde Namibias‹*, red. von Manfred O. Hinz und hrsg. von der Universität Bremen, Bremen 1983 (= Diskurs – Bremer Beiträge zu Wissenschaft und Gesellschaft 6).

32 Siehe unter anderem Melber, Henning: Aus kolonialgeschichtlichen Quellen. »... bis zur völligen Niederwerfung der Eingeborenen«. Die kulturverpflichtete Aufgabe des Völkermords, in: *Namibia. Kolonialismus und Widerstand*, hrsg. von dems., Bonn 1981, S. 53–67.

33 Siehe hierzu unter anderem *Weiss auf Schwarz. 100 Jahre Einmischung in Afrika. Deutscher Kolonialismus und afrikanischer Widerstand*, hrsg. von Manfred O. Hinz, Heldegard Patemann und Armin Meier, Berlin 1984 (2. erw. Aufl. 1986); sowie *In Treue fest, Südwest!. Eine ideologiegeschichtliche Dokumentation von der Eroberung Namibias über die deutsche Fremdherrschaft bis zur Kolonialapologie der Gegenwart*, hrsg. von Henning Melber, Mary Melber und Werner Hillebrecht, Bonn 1984.

34 Siehe hierzu unter anderem Melber, Henning: Kontinuität totaler Herrschaft. Völkermord und Apartheid in »Deutsch-Südwestafrika«. Zur kolonialen Herrschaftspraxis im Deutschen Kaiserreich, in: *Jahrbuch für Antisemitismusforschung. Bd. 1*, hrsg. von Wolfgang Benz, Frankfurt am Main 1992, S. 91–116; Krüger, Gesine: *Kriegsbewältigung und Geschichtsbewußtsein. Realität, Deutung und Verarbeitung des deutschen Kolonialkriegs in Namibia 1904–1907*, Göttingen 1999; Zimmerer, Jürgen: *Deutsche Herrschaft über Afrikaner. Staatlicher Machtanspruch und Wirklichkeit im kolonialen Namibia*, Münster 2001; Bühler, Andreas Heinrich: *Der Namaaufstand gegen die deutsche Kolonialherrschaft in Namibia von 1904–1913*, Frankfurt am Main 2003.

namibischen Krieges umfassende Versuche, dem Thema gerecht zu werden.[35] Diese wurden um weitere vertiefende Studien[36] und die Einbeziehung namibischer Perspektiven[37] ergänzt. Auch die koloniale Spurensuche in Deutschland wurde seit der Jahrhundertwende kontinuierlich betrieben.[38] – Angesichts dieser selektiven Auswahl mit Namibia-Bezug lässt sich unschwer feststellen, dass es nicht an hinreichend zugänglichem Wissen mangelte.

Verdrängung statt Erinnerung

Die beharrliche Abwehr und Verweigerung einer substanziellen Befassung mit dem Wesen und Wirken kolonialer Fremdherrschaft kommentierte der Kolonialhistoriker Helmut Bley im Vorfeld der hundertjährigen Wiederkehr der Berliner Afrika-Konferenz von 1884/85:

> »Die deutsche Kolonialgeschichte ist deshalb auch unerledigt, weil sie die Erinnerung daran wecken kann, daß [...] in dieser Gesellschaft gewalttätige Tradi-

35 Siehe *Völkermord in Deutsch-Südwestafrika. Der Kolonialkrieg (1904–1908) in Namibia und seine Folgen*, hrsg. von Jürgen Zimmerer und Joachim Zeller, Berlin 2003 (Neuaufl. Augsburg 2011, 3. erw. Aufl. 2016); Böhlke-Itzen, Janntje: *Kolonialschuld und Entschädigung. Der deutsche Völkermord an den Herero 1904–1907*, Frankfurt am Main 2004; *Namibia-Deutschland. Eine geteilte Geschichte. Widerstand – Gewalt – Erinnerung*, hrsg. von Larissa Förster, Dag Henrichsen und Michael Bollig, Köln/Wolfratshausen 2004; Kößler, Reinhart / Melber, Henning: Völkermord und Gedenken. Der Genozid an den Herero und Nama in Deutsch-Südwestafrika 1904–1908, in: *Völkermord und Kriegsverbrechen in der ersten Hälfte des 20. Jahrhunderts*, hrsg. im Auftr. des Fritz-Bauer-Instituts von Irmtrud Wojak und Susanne Meinl, Frankfurt am Main 2004, S. 37–70; *Genozid und Gedenken. Namibisch-deutsche Geschichte und Gegenwart*, hrsg. von Henning Melber, Frankfurt am Main 2005.

36 Siehe hierzu unter anderem Brehl, Medardus: *Vernichtung der Herero. Diskurse der Gewalt in der deutschen Kolonialliteratur*, München 2007; Zimmerer, Jürgen: *Von Windhuk nach Auschwitz?. Beiträge zum Verhältnis von Kolonialismus und Holocaust*, Berlin 2011; Häussler, Matthias: *Der Genozid an den Herero. Krieg, Emotion und extreme Gewalt in ›Deutsch-Südwestafrika‹*, Weilerswist 2018.

37 Siehe insbesondere Förster, Larissa: *Postkoloniale Erinnerungslandschaften. Wie Deutsche und Herero in Namibia des Kriegs von 1904 gedenken*, Frankfurt am Main 2010; Kößler, Reinhart: *Namibia and Germany. Negotiating the past*, Windhoek/Münster 2015.

38 Siehe unter anderem Zeller, Joachim: *Kolonialdenkmäler und Geschichtsbewusstsein. Eine Untersuchung der kolonialdeutschen Erinnerungskultur*, Frankfurt am Main 2000; *Kolonialmetropole Berlin. Eine Spurensuche*, hrsg. von Ulrich van der Heyden und Wolfgang Zeller, Berlin 2002; *Kolonialismus hierzulande. Eine Spurensuche in Deutschland*, hrsg. von Ulrich van der Heyden und Wolfgang Zeller, Erfurt 2007; Zimmerer (Hrsg.): *Kein Platz an der Sonne* (Anm. 13); *Deutschland postkolonial? Die Gegenwart der imperialen Vergangenheit*, hrsg. von Marianne Bechhaus-Gerst und Joachim Zeller, Berlin 2018.

tionen vorhanden sind, die sich nicht auf den ›Dämon‹ Hitler reduzieren lassen, sondern die in sozusagen ›normalen‹ Zeiten, im Grunde in der ›guten alten Zeit‹ sich vollzogen.«[39]

Um zu verhindern, dass diese »gute alte Zeit« in den ehemaligen Kolonialmetropolen »beschmutzt« wird, dienen teilweise noch immer »Autobahnargumente«[40] zur Rechtfertigung und Entlastung. Damit werden in irreführender Weise reklamierte individuelle »Kulturleistungen« gegen die verheerenden strukturellen Dimensionen und Folgen des Kolonialsystems für die kolonisierte Bevölkerung aufgerechnet. Aber »selbst wenn alle Kolonialbeamten und -militärs sehr nett gewesen wären, was sie nicht waren, ändert das nichts daran, dass die europäischen Mächte danach strebten, einen Kontinent unter sich aufzuteilen und den erwartbaren Widerstand in brutalster Weise mit Mitteln der Aufstandsbekämpfung niederschlugen, der häufig eine Politik der verbrannten Erde folgte.«[41]

Dies hatte zuvor bereits Helmut Bley auf den Punkt gebracht: »Die koloniale Situation hat einen Sicherheitskomplex geschaffen, der einmal Blindheit gegenüber der eigenen Gewalttätigkeit produziert, zum anderen Selbstgerechtigkeit schafft, die eine sowohl humane als auch politische Einstellung auf die afrikanische Gegenreaktion erschwert und Realitätsverlust schafft.«[42]

Der britische Historiker David Andress bezeichnet dies bezogen auf Großbritannien, Frankreich und die USA als kulturelle Demenz.[43] Diese hätten eine falsche Vorstellung von »patriotischer« Identität. Sie basiert auf einem Entwicklungspfad und -verständnis, die ein historisches Privileg reklamieren, das rassisch – und in der Konsequenz rassistisch – geprägt ist.[44] Insbesondere Angehörige privilegierter Gruppen haben, wie er meint, keine Lust, Historiker*innen zuzuhören, die

39 Bley, Helmut: Unerledigte deutsche Kolonialgeschichte, in: *Deutscher Kolonialismus. Materialien zur Hundertjahrfeier 1984*, hrsg. von der Hamburger Gesellschaft für Entwicklungspolitische Bildungsarbeit, Hamburg 1983, S. 11–18, hier S. 12.

40 Zu verstehen als: nicht alles unter Hitler war schlecht, die Arbeitslosigkeit wurde reduziert und es wurden Autobahnen gebaut.

41 Krüger, Gesine: Die ›guten‹ Seiten des #Kolonialismus, *geschichtedergegenwart.ch*, https://geschichtedergegenwart.ch/die-guten-seiten-des-kolonialismus/.

42 Bley: *Unerledigte deutsche Kolonialgeschichte* (Anm. 39), S. 16.

43 Andress, David: *Cultural Dementia. How the west has lost its history, and risks losing everything else*, London 2018. Er nimmt Deutschland von dieser Diagnose mit Verweis auf die Erinnerung an den Holocaust aus, übersieht damit aber die koloniale Amnesie.

44 Ebd., S. 68.

ihnen Schlechtes über ihre geschätzten Identitäten erzählen. Sie sind nicht an wirklicher Geschichte interessiert. Ihnen behagt die Schmusedecke des Halb-Erinnerns. Expertise, so Andress weiter, vermag Schichten der Mythologisierung kaum abzutragen. Die Beziehungen des Westens zu seiner Vergangenheit sind eine aktiv konstruierte, eifersüchtig bewachte und vergiftete Weigerung, sich den Fakten zu stellen. Diese sind bekannt, aber emotional und politisch unbequem. Es gibt keine Bereitschaft, sich mit der Wirklichkeit auseinanderzusetzen.[45]

Eine vom Verhältnis Täter und Opfer bestimmte Vergangenheit, wie sie der Kolonialismus als Herrschaftssystem darstellt, lässt aber demgegenüber als adäquate Form der bearbeitenden Erinnerung nur eine »Vergangenheitsbewahrung« zu, die eine Gewaltgeschichte nicht verschweigt oder sich einer Auseinandersetzung mit ihr nicht entzieht.[46] Dies

> »bedeutet keineswegs, wie noch im Historikerstreit vor zwanzig Jahren befürchtet, eine Relativierung des Holocaust und die Infragestellung seiner Einzigartigkeit. Sie signalisiert vielmehr eine tiefgreifende moralische und kognitive Wende *im Lichte dieses Ereignisses*, das uns frühere Gewaltexzesse neu wahrzunehmen und vor allem auch solche Ereignisse zu beschreiben und zu beurteilen erlaubt, für die es bislang noch keine Sprache und öffentliche Aufmerksamkeit gab.«[47]

45 Ebd., S. 141 und 144.

46 Assmann, Aleida: *Der lange Schatten der Vergangenheit. Erinnerungskultur und Geschichtspolitik*, München 2006 (3. Aufl. 2018), S. 108.

47 Ebd., S. 15f.

Medardus Brehl

Namibia im Deutschen Bundestag und in der Außenpolitik

Das zwischen der Bundesrepublik Deutschland und der Republik Namibia ausgehandelte, sogenannten »Versöhnungsabkommen« vom Mai 2021 stellt fest, »dass die in Phasen des Kolonialkrieges verübten abscheulichen Gräueltaten in Ereignissen gipfelten, die aus heutiger Perspektive als Völkermord bezeichnet würden«. Damit hat ein mehr als fünf Jahre andauernder bilateraler Verhandlungsprozess seinen Abschluss gefunden. Während eine Ratifizierung des Abkommens durch den Deutschen Bundestag eine Formsache zu werden scheint, stößt es im Parlament der Republik Namibia wie in der namibischen Zivilgesellschaft auf scharfe Kritik und teils vehemente Ablehnung. Dies liegt einerseits an der überaus halbherzigen Einstufung der Ereignisse der Jahre 1904 bis 1908 als Genozid: Es handele sich um *Ereignisse, die aus heutiger Perspektive als Genozid bezeichnet werden würden.* Damit wird – unter implizitem Rekurs auf ein Rückwirkungsverbot – die Anwendbarkeit des völkerstrafrechtlichen Begriffs *Genozid* in einer historischen Perspektive relativiert. Kritisiert wird andererseits die Vermeidung einer Verpflichtung der Bundesrepublik zu Entschädigungs- beziehungsweise Wiedergutmachungszahlungen (Reparationen) an die Nachkommen der Opfergemeinschaften, deren Organisationen zudem nicht an den Verhandlungen beteiligt wurden. Stattdessen werden im Abkommen Leistungen in Höhe von insgesamt 1,1 Milliarden Euro zugesagt, die – über dreißig Jahre gestreckt ausgeschüttet – insbesondere Entwicklungsprojekten in den Siedlungsgebieten dieser Gemeinschaften zugutekommen sollen.

Anfänge eines geschichtspolitischen Diskurses über die Anerkennung deutscher Kolonialverbrechen

In Wortwahl und Formulierungen hinsichtlich der ausgehandelten Zusagen kristallisieren sich im »Versöhnungsabkommen« Diskursmuster heraus, die schon die parlamentarischen Debatten um eine Anerkennung der deutschen Kolonialverbrechen und der Völkermorde in der ehemaligen Kolonie Deutsch-Südwestafrika bestimmt haben. Dies gilt auch für die damit verbundenen Argumentationen um daraus gegebenenfalls abzuleitende materielle Verpflichtungen. Diese Diskussionen reichen deutlich weiter zurück als in das Jahr 2015, in dem schließlich die Verhandlungen für die Erarbeitung eines Versöhnungsabkommens aufgenommen wurden.[1] Der Beginn dieser Diskussionen kann mit den Veränderungen der weltpolitischen Ordnung in den Jahren 1989/90 angesetzt werden, der Unabhängigkeit Namibias (21. März 1990) und der Vereinigung der beiden deutschen Staaten (3. Oktober 1990). In den Zeiten des Kalten Kriegs waren der deutsche Kolonialismus und die mit ihm einhergehenden Verbrechen nicht zu einem Gegenstand geschichtspolitischer Diskussionen in der Bundesrepublik geworden (und, wie der Beitrag von Henning Melber im vorliegenden Band zeigt, in beiden Staaten auch nur vereinzelt Gegenstand historiographischer Analysen).

Diese Situation änderte sich mit der sich abzeichnenden Unabhängigkeit Namibias. Denn mit Erlangung der völkerrechtlichen Souveränität würde der Bundesrepublik ein staatlicher Akteur und Verhandlungspartner auf Augenhöhe gegenüberstehen. Dies nahmen Abgeordneten verschiedener Fraktionen zum Anlass, das deutsch-namibische Verhältnis und die aus der kolonialen Vergangenheit abzuleitende Verantwortung der Bundesrepublik zum Thema im Bundestag zu machen. Sie forderten die Bunderegierung dazu auf, den Unabhängigkeitsprozess zu unterstützen und Initiativen zu einer engen Entwicklungszusammenarbeit zu ergreifen. So wurde in einem gemeinsamen Antrag der Regierungsfraktionen CDU/CSU und FDP vom 30. Januar 1989 eine »besondere Verantwortung« der Bundesrepublik gegenüber

1 Vgl. hierzu etwa Böhlke-Itzen, Janntje: Die bundesdeutsche Diskussion und die Reparationsfrage. Ein »ganz normaler Kolonialkrieg«?, in: *Genozid und Gedenken. Namibisch-deutsche Geschichte und Gegenwart,* hrsg. von Henning Melber, Frankfurt am 2005, S. 103–120; Böhlke-Itzen, Janntje: *Kolonialschuld und Entschädigung. Der deutsche Völkermord an den Herero 1904-1907*, Frankfurt am Main 2004; Melber, Henning: »Wir haben überhaupt nicht über Reparationen gesprochen.« Die namibisch-deutschen Beziehungen: Verdrängung oder Versöhnung?, in: *Völkermord in Deutsch-Südwestafrika. Der Kolonialkrieg (1904–1908) in Namibia und seine Folgen*, hrsg. von Jürgen Zimmerer und Joachim Zeller, Berlin 2003, S. 215-225; Robel, Yvonne: *Verhandlungssache Genozid. Zur Dynamik geschichtspolitischer Deutungskämpfe,* München 2013, S. 259–354; Roos, Ulrich / Seidl, Timo: Im »Südwesten« nichts Neues? Eine Analyse der deutschen Namibiapolitik als Beitrag zur Rekonstruktion der außenpolitischen Identität des deutschen Nationalstaates, in: *Zeitschrift für Friedens- und Konfliktforschung, 4 (2), 2015,* S. 182–224; Kößler, Reinhart / Melber, Henning: *Völkermord – und was dann? Die Politik deutsch-namibischer Vergangenheitsbearbeitung*, Frankfurt am Main 2017.

Namibia konstatiert,[2] die sich aus einer in ihren Maßnahmen, Strategien und Folgen nicht weiter spezifizierten deutschen Kolonisierung Namibias ergebe und »weil in Namibia eine beachtliche deutsche und deutschstämmige Minderheit« lebe.[3] Diese Verantwortung wird auch in einem Antrag der SPD-Fraktion vom 15. Februar 1989 betont, hier jedoch daran rückgebunden, dass das Deutsche Reich im »Kolonialkrieg [...] mehr als ein Viertel der Menschen des Herero-Stammes ausgerottet, Zehntausende von Namas umgebracht und die Überlebenden total unterworfen« habe.[4] Vor dem Hintergrund des »Kolonialkriegs« leite sich eine besondere Verpflichtung gegenüber dem entstehenden unabhängigen namibischen Staat insbesondere in Belangen der Entwicklungshilfe und Menschenrechte ab.[5] Eine besondere Verantwortung speziell gegenüber den Nachkommen der Opfer des benannten »Kolonialkriegs«, jenen Bevölkerungsgruppen also, die »ausgerottet«, »umgebracht« und »total unterworfen« wurden, wird im Antrag dagegen nicht angesprochen, vielmehr werden diese Gruppen in der Übertragung der Verantwortung gegenüber dem entstehenden namibischen Staat unsichtbar gemacht.

Die Beschlussempfehlung des Auswärtigen Ausschusses vom 15. März 1989 fordert die Bundesregierung dazu auf, »den Unabhängigkeitsprozeß in Namibia selbst zu unterstützen, zur Vertrauensbildung bei[zu]tragen, auf die Verwirklichung der Menschenrechte und rechtsstaatlich-demokratischer Verhältnisse in Namibia [zu] drängen«.[6] Aufgenommen wird die Formel der »besonderen Verantwortung«,[7] die »für das Land und seine Bürger« gelte und die recht allgemein auf »historische [...] und moralische [...] Gründe [...]« zurückgeführt

2 Antrag der Abgeordneten Graf von Waldburg-Zeil et al. und der Fraktion der CDU/CSU sowie der Abgeordneten Hoppe et al. und der Fraktion der FDP (30.01.1989): Die besondere Verantwortung der Bundesrepublik Deutschland für Namibia und alle seine Bürger, Bundestagsdrucksache 11/3934 (https://dserver.bundestag.de/btd/11/039/1103934.pdf).

3 Ebd., S. 1.

4 Antrag der Abgeordneten Toetemeyer et al. und der Fraktion der SPD (15.02.1989): Unabhängigkeit für Namibia, Bundestagsdrucksache 11/3996 (https://dserver.bundestag.de/btd/11/039/1103996.pdf), S. 1.

5 Ebd., S. 2.

6 Beschlußempfehlung und Bericht des Auswärtigen Ausschusses (3. Ausschuss) a) zu dem Antrag der Abgeordneten Graf von Waldburg-Zeil et al. und der Fraktion der CDU/CSU sowie der Abgeordneten Hoppe et al. und der Fraktion der FDP, b) zu dem Antrag der Abgeordneten Toetemeyer et al. und der Fraktion der SPD und c) zu dem Antrag der Fraktion DIE GRÜNEN (15.03.1989), Bundestagsdrucksache 11/4205 (https://dserver.bundestag.de/btd/11/042/1104205.pdf), S. 2.

7 Ebd., S. 3.

wird.[8] Diese wird aber nicht als eine Verantwortung gegenüber den Opfern kolonialer Gewalt charakterisiert. Sie bestehe vielmehr vor allem gegenüber der »beachtlichen deutschen und deutschstämmigen Minderheit« in Namibia,[9] »für deren berechtigte [...] Interessen« sich der Bundestag im »Rahmen kulturpolitischer Zusammenarbeit mit dem unabhängigen Namibia« einsetzen solle.[10]

Die sich hier abzeichnenden Sprachregelungen und Maßnahmenempfehlungen sollten sich als richtungsweisend für die politischen Diskurse in der Bundesrepublik erweisen. Einerseits wird der Topos einer – wie sich zeigen wird jeweils unterschiedlich zu begründenden und zu füllenden – »besonderen Verantwortung« etabliert. Andererseits werden »Entwicklungszusammenarbeit« und »Entwicklungshilfe« als Mittel der Wahl benannte, dieser Verantwortung Rechnung zu tragen.

Das Jahr 2004 als Zäsur?

Bis zur Jahrtausendwende spielte die deutsche Kolonialgeschichte kaum mehr eine Rolle in den parlamentarischen Debatten und im politischen Diskurs der Bundesrepublik. Dies sollte sich erst 2004 ändern, als sich die Kolonialkriege und die Völkermorde in der ehemaligen Kolonie Deutsch-Südwestafrika zum 100. Mal jährten. Allerdings hatten bereits seit Mitte der 1990er Jahre wiederholt Organisationen der OvaHerero materielle Wiedergutmachung für die Kolonialverbrechen von der Bundesregierung gefordert. Diese hatte die Forderungen jedoch stets zurückgewiesen, so dass die OvaHerero versuchten, ihre Forderungen juristisch geltend zu machen, indem die *Herero People's Reparation Corporation* (HPRC) 1998 eine Klage beim Internationalen Gerichtshof (IGH) in Den Haag einreichte. Mit Verweis darauf, dass als Kläger ausschließlich Staaten zugelassen seien, wurde die Klage zurückgewiesen. Dies führte dazu, dass die HPRC in der Folgezeit mehrere Klagen auf materielle Wiedergutmachung bei US-amerikanischen Gerichten einreichte, vor denen solcherart Klagen zulässig sind.

Obgleich auch diesen kein Erfolg beschieden war, weil die Bundesregierung die Annahme der Klagezustellungen mit Verweis auf die Staatenimmunität verweigerte, waren die Forderungen nach Anerken-

8 Ebd., S. 5.

9 Ebd., S. 2.

10 Ebd., S. 3.

nung der deutschen Kolonialverbrechen, nach einer Entschuldigung und Entschädigung damit präsent. Die Herausforderungen, die sich damit für die deutsche Regierung stellten, und die dezidierte Position, die sie zu diesem Zeitpunkt einnahm, machte der damalige Außenminister Joschka Fischer (Bündnis 90/Die Grünen) im Oktober 2003 deutlich. Auf einer Pressekonferenz stellte er klar, dass die Regierung der Bundesrepublik sich ihrer »geschichtlichen Verantwortung in jeder Hinsicht bewusst« sei, um dann fortzufahren: »Wir sind aber auch keine Geiseln der Geschichte. Deshalb wird es eine entschädigungsrelevante Entschuldigung nicht geben.«[11]

Diese Formulierungen sind insofern interessant, als eine zwingende Verbindung von »geschichtlicher Verantwortung« und möglichen diskursiven Gesten (»Entschuldigung«) oder materiellen Maßnahmen (»Entschädigung«) Deutschlands zurückgewiesen wird – mit der Formel, dass man »keine Geisel der Geschichte« sei, werden das Bewusstsein und die Artikulation einer besonderen/geschichtlichen Verantwortung hingegen dezidiert von möglichen Konsequenzen entkoppelt. Selbst eine Entschuldigung, die aus dem Bekenntnis geschichtlicher Verantwortung abzuleiten wäre, wird aufgrund ihrer möglichen *Entschädigungsrelevanz* kategorisch ausgeschlossen.

Damit lagen die Karten gewissermaßen auf dem Tisch: Der geschichtspolitische Diskurs der Bundesrepublik Deutschland hinsichtlich ihrer Verantwortung für die koloniale Vergangenheit und die kolonialen Verbrechen habe Regeln zu folgen, in denen sich aus Aussagen wie dem Bekenntnis zu besonderer Verantwortung – oder auch, wie sich zeigen wird, zu historischer Schuld – keinerlei Verpflichtung zu Wiedergutmachung/Entschädigung ableiten lassen dürfe, die von den Opfergemeinschaften rechtmäßig eingefordert werden könnten. Vielmehr müssten alle Leistungen freiwillig und selbstbestimmt von der Bundesrepublik geleistet werden – in Form von Entwicklungshilfe und eben nicht als Entschädigung. Der Aspekt der »Entschädigungsrelevanz« respektive ihrer Unterminierung zeigt sich als bestimmender Faktor eines bundesdeutschen regierungsamtlichen Redens über die »besondere Verantwortung« Deutschlands gegenüber Namibia.

Diese Diskursregelung bestimmte auch einen von einzelnen Abgeordneten der SPD unterstützen Antrag der sich seinerzeit in Regierungsverantwortung befindlichen Partei Bündnis 90/Die Grünen vom

11 Zitiert nach Gesellschaft für bedrohte Völker: 100 Jahre Völkermord an Herero und Nama, gfbv.de, https://www.gfbv.de/de/news/100-jahre-voelkermord-an-herero-und-nama-7/.

16. Juni 2004 anlässlich des 100. Jahrestags des »Beginn[s] der blutigen Niederschlagung der Aufstände im damaligen Deutsch-Südwestafrika durch die kaiserliche Schutztruppe, der zwischen 1904 und 1908 große Teile der Völker der Herero und der Nama zum Opfer fielen«,[12] in dem »an den besonderen Charakter der deutsch-namibischen Beziehungen« erinnert wird.[13] Aufgrund der erneut betonten »besonderen historischen und moralischen Verantwortung gegenüber Namibia« wird hier – im expliziten Rekurs auf die Entschließung vom 15. März 1989 – »zum Aufbau und zur Pflege besonders enger und vertrauensvoller Beziehungen zu dem Land und seinen Bürgerinnen und Bürgern« aufgerufen.[14]

Bemerkenswert ist, dass aus der auch in diesem Antrag getroffenen Feststellung, dass Deutschland sich – obgleich die Schuldigen nach einhundert Jahren nicht mehr leben und folglich nicht zur Rechenschaft gezogen werden könnten – »seiner kolonialen Vergangenheit in aller Klarheit und Deutlichkeit stellen« müsse,[15] keine belastbaren Konsequenzen aus diesem Bekenntnis abgeleitet werden. Zwar werden der »Feldzug gegen die afrikanischen Völker« und die »Opfer aus der Herero- und Nama-Bevölkerung« in den »Mittelpunkt des Gedenkens« gerückt, »Bedauern und Trauer« werden ausgesprochen, doch folgt weder eine deutliche Benennung der Vernichtungsstrategien und ihrer Folgen noch eine Entschuldigung.

So wird ein mögliches Schuldbekenntnis implizit ausgehöhlt: Zwar wird jede Form der Relativierung – etwa durch den Vergleich mit anderen Kolonialismen – des »Geschehenen«, das man nicht ungeschehen machen könne, zurückgewiesen.[16] Der nächste, mit einem deutlich einschränkenden »Aber« eingeleitete Absatz nimmt dann allerdings eine erstaunliche Relativierung vor: Es wird festgestellt, dass es »der deutschen Kolonialmacht zu keinem Zeitpunkt« gelungen sei, »Südwest-Afrika vollständig zu beherrschen«.[17] Gerade aufgrund dieser unvollständigen Durchdringung und mangelhaften Beherrschung des

12 Antrag der Abgeordneten Hans Büttner (Ingolstadt) et al. und der Fraktion der SPD sowie der Abgeordneten Hans-Christian Ströbele et al. und der Fraktion BÜNDNIS 90/DIE GRÜNEN: Zum Gedenken an die Opfer des Kolonialkrieges im damaligen Deutsch-Südwestafrika, BT Drucksache 15/3329 (https://dserver.bundestag.de/btd/15/033/1503329.pdf), S. 1.

13 Ebd.

14 Ebd.

15 Ebd.

16 Ebd., S. 2.

17 Ebd.

Gebiets sei »brutalste Gewalt« angewendet und als »exemplarisch gerechtfertigt« worden.[18] Doch auch diese Maßnahmen hätten letztlich nicht zum Erfolg, also zu einer vollständigen Unterwerfung der afrikanischen Bevölkerung geführt: »Mut, ein langer Atem, geschickte Übernahme von Fähigkeiten der Kolonialherren und Anpassung sowie gegenseitige Hilfe der afrikanischen Völker in der Region hatten letztlich Erfolg.«[19] Hervorgehoben wird zudem, dass der Reichstag weitere Kriegskredite verweigert habe, womit suggeriert wird, dass er sich damitgegen die Kolonialpolitik positioniert habe. Der Absatz endet mit einer im Kontext eines Antrags »Zum Gedenken an die Opfer des Kolonialkrieges im damaligen Deutsch-Südwestafrika« nachgerade euphemistischen Wendung: »Das Volk der Hereros existiert weiter und konnte seine Kultur wiederbeleben und ausbauen.«[20]

Damit ist zugleich auch eine bemerkenswerte Verschiebung vollzogen: Die von historischer deutscher Schuld hin zu positiven Entwicklungen Namibias, die die Bundesrepublik nicht zuletzt allein dadurch bereits umfassend unterstützt habe, dass »Namibia einen Schwerpunkt in der Deutschen Entwicklungszusammenarbeit bildet und seit der Befreiung 1990 über 500 Mio. Euro in diese Arbeit von deutscher Seite geflossen sind«.[21] Die im Antrag formulierten Aufforderungen an die Bundesregierung, die aus dem Gedenken an die Opfer des deutschen Kolonialismus und der mehrfach betonten »historischen und moralischen Verantwortung Deutschlands« abgeleitet werden, nehmen sich dann schließlich auch ausnehmend niedrigschwellig aus: Weder wird eine Entschuldigung angemahnt, noch Entschädigungen für die Gemeinschaften der Opfer. Vielmehr wird mit der Aufforderung zu einer Vertiefung der »guten bilateralen Beziehungen« und der Fortführung der »Entwicklungszusammenarbeit […] auf hohem Niveau« schlicht auf ein *business as usual* gesetzt.[22]

Vor dem Hintergrund der Formulierungen Außenminister Fischers vom Oktober 2003 und dem Antragstext der Regierungsfraktionen vom Juni 2004 ist es kaum verwunderlich, dass an der offiziellen Gedenkfeier in Namibia im August 2004 nicht der höchste Repräsentant (der Bundespräsident), nicht der Regierungschef (der Kanzler) und auch nicht der höchste Diplomat der Bundesrepublik (der Außenminister)

18 Ebd.

19 Ebd.

20 Ebd.

21 Ebd.

22 Ebd., S. 3.

teilnahmen, sondern ›nur‹ – und sicher nicht zufällig – die Ministerin für wirtschaftliche Zusammenarbeit Heidemarie Wieczorek-Zeul. Allerdings markiert deren Rede im Rahmen der Gedenkfeierlichkeiten am 14. August 2004[23] einen deutlichen Einschnitt: Erstmals wurde hier der Begriff »Völkermord« im Zusammenhang mit der deutschen Vernichtungsstrategie gegenüber den OvaHerero und Nama verwendet, ein Bekenntnis zu »historisch-politische[r], moralisch-ethische[r] Verantwortung« formuliert sowie »zu der Schuld, die Deutsche damals auf sich geladen haben«. Darüber hinaus wird dieses Bekenntnis mit einer Bitte um Vergebung dieser Schuld »im Sinne des gemeinsamen ›Vater unser‹« verbunden.

Ohne die einschneidende Bedeutung dieser Ansprache in Abrede stellen zu wollen, zeigt ein genauer Blick auf die wohlgewählten Formulierungen doch, dass die Grundregel des geschichtspolitischen Diskurses, die Außenminister Joschka Fischer wenige Monate zuvor auf den Punkt gebracht hatte (Vermeidung der Entschädigungsrelevanz), auch hier bestehen blieb. Obgleich die Aussagen der Ministerin von zahlreichen namibischen Organisationen als Anerkennung des Völkermords und als Entschuldigung aufgefasst wurden, zeigt sich, dass beides vermieden wurde. So verwendet Wieczorek-Zeul eine Wendung, wie sie auch in der zu Eingang zitierten Formulierung im sogenannten »Versöhnungsabkommen« vom Mai 2021 auftaucht: »Die damaligen Gräueltaten waren das, was heute als Völkermord bezeichnet würde«. Der Begriff Völkermord hat hier den Charakter einer historischen Metapher, wobei dieser Charakter durch die Verwendung des Konjunktivs verstärkt wird: Die Gräueltaten erfüllen der Rede zufolge nicht einen Tatbestand, der heute als Völkermord bezeichnet *wird*, sondern der als Völkermord bezeichnet *würde*. Die Anwendbarkeit des Genozidbegriffs wird auch hier im Rekurs auf das Rückwirkungsverbot zurückgewiesen und auf die Ebene einer rhetorischen Trope im geschichtspolitischen Diskurs verschoben.

Eine Entschuldigung wird gar nicht erst ausgesprochen, sondern – nach dem Bekenntnis von Verantwortung und Schuld – »im Sinne des gemeinsamen ›Vater unser‹ um Vergebung unserer Schuld« gebeten. Mit der Bitte um Vergebung, die zudem rückgebunden wird an das allgemeine Schuldbekenntnis und die Bitte um Vergebung an Gott im *Vater unser*, wird der Aspekt einer möglichen Entschädigungs-

23 Wieczorek-Zeul, Heidemarie: Rede anlässlich der Gedenkfeierlichkeiten der Herero-Aufstände in Namibia (14.08.2004), ag-friedensforschung.de, http://www.ag-friedensforschung.de/regionen/Namibia/100-jahre.html.

relevanz des Schuldbekenntnisses unterhöhlt. Denn Vergebung geht grundsätzlich seitens des Vergebenden nicht mit der Erwartung von Gerechtigkeit, Entschädigung, Vergeltung und Strafverfolgung einher, sondern erwartet diese explizit gerade *nicht*. Dass das in der Rede formulierte Schuldbekenntnis eine Entschädigungsrelevanz hinsichtlich einklagbarer Wiedergutmachungen ausschließt, wird im weiteren Verlauf der Rede deutlich, in der die Ministerin vor dem Hintergrund der historischen Verantwortung eine Weiterführung »der enge[n] Partnerschaft auf allen Ebenen« in Aussicht stellt; Deutschland wolle und werde »nach vorne schauend [...] Namibia weiter dabei unterstützen, die Entwicklungsherausforderungen anzugehen« und »bei der notwendigen Landreform« Unterstützung leisten.

Nachdem das Bekenntnis zu historischer Schuld getan und die Bitte um Vergebung ausgesprochen ist, richtet sich auch hier der Blick auf die Zukunft: Und dort hat die Entschädigung der Opfergruppen keinen Ort (es fällt auf, dass die OvaHerero und Nama nach dem kurzen Abriss der Ereignisse des Jahres 1904 in der Rede nicht mehr genannt oder angesprochen werden, sondern mit Blick auf das unabhängige Namibia konsequent von »den Menschen in Namibia« oder dem »Volk von Namibia« die Rede ist). Stattdessen wird eine – selbstredend im Bewusstsein der »besonderen Verantwortung« geleistete – freiwillige Unterstützung von Entwicklungsprojekten in Aussicht gestellt. In der Logik der Regeln des geschichtspolitischen Diskurses Deutschlands zu seiner kolonialen Vergangenheit in Namibia hatte am 14. August 2004 mit der Ministerin für wirtschaftliche Zusammenarbeit also die offenbar zuständige Person gesprochen.

Nach der Zäsur: Wie man von »Völkermord« (nicht) spricht

Dennoch war mit dieser Rede der Begriff des »Völkermords« und damit nicht zuletzt eine entschädigungsrelevante Kategorie, die deutlich über die Formel der »besonderen« oder »historischen und moralischen Verantwortung« hinausreicht, in den geschichtspolitischen Diskurs über die koloniale Vergangenheit eingebracht worden. Die Frage der offiziellen Anerkennung des Völkermords (jenseits relativierter Umschreibungen) und daraus möglicherweise ableitbarer Wiedergutmachungs, Entschädigungs- oder Reparationsleistungen ist seitdem immer wieder von Oppositionsparteien in das Zentrum parlamentarischer Anträge und Debatten gerückt worden, wobei sich insbesondere die Fraktion DIE LINKE als Vertreterin von Anerkennung und Entschädigungsleistungen erwiesen hat.

Bereits in einem Antrag vom 9. März 2007 bezeichnete die Fraktion die Ereignisse der Jahre 1904–1908 unmissverständlich und ohne Einschränkungen als »Völkermord«, ein Verbrechen, das »weder rechtlich noch moralisch« verjähre.[24] Der Antrag beklagt, dass »kein deutscher Staat die Bereitschaft signalisiert [hat], Wiedergutmachung zu leisten« und auch die Bundesrepublik »ihrer historischen Verantwortung gegenüber den Nachfahren der Opfer des Völkermords nicht gerecht geworden« sei.[25] Explizit wird die Bundesregierung dazu aufgefordert, die Ereignisse offiziell als Völkermord anzuerkennen und – unter Einbeziehung der von der Völkermordpolitik betroffenen Bevölkerungsgruppen – mit der namibischen Regierung in einen Dialog über Versöhnung und Wiedergutmachung einzutreten. Der Antrag wurde nach erster Beratung im Bundestag an die Ausschüsse überweisen, die in ihren Beschlussempfehlungen eine Ablehnung empfahlen, die dann auch mit den Stimmen sämtlicher Faktionen außer der LINKEN erfolgte.

Die Partei DIE LINKE hat seitdem in verschiedenen Anträgen und Kleinen Anfragen an die Bundesregierung die Frage der offiziellen Anerkennung des Völkermords, der Entschuldigung – die erste Aufforderung zu einer offiziellen Entschuldigung seitens der Bundesregierung ist in einem Antrag der Fraktion DIE LINKE vom 29. Februar 2012 formuliert[26] –, der Entschädigung sowie der Einbeziehung von Vertreter:innen der Opfergruppen in den Prozess eines Dialogs über Entschädigung und Versöhnung im Bundestag wachgehalten. Allerdings finden sich auch entsprechende Anträge anderer Oppositionsparteien, die in eine ähnliche Richtung weisen. So stellen SPD und Bündnis 90/Die Grünen in einem gemeinsamen Antrag vom 20. März 2012 fest, dass »die schwere Schuld, die deutsche Kolonialtruppen mit den Verbrechen an den Herero, Nama, Damara und San auf sich geladen haben, und betonen, wie Historiker seit langem belegt haben, dass

24 Antrag der Abgeordneten Hüseyin-Kenan Aydin et al. und der Fraktion DIE LINKE (09.03.2007): Anerkennung und Wiedergutmachung der deutschen Kolonialverbrechen im ehemaligen Deutsch-Südwestafrika, Bundestagsdrucksache 16/4649 (https://dserver.bundestag.de/btd/16/046/1604649.pdf), S. 1.

25 Ebd.

26 Antrag der Abgeordneten Niema Movassat et al. und der Fraktion DIE LINKE (29.02.2012): Die deutschen Kolonialverbrechen im ehemaligen Deutsch-Südwestafrika als Völkermord anerkennen und wiedergutmachen, Bundestagsdrucksache 17/8767 (https://dserver.bundestag.de/btd/17/087/1708767.pdf), S. 3.

der Vernichtungskrieg in Namibia von 1904 bis 1908 ein Kriegsverbrechen und Völkermord war«.[27]

Dabei wird die Schuld am Völkermord interessanterweise nicht »Deutschland« zugeschrieben, sondern dezidiert den »deutschen Kolonialtruppen« zugeordnet. Deutschland stehe somit gar nicht notwendig in einer historischen Schuld, so lässt sich die Argumentation lesen, sondern leite aus der historischen Schuld der Kolonialtruppen eine »fortdauernde Verantwortung für die Zukunft Namibias« ab.[28] Auch in diesem Antrag werden eine Bitte um Entschuldigung des Bundestags an die Opfer formuliert sowie die Unterstützung von Initiativen zur Aufarbeitung der kolonialen Vergangenheit angesprochen. In den Aufforderungen an die Bundesregierung findet sich dann der Begriff des »Völkermords« allerdings nicht mehr. Vielmehr ist die Rede von einem »historische[n] Unrecht«, »das an den Herero, Nama und an Angehörigen anderer Volksgruppen in deutschem Namen in Namibia geschehen ist«, für das die Bundesregierung »politische und moralische Verantwortung« übernehmen solle.[29] Konkret gefordert wird unter anderem die Intensivierung von bilateralen Versöhnungsinitiativen, die Unterstützung der Landreform und die Rücküberführung von Gebeinen, die Restitution von geraubten Kulturgütern und nicht zuletzt die Sicherstellung der Nachhaltigkeit der »Entwicklungszusammenarbeit und wirtschaftlichen Zusammenarbeit mit Namibia«.[30]

Allerdings hatte sich damit eine uneingeschränkte Anwendung des Begriffs Völkermord für die Verbrechen an den OvaHerero und Nama-Gruppen im politischen Diskurs keineswegs durchgesetzt. Auch weiterhin finden sich in Anträgen und Anfragen verschiedener Fraktionen einschränkende Wendungen wie jene, dass sich mit den damaligen Ereignissen »*nach der Auffassung von Historikern nach heutigen Maßstäben* der erste Völkermord des 20. Jahrhunderts« vollzogen habe[31] – eine Formulierung, die sich der bereits weiter oben nachgezeichneten

27 Antrag der Fraktionen SPD und BÜNDNIS 90/DIE GRÜNEN (20.03.2012): Die Beziehungen zwischen Deutschland und Namibia stärken und Deutschlands historischer Verantwortung gerecht werden, Bundestagsdrucksache 17/9033 (https://dserver.bundestag.de/btd/17/090/1709033.pdf), S. 1.

28 Ebd.

29 Ebd.

30 Ebd., S. 2.

31 Kleine Anfrage der Abgeordneten Ulle Schauws et al. und der Fraktion BÜNDNIS 90/DIE GRÜNEN (06.05.2015): Deutsche Kolonialgeschichte in Namibia, Bundestagsdrucksache 18/4903 (https://dserver.bundestag.de/btd/18/049/1804903.pdf), S. 1, eigene Hervorhebung.

Strategie einer Verschiebung des Begriffs in den Bereich der historiographischen Metaphorik zuordnen lässt. In den in derselben Kleinen Anfrage an die Bundesregierung herangetragenen Aufforderungen zu Stellungnahmen wird die Verwendung des Begriffs als historiographische Metapher dann nachgerade verdoppelt, indem gefragt wird, ob die Bundesregierung »die Einschätzung von Historikerinnen und Historikern« teile, dass die »Gewalttaten der Jahre 1904 bis 1908 als Vernichtungskrieg und damit als Völkermord an den Herero und Nama bezeichnet werden können«.[32] Im Rekurs auf die Position von Historikern wird die Anwendbarkeit des Begriffs »Völkermord« allein in der Möglichkeitsform erfragt – die Gewalttaten *sind* nicht als Völkermord zu bezeichnen, sondern *können* allenfalls in einer historischen Perspektive als Völkermord *bezeichnet werden*. In der Antwort der Bundesregierung vom 12. Juni 2015 findet der Begriff »Völkermord«/»Genozid« – wenig überraschend – keine Verwendung, ebensowenig in der Antwort auf die unmittelbare Nachfrage zu ihrer Einschätzung der Anwendbarkeit des Begriffs.[33] Vielmehr wird allgemein darauf verwiesen, dass man im Juni 2014 in einen Prozess des Dialogs mit der Republik Namibia eingetreten sei, der »auch die Suche nach einer gemeinsamen Haltung und einer gemeinsamen Sprache in Bezug auf den grausamen Kolonialkrieg der Jahre 1904 bis 1908« umfasse und in den auch der Stand der Debatten in beiden Staaten einfließen solle.[34] Die Antwort auf diese Frage schließt mit dem Bekenntnis, dass man alle Schritte gemeinsam gehen wolle, da eine »Aufarbeitung der geteilten Geschichte und Versöhnung […] nur gemeinsam gelingen« könne.[35]

An die Stelle einer klaren Begrifflichkeit oder zumindest einer deutlichen Stellungnahme zur Verwendung des Begriffs »Völkermord«, tritt der Verweis auf einen Prozess des gemeinsamen Aufarbeitens und der Aushandlung eines *Wordings*, dass letztlich von beiden Seiten gleichermaßen getragen werden könne und mit dem für die deutsche Seite vor allem keine Entschädigungsverpflichtungen einhergehen. Denn, so die Antwort der Bundesregierung auf die Kleine Anfrage weiter, sie sehe »keine völkerrechtliche Grundlage für namibische

32 Ebd., S. 2.

33 Antwort der Bundesregierung auf die Kleine Anfrage der Abgeordneten Ulle Schauws et al. und der Fraktion BÜNDNIS 90/DIE GRÜNEN (12.06.2015), Bundestagsdrucksache 18/5166 (https://dserver.bundestag.de/btd/18/051/1805166.pdf).

34 Ebd., S. 2.

35 Ebd.

Reparationsforderungen gegen die Bundesrepublik Deutschland«.[36] Der Prozess der Aufarbeitung der Geschichte und der Versöhnung, so ihr Standpunkt, solle ausschließlich regierungsamtlichen Stellen (»zwei demokratisch gewählten Regierungen«) vorbehalten bleiben; dabei seien »die besonders betroffenen Volksgruppen einzubeziehen, aber ohne eine direkte Teilnahme an den Verhandlungen«.[37]

Eine solche Einbeziehung von Vertretern der OvaHerero und Nama-Gruppen wurde jedoch seit 2012 immer wieder von Regierungsvertreten oder Abgeordneten der Regierungsparteien zurückgewiesen: Ausschließlich die Regierung Namibias käme als Verhandlungspartner in Frage, zudem solle allen Bevölkerungsgruppen Namibias gleichermaßen Unterstützung in Form von umfangreicher Entwicklungshilfe zukommen sowie keine Sonderwünsche und Gruppeninteressen bedient werden.

Von Hilfeempfängern und dem »White Saviour«

Insgesamt zeigt sich, dass der Verhandlungsrahmen für das nun vorliegende Versöhnungsabkommen seitens der Bundesrepublik Deutschland eng abgesteckt und letztlich seit den frühen Äußerungen konsequent entwickelt wurde. Die Maximen bestanden von Beginn an in der Vermeidung rechtlich belastbarer Kategorien und »entschädigungsrelevanter« Formulierungen. Sobald sich diese nicht länger vermeiden ließen, wurden sie um relativierende Einschränkungen ergänzt, die mit dem Ziel, Leistungen der Entschädigung und Wiedergutmachungen keinesfalls als berechtigt und zudem einklagbar erscheinen zu lassen. Zwar hat sich die Verwendung des Begriffs Völkermord für die Kolonialkriege und die verfolgen Vernichtungsstrategien in den geschichtspolitischen Debatten nach und nach durchgesetzt. Aber allein die Fraktion DIE LINKE verwendet den Begriff seit 2006 konsequent und ohne Einschränkung zur Qualifizierung des Geschehens; sie forderte – daraus abgeleitet – immer wieder Wiedergutmachungs- und Entschädigungsleistungen (Reparationen) für die Nachfolgegemeinschaften der Opfer. Bei anderen Fraktionen findet sich die Verwendung des Begriffs weniger konsequent, häufig zudem in einschränkender oder relativierender Verwendung, eingebunden in

36 Ebd., S. 4f. Vgl. auch ebd., S. 9.

37 Ebd., S. 5.

die Formel »würden aus heutiger Perspektive als Völkermord bezeichnet werden« oder »können nach Meinung von Historikern als Völkermord bezeichnet werden«.

Regierungsseitig wird der Begriff »Genozid« inzwischen ebenfalls verwende, wobei stets darauf verwiesen wird, dass dieser erst 1948 im Völkerstrafrecht etabliert wurde. Bezogen auf die Ereignisse von 1904 bis 1908 sei er daher aufgrund des Rückwirkungsverbots juristisch nicht belastbar. Exemplarisch angeführt sei hier die Antwort der Bundesregierung vom 11. Juli 2016 auf die Kleine Anfrage der Fraktion DIE LINKE vom 14. Juni 2016 zum »Sachstand der Verhandlungen zum Versöhnungsprozess mit Namibia und zur Aufarbeitung des Völkermordes an den Herero und Nama«.[38] Darin wird wie folgt argumentiert: »Die vom 10. Juli 2015 durch den Sprecher des Auswärtigen Amts Dr. Martin Schäfer in der Bundespressekonferenz getätigte Aussage, dass es sich bei den damaligen Ereignissen um einen Völkermord handelte«, würde zwar die Position der Bundesrepublik widerspiegeln.[39] Daraus ließen sich aber keinerlei rechtliche Verpflichtungen ableiten, denn die »Konvention über die Verhütung und Bestrafung des Völkermordes vom 9. Dezember 1948« sei »nicht rückwirkend anwendbar, da sich im Text der Konvention keine Anhaltspunkte für eine Rückwirkungsabsicht der vertragsschließenden Parteien finden«.[40] Zwar verweise, so die Antwort der Bundesregierung weiter, ihre »rechtlich nicht bindenden Präambel auf die historische Dimension des Völkermord-Begriffs«.[41] Folglich könne »in einer historisch-politisch geführten öffentlichen Debatte die Definition nach der Völkermord-Konvention als Maßstab für eine nicht rechtliche Einschätzung eines historischen Ereignisses als Völkermord dienen«.[42]

Dass sich die Bundesrepublik Deutschland ihrer aus Kolonialherrschaft und den kolonialen Verbrechen ergebenden »besonderen«, »historischen und moralischen Verantwortung« bewusst sei, ist sicherlich keine reine Hohlphrase. Ebensowenig lassen sich die seit den

38 Kleine Anfrage der Abgeordneten Niema Movassat et al. und der Fraktion DIE LINKE (14.06.2016): Sachstand der Verhandlungen zum Versöhnungsprozess mit Namibia und zur Aufarbeitung des Völkermordes an den Herero und Nama, Bundestagsdrucksache 18/8859 (https://dserver.bundestag.de/btd/18/088/1808859.pdf).

39 Antwort der Bundesregierung auf die Kleine Anfrage der Abgeordneten Niema Movassat et al. und der Fraktion DIE LINKE (11.07.2016), *Bundestagsdrucksache 18/9152* (https://dserver.bundestag.de/btd/18/091/1809152.pdf), S. 2.

40 Ebd., S. 3.

41 Ebd.

42 Ebd.

1990er Jahren aufgebaute und intensivierte Entwicklungszusammenarbeit mit der Republik Namibia und die Leistungen der Bundesrepublik in diesem Bereich bestreiten.

Dennoch: Die Rede von der »besonderen Verantwortung« scheint nicht zuletzt dazu zu dienen, sich jeder einklagbaren Konsequenz dieser Verantwortung zu entziehen. Statt das Verbrechen des Völkermords moralisch und materiell entschulden zu wollen, zielte man – wie das ausgehandelte Versöhnungsabkommen deutlich macht: erfolgreich – auf den Erhalt von Handlungsmacht und die selbstbestimmte Entscheidung, dieser Verantwortung über das Instrument der Entwicklungszusammenarbeit Rechnung zu tragen. Anstatt einer Entschädigungskonzeption, in die Opfer einen rechtlichen Status gewinnen würden, werden die Nachfolgegenerationen zu Empfängern humanitärer Hilfeleistungen. Die Erben der kolonialen Täter dagegen können zurückkehren in die Rolle eines *White Saviours*. Es sollte uns nicht wundern, dass eine solche Konstellation in Namibia nicht ungeteilt auf Wohlwollen und Zustimmung trifft.

Die Last kolonialer Hypotheken: Perspektiven nicht nur zu Namibia

Albert Gouaffo

Eine kritische Betrachtung der deutschen kolonialen Geschichtsaufarbeitung

Es hat trotz unwiderlegbarer Beweise (siehe die Literatur im Anhang) lange gedauert, bis die deutsche Regierung die Massengewalt an den Herero und Nama als Genozid anerkannte. Völkermord verjährt nicht. Doch folgt man den verschiedenen öffentlichen Stellungnamen von deutschen Regierungsvertretern, so scheint es so etwas wie große und kleine Genozide zu geben: einen der uneingeschränkt anerkannt und dementsprechend behandelt wird und einen der halbherzig betrachtet, kleingeredet und mit einem freiwilligen und einseitigen Entwicklungshilfeangebot abgetan wird. Wie kann heute mit dem Völkermord in der damaligen deutschen Kolonie Südwestafrika umgegangen werden?

Kolonialismus und Genozid: Zwei Formen extremer Gewalt?

In der deutschen Öffentlichkeit ist von Terrorregime oder Massenvernichtung die Rede, wenn es um die Erinnerung an den Zweiten Weltkrieg oder den Holocaust geht. Beim Kolonialismus geht es aber bloß um Geschichte. Die Brutalität und das von den Kolonisierenden verübte systemische Unrecht werden somit verwässert bzw. ignoriert. Kolonialismusforschung sollte nicht mehr das Privileg von deutschen Historikern, Ethnologen und Juristen sein, die es schwer haben, sich von der nationalen Verankerung ihrer Disziplinen zu trennen, auch wenn es Ausnahmen in den Perspektiven der kolonialen Geschichtsschreibung als Geschichte europäischer Expansion gibt.

Michael Rothberg ist es zu verdanken, dass er mit seinem Paradigma des multidirektionalen Gedächtnisses[1] den Holocaust in Beziehung zu anderen Gewaltformen wie dem Sklavenhandel oder dem Kolonialismus gesetzt hat. Kolonialismus ist eine Form von Rassismus, der andere Völker unterjochte und zur Entfaltung des eigenen Volkes ausbeu-

1 Michael Rothberg, *Multidirektionale Erinnerung. Holocaustgedenken im Zeitalter der Dekolonisierung*. Berlin: Metropol Verlag 2021 (urspr.: *Multidirectional Memory. Remembering the Holocaust in the Age of Decolonization.* Stanford, California: Stanford University Press 2009).

tete. Holocaust war eine extreme Gewaltausübung und Vernichtung. Beide Phänomene verbindet in unterschiedlichem Grad die Massengewalt. Rothberg eröffnet neue erinnerungspolitische Einsichten im globalen Kontext. Kolonialismus als Staatsverbrechen und Terrorherrschaft ist nicht nur Geschichte als ein geplantes System von Unrecht, das als »Recht« von Kolonialherren errichtet wurde. Das Unrecht wurde juristisch von Regierungen des kolonisierenden Landes konzipiert und von Institutionen abgesegnet. Kaufmannschaft und Banken stellten die nötigen Darlehen für die Kolonialwirtschaft zur Verfügung. Im »Mutterland« verkauften Presse, Literatur, Wissenschaft und Lobbyisten den Kolonialismus als Zivilisationsauftrag in der Öffentlichkeit. Sie schufen Verständnis für die gute Sache. Die normative Ordnung in der Kolonie gründete auf der Ideologie des »Herrenmenschen«. Laut dieser mussten unbotmäßige Völker mit Hinrichtungen, Strafexpeditionen, körperlicher Züchtigung oder Zwangsarbeit rechnen. Alle diese Maßnahmen wurden juristisch von der Regierung des Mutterlandes in Amtsblättern[2] gerechtfertigt und öffentlich bekannt gemacht. Der Historiker Jürgen Osterhammel bringt mehr Licht in das Phänomen:

> »›Kolonisation‹ bezeichnet im Kern einen Prozeß der Landnahme, ›Kolonie‹ eine besondere Art von politisch-gesellschaftlichem Personenverband, ›Kolonialismus‹ ein Herrschaftsverhältnis. Das Fundament aller drei Begriffe ist die Vorstellung von der Expansion einer Gesellschaft über ihren angestammten Lebensraum hinaus. Derlei Expansionsvorgänge sind ein Grundphänomen der Weltgeschichte.«[3]

Die Interessen Europas standen also im Mittelpunkt des Kolonialunternehmens. Diese sind vom kolonialen Kontakt bis heute in gewissem Sinne bedient worden. Die Folgegenerationen der Kolonialherren pflegen die Asymmetrien des kolonialen Zeitalters weiter.

Wie kam es zum Genozid an den Herero und Nama? Der Völkermord kam als Störung der kolonialen Ordnung zustande. Der üblichen »Befriedung« der Kolonie widersetzten sich Herero und Nama – ein Affront, den das deutsche Kaiserreich nicht dulden konnte. Doch die

2 Hier kann auf das *Deutsche Kolonialblatt* als Regierungsorgan und die *Deutsche Kolonialzeitung* als Presseorgan des Koloniallobby hingewiesen werden. Vgl. Albert Gouaffo, *Wissens- und Kulturtransfer im kolonialen Kontext Das Beispiel Kamerun-Deutschland (1884–1919).* Würzburg: Königshausen & Neumann 2007.

3 Jürgen Osterhammel, *Kolonialismus: Geschichte – Formen – Folgen*, München: Beck 1995, S. 8–9.

Truppen des Kaisers Wilhelm II. sollten ihre Munition nicht vergeuden. Sie trieben stattdessen in den Jahren 1904/1905 Zehntausende von Männern, Frauen und Kinder des Herero-Volkes in die Wüste, schütteten Gift in die wenigen Wasserquellen, schnitten die Fluchtwege ab und ließen die Leute elend verdursten.

Die Frage ist berechtigt, warum diese Massenvernichtung erst jetzt in der deutschen Öffentlichkeit angekommen ist. Vergangenheitsbewältigung und Wiedermachung gehörten zur deutschen Politik nach dem Zweiten Weltkrieg. Die Suche nach dem Dialog mit den jüdischen Opfern und ihrer Nachkommenschaft ermöglichte es, dass sich beide Seiten wieder ins Gesicht blicken konnten. In einem langwierigen Prozess wurde deutschen führenden Politikern nahelegt, dass die Grundlage einer friedlichen Zukunft mit seinen europäischen Nachbarn im Umdenken und Versöhnen, aber auch in der Bitte um Verzeihung lag. Einen Höhepunkt fand dieser Gedanke im berühmten Warschauer Kniefall des Kanzlers Willy Brandt am 7. Dezember 1970,[4] aber auch durch die Rede von dem Bundespräsidenten Richard von Weizäcker zum 40. Jahrestag des Kriegsendes 1985, als der 8. Mai zum Tag der Befreiung erklärt wurde.[5] Diese von wichtigsten deutschen Persönlichkeiten vollzogenen Akte wurden von den Opfern deutscher Aggression angenommen, weil diese mit Demut freiwillig vorgebracht wurden. Wie steht es aber mit dem Kolonialismus und dem daraus resultierenden Genozid an den Herero und Nama? Warum gelingt es den Deutschen nicht, nach der Anerkennung des verübten Unrechtes einen ähnlichen mutigen Schritt in Bezug auf ihre Vergangenheit zu unternehmen?

Wie könnte mit dem deutschen Kolonialismus und dem verübten Genozid an den Herero und Nama umgegangen werden?

Eine Versöhnung kann nicht erzwungen werden. Die Erwartungen der Nachkommen der Herero und der Nama sind klar. Als Genera-

4 Hille, Peter / Romaniec, Rosalia / Bosen, Ralf: 50 Jahre Kniefall von Warschau. Willy Brandts große Geste, dw.com, https://www.dw.com/de/50-jahre-kniefall-von-warschau-willy-brandts-gro%C3%9Fe-geste/a-55811367.

5 Weizsäcker, Richard von: Rede zur Gedenkveranstaltung im Plenarsaal des Deutschen Bundestages zum 40. Jahrestag des Endes des Zweiten Weltkrieges in Europa am 8. Mai 1985 in Bonn, bundespraesident.de, https://www.bundespraesident.de/SharedDocs/Downloads/DE/Reden/2015/02/150202-RvW-Rede-8-Mai-1985.pdf?__blob=publicationFile.

tion des *Postmemory*,[6] d. h. einer Generation, die den Genozid nicht am eigenen Körper erlitten hat, wollen sie Anerkennung und eine offizielle Entschuldigung vonseiten der deutschen Regierung; die Rückführung von menschlichen Überresten der im antikolonialen Kampf Getöteten, die im Nachhinein von deutschen Anthropologen wissenschaftlich missbraucht worden sind – was eigentlich einem zweiten Mord gleichkam – und Verhandlungen mit deutschen Behörden über eine Wiedergutmachung als Kompensation für das erlittene Unrecht. Deutschland sollte eine zweigleisige Verhandlung führen, die den namibischen Staat als bilateralen Partner anerkennt, aber auch die Vertreter der Herero und Nama als respektierte Verhandlungspartner am Tisch sitzen lässt. Sie dürfen bei den Verhandlungen nicht ausgeklammert und somit gedemütigt werden. Das wäre eine andere Form kolonialer Gewalt. Es sollte eine Politik von wiederherstellender Gerechtigkeit in Form von Ressourcenverteilung als Form der symbolischen Reparation angestrebt werden. Die Restitution von Kulturgütern muss ebenfalls erfolgen.

Schlussbemerkung

Es lässt sich beobachten, dass die Deutschen in ihrer kolonialen Geschichtsaufarbeitung weitgehend einen Monolog führen. Sie entscheiden selbst, wie sie diese definieren und legen die Schwerpunkte fest. Den direkt Betroffenen des Genozids wird nicht genug Gehör verschafft. Ihre Standpunkte scheinen nicht wichtig. Als Generation der *Postmemory* sollen die Deutschen und die Vertreter der Herero die gleiche Sprache sprechen, sie zumindest suchen. Es ist eine Angelegenheit, bei der die Opfergeneration von der Tätergeneration als implizierte Subjekte[7] mehr als Empathie und Demut erwartet. Der Umgang mit Unrecht und Trauma erfordert eine gewisse Sensibilität von den implizierten Akteuren des kolonialen Unternehmens. Berlin braucht einen Gedenkort für den ersten Genozid des 20. Jahrhunderts, der an den Herero und Nama im Namen des deutschen Kaiserreiches verübt worden ist. Lassen Sie uns dann eine gemeinsame Zukunft imaginieren, in der mehr Gerechtigkeit herrscht. Eine Welt, in der die Herkunft und die Hautfarbe in der Begegnung keine Rolle mehr spielen.

---

6 Hirsch, Marianne: The Generation of Postmemory. Writing and visual culture after the holocaust, New York NY 2012.

7 Rothberg, Michael: The Implicated Subject. Beyond victims and perpetrators, Stanford CA 2019.

Uwe Timm

Jakob Morenga / Jacob Marengo
Ein großer Name, den nur Wenige kennen

In memoriam Gerd Fuchs (1932–2016)

Im September 1989 wurde in Koichas, einem kleinen Ort im Herzen des Namalandes, mit Charlie Marengo das letzte der sieben Kinder von Jacob Marengo beerdigt. Bei der Feier würdigte Steve Goliath, Führer der Gemeinschaft von Berseba, dessen Vater mit den Worten: »So groß der Name, so Wenige kennen ihn«.

Der Beginn meines politischen Namibia-Engagements lässt sich recht genau datieren. 1967 wurde vor der Hamburger Universität, die 1919 unter anderem aus dem Hamburgischen Kolonialinstitut hervorgegangen war, ein Denkmal umgerissen. Der Sozialistische Deutsche Studentenbund (SDS) hatte die Aktion angekündigt, und ich war als teilnehmender Beobachter dazugekommen. Das Bronzedenkmal zeigte den Gouverneur von Deutsch-Ostafrika Herrmann von Wissmann in Uniform und Tropenhelm auf einem Sockel stehend, unter ihm, zu ihm aufblickend, steht ein Askari, der einen sterbenden Löwen mit der deutschen Reichsfahne zudeckt. Eine bildhaft sprechende Situation, die mich als Kind fasziniert hat und mir vom Vater gedeutet wurde, oben der preußische Offizier, der die deutsche Zivilisation nach Afrika gebracht habe, unten sein treuer afrikanischer Diener, der mit ihm die Wildnis bekämpft und besiegt hat: der tote Löwe. Im Elternhaus kamen hin und wieder zwei ältere Kameraden des Vaters zu Besuch, die noch in der Schutztruppe in Deutsch-Südwestafrika gedient hatten und von ihren Erlebnissen mit den Afrikanern erzählten. Die Erzählungen, die das Kind fesselten, waren weniger die über den Export deutscher Tugenden, mit denen es ja aufgewachsen war, Gehorsam, Tapferkeit, Ordnung und Pflicht, sondern die Berichte von einer so ganz anderen, fernen Welt, von Menschen, die angeblich keine Disziplin kannten. Die »Hottentotten« lebten in den Tag hinein, wollten nicht arbeiten, so hieß es, und prügelten ihre Kinder nicht. Das Negative der Berichte erschien dem Kind – wie soll man sagen? – gerade als das Wünschenswerte. Das

Klischee von den arbeitsunwilligen und undisziplinierten Afrikanern bestimmte das öffentliche Bewusstsein.

Die Deutschen waren in ihrer Selbstermächtigung die Zivilisationsbringer, hatten Eisenbahnen, Schulen, Krankenhäuser gebaut. Bertolt Brechts Gedicht *Fragen eines lesenden Arbeiters* war in dieser Zeit in Westdeutschland noch nicht allgemein bekannt. General Lettow-Vorbeck, im Ersten Weltkrieg General der Schutztruppe in Deutsch-Ostafrika, wurde immer noch herumgereicht und gefeiert. Vergessen waren die vielen Opfer der deutschen »Schutz«-Truppen in den ehemaligen Kolonien Südwestafrika, Kamerun und Ostafrika. Dazu hatte auch die jahrelange Propaganda der Nazis beigetragen, die auf Rückgabe von Südwestafrika drängte und die Kolonialarbeit der Deutschen verherrlichte. Nach 1945 traten die Kolonialverbrechen der Deutschen hinter den unfasslichen Verbrechen des Holocaust zurück, sie wurden verschwiegen und verdrängt. Sie wurden vergessen. Und das Vergessen kam der jungen Bundesrepublik Deutschland gelegen; im Gegensatz zu den anderen europäischen Ländern hatte Deutschland keine Kolonien mehr, die waren 1919 durch den Friedensvertrag von Versailles verloren gegangen. Frankreich, Holland, Portugal und England waren nun in Befreiungskriege verwickelt und standen international am Pranger.

Zwar war das Wissmann-Denkmal schon in den 1960er Jahren ein Anachronismus, dennoch empörte sich die Hamburger Öffentlichkeit über den Sturz, von Kulturbarbarei war die Rede. Das Denkmal wurde wieder aufgestellt, abermals umgerissen und verblieb, da dieser Wettlauf zwischen Aufstellen und Umreißen für die Behörde nicht zu gewinnen war, in einer Asservaten-Halle.

Im Studium lernte ich die ersten afrikanischen Studenten kennen und traf dann, in kleinen sozialistischen Gruppen, Mitglieder der Befreiungsbewegungen. Ganz wichtig war in Paris 1966 die Lektüre von Frantz Fanon *Die Verdammten dieser Erde*. Und später die Mitarbeit in der Anti-Apartheid-Bewegung.

Wie ich zu *Morenga* kam

In dem zu Zeiten der Studentenrevolte spielenden Roman *Heißer Sommer* (1974) erlebt der Protagonist Ullrich Krause den Denkmalsturz Wissmanns. Als ich an eben dieser Szene arbeitete, die ja einer Symbolhandlung gleichkam, kam mir die Idee, einen Roman über den Widerstand der Hereros und Namas in Südwest zu schreiben. Damit begann nicht nur eine vierjährige Recherche- und Schreibreise in die deutsche und damit auch die europäische Kolonialgeschichte, sondern auch eine Reise in meine eigene Geschichte, in die internalisierte Vorstellungswelt des Eigenen und des Anderen, des Fremden. Die Erkenntnis, mit welcher Selbstverständlichkeit das Fremde, das Andere gesellschaftlich distanziert, umgedeutet und sprachlich verkleinert, also auch erniedrigt wird, war gleichermaßen schmerzhaft und erhellend. Der Sozialdarwinismus der Zeit führt mit seiner Sicht, dass die afrikanischen Völker Relikte aus der Vergangenheit der Menschheitsentwicklung sind, zur Überzeugung, sie seien historisch notwendig zum Absterben verdammt. Daher das anthropologisch pseudowissenschaftliche Interesse an den Vermessungen der Körper, des Kopfumfangs. Die Phrenologie stand in ihrer Blüte – überall auf der Welt wurden die Daten der Kopfumfänge nicht-mitteleuropäischer Menschen gesammelt. Der europäische Rassismus glaubte von der äußeren Erscheinung, speziell vom Kopfumfang her, die weiße Überlegenheit ableiten zu können. Diese war wiederum die moralische Absicherung, um mit gutem Gewissen die Ausbeutung der Kolonisierten zu betreiben, die Unterwerfung der Menschen durch Prügel, Ketten und, bei Auflehnung, durch den Tod. Während meiner Recherchen stieß ich im Archiv in Windhuk – damals unter dem Regiment des südafrikanischen Apartheidregimes – auf die deutschen Akten, in denen die Prügelstrafe diskutiert wurde. In den Roman *Morenga* sind etliche dieser in der deutschen Kolonialbürokratie gewechselten Briefe über die Prügelstrafe dokumentiert. Eines dieser Schreiben soll hier zitiert werden.

An das Kaiserliche Gouvernement in Windhuk

Atakpame, den 9. August 1906

Es ist fast unvermeidlich, daß von den Hieben der Flußpferdpeitsche Löcher in die Haut gerissen werden und gerade an der Stelle, die dem Menschen und dem Auge des Verletzten am schwersten zugänglich ist. Eine Wundpflege ist daher für den Geprügelten selber recht schwer, die Wunden sind schwer rein zu halten, der Verletzte bedarf des Gesäßes zum Sitzen, die Wunde wird schmutzig, eitert, und der Gezüchtigte bleibt wochenlang arbeitsunfähig.

Ich glaube nicht, daß das die Absicht der Kolonialabteilung gewesen ist, als sie die Nilpferdpeitsche einführte.

> Wie so anders die Züchtigung mit dem Tauende. Der Missetäter fürchtet sie sicher ebenso wie die mit dem Kiboko. Aber die Folgen sind bei weitem nicht so schwer, sie sind milder, menschlicher und doch von pädagogisch nachhaltigerer Wirkung. Der Schmerz ist heftig, brennt heiß und juckend, aber die Haut wird nur selten verletzt, und die früher einmal zum Ausgangspunkt von allerhand Klagen gemachten »Epidermisverluste« treten kaum auf. Das Tauende erscheint mir das Ideal eines Züchtigungsmittels für Disziplinarvergehen, für Entlaufen und Drücken vor der Arbeit, Beharren im Ungehorsam, gröbliche Verletzung des Pflichtverhältnisses und dergl.
>
> *Gez. von Doering*

Der ökonomische Aspekt der Bestrafung hatte Vorrang, es ging um die Arbeitsfähigkeit und nicht etwa um das Wohl der zu Bestrafenden, daher der Vorzug der »humaneren« Methode: also Tauende statt Nilpferdpeitsche. In allen europäischen Kolonien wurde geprügelt, aber in den deutschen wurde darüber diskutiert und akribisch Buch geführt. Selten zeigt sich so knapp, so deutlich, die Ideologie der Macht, die Max Horkheimer als instrumentelle Vernunft bestimmt, in der sich die gesellschaftliche Herrschaft in ihren ökonomischen Interessen als Unmenschlichkeit offenbart.

Aus dieser brutalen Unterdrückung, aus der Missachtung der Würde des Menschen, seiner Erniedrigung, generierte sich der Aufstand, die Gegengewalt, die dem Anspruch auf das eigene Menschsein, auf Freiheit, Nachdruck verlieh, um nicht, so formulierte es Jakob Morenga, wie ein Tier zwischen den Klippen kriechen zu müssen. Dieses *Aufstehen* ist die Grundformel des Aufstands. Bei den Recherchen in den Bibliotheken, in dem Generalstabsbericht »Die Kämpfe der deutschen Truppen in Südwest« und später im Archiv von Windhuk stieß ich auf diesen Jakob Morenga. Eine faszinierende Gestalt, von den deutschen Militärs als »Napoleon der Afrikaner« bezeichnet, der in den Generalstabsberichten sogar eine gewisse Bewunderung fand. Dieser ihm zugeschriebene Satz – »Lieber im Kampf sterben als zwischen den Klippen herumkriechen« – ist ein entschiedenes Votum für Freiheit und Selbstbestimmung. Das Faszinierende an dem Minenarbeiter Jakob Morenga, der nach Auskunft der deutschen Kolonialbehörde von einem Herero und einer Nama abstammte, der neben Nama, dem Khoekhoegowab, auch Otijiherero, Afrikaans, Englisch und Deutsch sprach, war, dass er nicht nach tribalen Denkmustern handelte. Er hat, im Gegensatz zu den Hereros, die in einer offenen Feldschlacht kämpften, einen Guerillakrieg geführt. Morenga entwickelte dabei eine ausgeklügelte Strategie und Taktik. Er unterschied zwischen der deutschen Zivilbevölkerung und den Soldaten der Schutztruppe. Anders als das deutsche Militär, das gefangene Aufständische erschießen oder hängen ließ, schonte Morenga auch Verwundete. Seine kleine, aber geschickt geführte Truppe, die Deutschen schätzten sie auf 300 Mann, fügte den mit ihren Geschützen und Maschinengewehren militärisch weit überlegenen deutschen Truppen schwere Verluste zu. In dem Gefecht bei Narudas (10. März 1906) wäre beinahe eine ganze deutsche Abteilung vernichtet worden. Diese Niederlagen, dem »hergelaufenen Viehdieb«, wie Morenga zunächst hochmütig bezeichnet wurde, geschuldet, wirkten wie ein Hohn auf die doch angeblich beste Armee der Welt. Nicht verwunderlich, dass preußische Offiziere behaupteten, Morenga müsse Clausewitz gelesen haben.

Der Unbelehrbare wurde klug, als er blutete, heißt ein Nama-Sprichwort.

Als ich in Windhuk recherchierte, konnte ich vom Hotel Kaiserhof aus beobachten, wie ein weißer Polizist einen Schwarzen am hellen Tag abführte, er befahl dem Mann niederzuknien, und mit einem Griff an seinen Hals, in die Halssehne, wie man mir später erklärte, zwang er ihn, neben ihm herzukriechen. Die weißen Passanten lachten, die schwarzen wandten sich ab. In den Tagen meines Aufenthalts dort war der Kampf der Guerilla, der im Norden Namibias geführt wurde, erstmals nach Windhuk getragen worden. In Katutura, der Apartheid-Wohnstadt für die afrikanische Bevölkerung, war es zu einer Schießerei gekommen. Die jähe Angst der sich so erhaben wähnenden Weißen, der Farmer, der Kaufleute, war spürbar, in den Bars und Restaurants wurde ernsthaft über die Zuverlässigkeit von Elektrodraht, über Waffen und scharfe Hunderassen gesprochen.

Erzählen ohne kolonialen Blick

Ein Problem beim Schreiben des Romans war, eine Struktur zu finden, um den historischen, in der Bundesrepublik damals kaum bekannten Stoff ästhetisch adäquat ohne Vereinfachungen darzustellen. Das Wissen um den Vernichtungsfeldzug gegen das Volk der Hereros und um General von Trotha und dessen Befehl, auch die sich ergebenden Frauen und Kinder in die Wüste zu treiben, war, wie schon gesagt, untergegangen und vergessen.

Ein versuchter Völkermord liegt auch bei den kleinen Völkern der Nama vor, bei den Bondelswarts, Bethaniern und Witboois. Dass es kleine Völker sind, nimmt den Verbrechen nichts von seinem Gewicht. Die Kolonialbehörde und die Schutztruppe haben Namas umgesiedelt, Frauen und Kinder in ein Konzentrationslager auf die Haifischinsel in Lüderitz gebracht, wo sie, gewöhnt an das trockene Savannenklima, in dem feuchtkalten Meerklima an Lungenentzündung starben. Das Lager wurde aufgrund von Protesten deutscher Missionare, von Sozialdemokraten im Reichstag und auch durch Offiziere wie Major v. Estorff schließlich aufgelöst.

Wie lässt sich diese hochkomplexe Geschichte erzählen? Von Anfang an war eines gewiss: dass sie nicht aus der Perspektive eines Afrikaners erzählt werden konnte. Sich in deren Weltsicht und Empfindungsform hineinzuversetzen, erschien mir anmaßend und wäre nach der historischen Kolonisation eine zweite literarische gewesen. Distanz gehört notwendig zur Struktur des Romans. Auch die Reflexion auf das Erzählen aus deutscher Sicht. Und so gehören diese drei – sprachlich unterschiedlichen – Erzählstränge zur Grundstruktur: Die Erzählung aus der Perspektive eines deutschen Veterinärs der Schutztruppe; die in die Landesgeschichte führenden Ochsen-Erzählungen über die ersten Weißen, also die Missionare und Händler; und drittens die teils dokumentarischen Berichte über den Feldzug der deutschen Schutztruppe.

Missionierung, ungleicher Warentausch und militärische Absicherung, dieser Drei-Stufen-Weg kann als Muster für die meisten europäischen kolonialen Inbesitznahmen gelten. Einer der Nama-Kapitäne – war es der kluge, weitsichtige Cornelius? – sagte, erst kommen eure Missionare, die uns das Schreiben lehren, damit wir die Verträge unterschreiben können, dann kommt der Branntwein, um das zu feiern, und dann kommen eure Soldaten und treiben die Schulden ein, das heißt, sie nehmen uns das Land weg.

Eine kollektive Multiperspektive war für den Roman notwendig, sie erlaubte eine Vielzahl unterschiedlicher Sprechakte, historisch ferne wie zeitnahe, eine dokumentarische, berichtende, erzählende, aber auch ins Phantastische wuchernde Sprache.

Volker Berghahn, der renommierte Historiker, sagte damals, als ich ihn darauf ansprach, wie wenig die deutsche Kolonialpolitik von den Geschichtswissenschaften behandelt würde, die sei gemessen am Ersten Weltkrieg und den damit verbundenen Verwerfungen in der Geschichte auch nicht so bedeutsam. Lediglich zwei deutsche Wissenschaftler hatten in der Zeit wissenschaftlich ausführlich über den Widerstand und seine Niederschlagung in Namibia gearbeitet und veröffentlicht, Helmut Bley und Horst Drechsler, die schon damals von einem von den Deutschen zu verantwortenden Völkermord sprachen.

Als ich von meinem Schreibprojekt erzählte, sagten auch die politisch Wohlgesinnten, wen solle das in Deutschland denn interessieren? Das muss erwähnt werden, weil daran der Mentalitätswandel der letzten Jahrzehnte abzulesen ist. Heute steht der Kolonialismus im Mittelpunkt historisch-wissenschaftlicher Betrachtungen und wird auch in einer breiteren Öffentlichkeit wieder zum Thema.

Seit *Morenga*

Nach dem Erscheinen des Romans *Morenga* 1978 tauchten bei Lesungen noch Zwischenrufer auf, die »Nestbeschmutzer« riefen, von den rassistischen Kommentaren ganz zu schweigen. Es kam zu Androhungen von Klagen, da namentlich genannte Offiziere angeblich diffamiert worden seien. Wie Oberleutnant Graf Kageneck, der nüchtern befahl, gefangene Bondelswarts zu hängen, dann aber, nachts und betrunken, sentimental wurde und sie laufen ließ, um am anderen Tag, wieder nüchtern, dem deutschen Unteroffizier, der seinen Befehl ausgeführt hatte, Disziplinarmaßnahmen anzudrohen. Die Klageandrohung konnte mit Archiv-Dokumenten abgewehrt werden.

Vielleicht hat der Roman auch dazu beigetragen, nicht nur den historischen Völkermord ins Bewusstsein zu heben, sondern ebenso – wie für mich beim Schreiben – das eigene kulturelle Selbstverständnis zu prüfen und zu relativieren, um so das Andere, Fremde tiefer zu verstehen. Dank der Verfilmung des Romans durch Egon Günther wurde auch Morengas Sohn, der das Massaker an der Familie 1907 überlebt hatte, in Südafrika aufgefunden.

Noch 1976 hatten die meisten aus dem Norden Namibias kommenden SWAPO-Genossen von Morenga und seiner historischen Rolle nie etwas gehört, und keiner war an dem Projekt, über diesen Mann zu schreiben, interessiert. Mein Wunsch war, der Roman möge, gerade durch seine Übersetzung ins Englische, diesen erstaunlichen Menschen Jakob Morenga in Namibia wieder ins kollektive Gedächtnis zurückholen.

Nach Erscheinen des Romans durfte ich nicht mehr in Südwestafrika einreisen. Das war gewissermaßen eine Bestätigung für die literarische und politische Arbeit – der Autor war für das Apartheidregime

Südafrika und das von ihm verwaltete Südwestafrika, also Namibia, *persona non grata* geworden.

In den letzten Jahren ist auch im öffentlichen Bewusstsein die Erkenntnis gewachsen, wie sehr die beiden Länder Deutschland und Namibia – und das gilt auch für die anderen ehemaligen deutschen Kolonien – aus ihrer Geschichte heraus miteinander verbunden sind. Wie stark diese afrikanischen Länder ausgeplündert wurden, die Menschen ausgebeutet, erniedrigt, gequält, getötet und wie ihre Traditionen und Kulturen zerstört wurden. Auch das Wissen, wie es zu dem Völkermord kommen konnte, ist gewachsen, ebenso wie die Erkenntnis, dass dieser Begriff rechtens ist. Das geht einher mit einem Verständnis dafür, wie sich der afrikanische Widerstand – gerade auch in Form der Aufstände – aus dem berechtigten Anspruch der Menschen herausgebildet hat, frei und in eigener Verantwortung leben zu können.

Die Armut der kolonisierten Länder ist auch dem Reichtum der Industrieländer geschuldet. Diese inzwischen einfache Einsicht hätte dazu führen müssen, die historische Schuld einzugestehen und Verantwortung zu übernehmen. Das Engagement müsste weit über eine homöopathische Entwicklungshilfe hinausgehen. Ein niedriger, aber fester Steuerbeitrag wäre denkbar, vergleichbar dem Solidaritätszuschlag für den sogenannten Aufbau Ost. Hier geht es nicht darum, einfach Milliarden zu überweisen, sondern ein gemeinsames Projekt zu erarbeiten und zu finanzieren, das, demokratisch kontrolliert, auch als wechselseitiger Entwicklungsprozess verstanden werden müsste. Ein Erfahrungs- und Lernprozess auch für die hiesige Gesellschaft, den ein kultureller Austausch begleiten könnte: ein – zugegeben – utopischer Gedanke. Aber war das nicht auch ein selbstgemaltes Schild, das eine Schülerin hochhielt, die ab August 2018 jeden Freitag in Stockholm dem Unterricht fernblieb: *Schulstreik für das Klima?*

Dieses wäre eine realisierbare, also konkrete Utopie: Vielleicht schreibt in Namibia eine Schriftstellerin oder ein Schriftsteller ein Epos oder einen Roman in Khoekhoegowab, dieser so wunderbar klingenden Sprache, über das weite Land, über die reiche Natur, über die Heimat, bis eines Tages die Fremden kamen, die ewig verschwitzten und herumbrüllenden Deutschen, die das Land besetzten, über Unterdrückung, Qual und Tod, bis es zu dem Widerstand kam, damit man frei und aufrecht gehen kann. So fände der Roman *Morenga* seine Ergänzung und seinen Widerpart in einem Roman *Marengo*, und das Projekt eines gemeinsamen gegenseitigen Verstehens bekäme einen weiteren Anstoß.

Dominic Johnson

Kennen wir uns?

Was koloniale Aufarbeitung in Deutschland von der in Frankreich, Großbritannien und Belgien unterscheidet

Als Heidemarie Wieczorek-Zeul am 14. August 2004 als erstes deutsches Regierungsmitglied überhaupt den Völkermord an den Herero und Nama 100 Jahre zuvor im damaligen Deutsch-Südwestafrika als solchen benannte, in Namibia vor den Nachfahren der Überlebenden, geschah das keineswegs im luftleeren Raum. Nicht nur in Deutschland, auch in anderen ehemaligen europäischen Kolonialmächten hatte damals eine relativ neue, intensive Art der Aufarbeitung von Kolonialverbrechen eingesetzt.

In Belgien enthüllte der Historiker Ludo de Witte 1999 mit seinem Buch *L'asassinat de Lumumba* erstmals in vollem Umfang die Mittäterschaft des belgischen Staates bei der Ermordung des kongolesischen Freiheitskämpfers und ersten postkolonialen Premierministers Patrice Lumumba am 17. Januar 1961. Die Veröffentlichung rief heftige Debatten von ungewohnter Schärfe hervor und bot den Start einer zwar sehr langsamen, aber dafür mittlerweile allumfassenden Infragestellung des bisherigen Selbstverständnisses Belgiens als gütige und zivilisierende Kolonialmacht im Kongo.

In Frankreich brach ab dem Jahr 2000 erstmals eine breite Debatte über systematische Folter und Mord durch die französische Armee im Kampf gegen die algerische Unabhängigkeitsbewegung FLN zwischen 1954 und 1961 aus. Nachdem die einstige algerische Freiheitskämpferin Louisette Ighilahriz in der Zeitung *Le Monde* ihre dreimonatige Haft während der »Schlacht von Algier« samt Folter und Vergewaltigung geschildert hatte, bestätigte und rechtfertigte der pensionierte General Paul Aussaresses dies in eigenen Interviews und schließlich in einem Buch im Jahr 2001 – der Beginn einer kontroversen Diskussion um französische koloniale Vergangenheitsbewältigung, die bis heute nicht abgeschlossen ist.

In Großbritannien machte die Historikerin Caroline Elkins mit ihrer im Jahr 2002 ausgestrahlten, auf jahrelangen Recherchen basierenden

BBC-Dokumentation *White Terror* erstmals auf das volle Ausmaß der britischen Repression bei der Niederschlagung des Mau-Mau-Aufstandes des Kikuyu-Volkes in Kenia in den 1950er Jahren einer breiteren Öffentlichkeit zugänglich. Gefolgt von einer Buchveröffentlichung und weiteren Recherchen anderer Forscher sowie spektakulären Gerichtsverfahren, wurde damit die bis dahin gepflegte Legende eines versöhnlichen und friedlichen britischen Rückzugs aus dem Empire zu Grabe getragen.

Die deutsche Anerkennung eigener Kolonialverbrechen begann damit im europäischen Kontext relativ spät. Da in Deutschland den belgischen, französischen und britischen Debatten damals wie heute nur geringe Aufmerksamkeit geschenkt wurde und wird – wenn es um Erinnerungskultur geht, gibt es kein Europa, nur Nationen und ihre Befindlichkeiten –, werden aus den Erfahrungen der anderen Länder auch keine Lehren gezogen. Etwa die, dass eine offene Debatte um vergessene Verbrechen per Definition jeden Versuch von Deutungshoheit bricht und eine Pluralität von Erinnerungen, Perspektiven, Interessen und Sichtweisen an die Stelle der bisherigen Nationalgeschichte setzt. Deutschland hingegen ordnet diese Debatte dem eigenen nationalen Rahmen unter: Wichtig für Deutsche ist die Frage der Vergleichbarkeit zwischen unterschiedlichen deutschen Verbrechen, während für Afrikaner eher der Vergleich zwischen unterschiedlichen Kolonialherrschaften und Erinnerungen erkenntnisfördernd ist.

Ein Vergleich zwischen der kolonialen Erfahrung Deutschlands und der anderer Kolonialmächte sowie zwischen der kolonialen Aufarbeitung in verschiedenen ehemaligen Kolonialmächten offenbart schon auf den ersten Blick drei wesentliche Unterschiede, die historische Debatten und deren Kristallisation in einer neuen Erinnerungskultur in andere Wege lenken könnten.

Erstens: Die deutsche Kolonialzeit in Afrika ist viel länger her als die Großbritanniens, Frankreichs, Belgiens und auch Italiens, und erst recht die Spaniens und Portugals. Diskussionen um die Kolonialgeschichte in all diesen Ländern involvieren immer Zeitzeugen, in Deutschland nie. Um die Jahrtausendwende waren die diskutierten Verbrechen in Kongo, Algerien oder Kenia nur gut 40 Jahre her. Die Debatte fußte auf Bekenntnissen oder Aussagen der Täter und Opfer, getätigt und gesammelt im Bewusstsein, dass nicht mehr viel Zeit blieb, bevor niemand davon mehr am Leben wäre, aber eben auch erst, als alle Beteiligten sich aus dem aktiven Leben zurückgezogen hatten – eine Bilanzierung von Lebensgeschichten. In Deutschland vergleichbar wäre da eher die Aufarbeitung des Nationalsozialismus und der Teilnahme Einzelner an NS-Verbrechen, die ebenfalls rund 40 Jahre brauchte, bis die Tabus der Nachkriegszeit überwunden werden konnten.

Die späte Einsicht in die Notwendigkeit von Aufarbeitung, die Opfer und Täter französischer oder britischer Verbrechen zum Reden bringt, ist in Deutschland in Bezug auf die deutsche Kolonialvergangenheit nie erfolgt, sondern nur in Bezug auf den Nationalsozialismus.

Zweitens: Deutschland hat als einzige Kolonialmacht nie von sich aus dekolonisiert. Das Deutsche Reich verlor seine Kolonialgebiete im Ersten Weltkrieg militärisch, an Großbritannien, Frankreich, Belgien und Südafrika. Deutschland hat nie Souveränität an Afrikaner übertragen, es hat nie mit Burundern, Kamerunern, Namibiern, Ruandern, Tansaniern und Togolesen an einem Tisch gesessen und über Entkolonisierung, Transfer staatlicher Macht und Ausgestaltung der Unabhängigkeit gesprochen, wie andere Kolonialmächte es taten. Von Sudan 1956 bis Zimbabwe 1980: Selbst wenn die Unabhängigkeit Ergebnis eines bewaffneten Konflikts war, wie in den meisten Siedlerkolonien, war ihre Geburtsstunde ein offizieller, zeremonieller Akt. Wenn in der Nacht der Unabhängigkeit die koloniale Flagge eingeholt und an ihrer Stelle die des neuen unabhängigen Staates gehisst wird, treten zumindest der Form halber Augenhöhe, Anerkennung und Ebenbürtigkeit oder zumindest Waffengleichheit an die Stelle der bisherigen kolonialen Unterordnung. Ein neuer Blick richtet sich auf das ehemalige koloniale Subjekt – nicht immer respektvoller, aber eben anders als vorher. Diesen Perspektivwechsel gegenüber seinen Kolonien hat Deutschland nie vollbringen müssen. Kein afrikanischer Staatsmann ist direkter Nachfolger eines deutschen Kolonialverwalters, kein Deutscher übergab seinen Herrschaftsapparat einem Afrikaner. Vielleicht deshalb tut man sich in Deutschland, von der Politik zu den Medien, bis heute viel schwerer als in Frankreich oder Großbritannien damit, Afrikaner als Akteure und Gestalter wahrzunehmen, ihre Individualität anzuerkennen und das koloniale Zerrbild der leidenden, hilflosen, bedürftigen, zugleich kuriosen und bedauernswerten afrikanischen Masse zu überwinden.

Ehemalige französische oder britische Kolonialgebiete in Afrika sind bis heute ausnahmslos vom kolonialen Erbe geprägt: Ihre politischen Institutionen und Rechtssysteme folgen Pariser und Londoner Vorbildern, die Struktur der Administration wurde bei der Unabhängigkeit übernommen und oft sehr lange, zuweilen bis heute unverändert bewahrt, Amtssprache und Rechtsformen sind die der alten

Kolonialmacht, die auch Lehrmaterialien und Lehrkräfte für Schulen und Universitäten stellt, Liturgien, Militärdoktrine, Fernsehprogramme, Überwachungsapparate, Steuerberater, Gelddrucker, Bankkonten. Frankreichs koloniale Währung, gedeckt von Frankreichs Zentralbank, ist bis heute in den meisten ehemaligen französischen Kolonialgebiete gültig; Richter in ehemals britischen Kolonien tragen immer noch Perücken und berufen sich auf koloniale Präzedenzfälle. Frankreich und Großbritannien haben sehr unterschiedlich dekolonisiert – Frankreich wollte nach der Entlassung seiner Kolonien in die Unabhängigkeit dort möglichst viel Einfluss bewahren, Großbritannien mit ihnen möglichst wenig zu schaffen haben –, aber aus dem kolonialen Schatten sind die betroffenen Länder bis heute nicht vollständig herausgetreten, selbst wenn einige sich davon schon sehr weit entfernt haben.

All das ist in Deutschland nicht vorhanden. So greift koloniale Aufarbeitung in Frankreich, Belgien oder Großbritannien viel tiefer in die eigene Gesellschaft und in die Gegenwart hinein als in Deutschland. Und auch in Afrika betrifft sie nicht eine abgeschlossene, ferne Geschichte wie beispielsweise im Verhältnis zwischen Deutschland und Namibia, sondern sie findet gewissermaßen am lebenden Objekt statt, an der »Postkolonie«, deren eigentümlichen Charakter der kamerunische Historiker Achille Mbembe mit als erster seziert hat, wohl eher zufällig just um die Jahrtausendwende, als in Europa die Enthüllungen über Kolonialverbrechen in Afrika begannen, wahrgenommen zu werden.

Drittens: Es gibt in Deutschland so gut wie gar keine afrikanische Diaspora, deren Anwesenheit sich auf die koloniale Vergangenheit zurückführen lässt. Aus ehemaligen britischen und französischen Kolonien gibt es seit Ende der Kolonialzeit Zuwanderung nach Großbritannien und Frankreich: an Universitäten, in die Wirtschaft, in den Kulturbetrieb; es ergeben sich daraus Ehen, Familienzusammenführungen, gemeinsame Projekte, all die für jede Diaspora-Erfahrung gültigen vielschichtigen Formen der Vernetzung und der Verortung in mehr als einem Land und mehr als einer Identität. Die Ebene persönlicher Nähe und Betroffenheit, die immer mitspielt, wenn in Belgien über Kongo diskutiert wird, in Frankreich über Algerien oder in Großbritannien über die Karibik sowie den indischen Subkontinent – beides Weltregionen mit sehr viel dauerhafterer und älterer britischer Herrschaft und Prägung als Afrika, das für das Empire nie zentral war – ist in Deutschland nur gelegentlich als privater Ausnahmefall vorhanden, nicht als kollektiver Faktor von politischem oder gesellschaftlichem

Gewicht. In Frankreich, Großbritannien und Belgien haben sich migrantische Gemeinschaften etabliert, deren Anwesenheit sich nur aus der kolonialen Vergangenheit erklärt und die das gesellschaftliche Miteinander prägen. Nicht so sehr die ersten Migranten, wohl aber ihre in der Emigration aufgewachsenen Kinder und Enkel thematisieren Rassismus und stellen Fragen zu ihrer Herkunft, deren Beantwortung zwangsläufig in die koloniale Vergangenheit führt. Deutschland hat hingegen hauptsächlich Arbeitsmigranten angeworben, aus Ländern ohne gemeinsame koloniale Vergangenheit, und sah sich lange gar nicht als Einwanderungsland.

Es gibt somit auch keine deutschsprachige Literatur aus den ehemaligen Kolonien, die die Erinnerung an Kolonialerfahrungen am Leben halten könnte; wohl gibt es die aber in den anglophonen und frankophonen Sprachräumen, die ja überhaupt nur dank der imperialen Vergangenheit existieren und in denen die Aneignung der kolonialen Sprache durch die kolonialen Subjekte jeweils auch das Englische und das Französische von Nationalsprachen zu Weltsprachen weiterentwickelt haben.

Nicht nur die koloniale Diaspora fehlt in Deutschland, sondern auch jede nennenswerte Gemeinschaft ehemaliger kolonialer Siedler und ihrer Nachfahren. In Frankreich, Großbritannien, Belgien und Portugal bedeutete Dekolonisierung, vor allem wenn sie gewaltsam erfolgte, immer auch die mehr oder weniger unfreiwillige Rückkehr der großen Mehrheit der weißen Siedler aus den Kolonien in die alte Heimat. Es war für die Betroffenen eine oft traumatische Entwurzelung, da viele von ihnen seit Generationen in Afrika gelebt hatten und ganz bewusst dem »Mutterland« den Rücken gekehrt hatten, das ihnen nun aus ihrer Sicht in den Rücken fiel. Bei der Rückkehr hieß man sie nicht etwa als Helden willkommen, sondern wandte peinlich gerührt den Blick von ihnen ab, als Ewiggestrige, ohne deren unmögliches Verhalten man die Kolonien vielleicht gar nicht verloren hätte. Heute heißen die Nachfahren des Siedlergeistes Marine Le Pen oder Nigel Farage, bis heute erschüttert die Auseinandersetzung mit diesen politischen Strömungen die französische und britische Politik und belastet auch jede Debatte um koloniale Aufarbeitung.

Paris, London und Brüssel heute sind nicht ohne das Neben- und Miteinander der Nachfahren kolonialer Machthaber und kolonialer Subjekte vorstellbar, der einstigen Herren und der einstigen Knechte. Debatten um koloniale Vergangenheit können somit gar nicht ausschließlich unter Franzosen, Briten oder Belgiern geführt werden, ohne

Einbeziehung der Menschen aus den ehemaligen Kolonien. Deutsche hingegen bleiben weitgehend unter sich, wenn sie über das Für und Wider einer Anerkennung des Völkermords an den Herero und Nama oder den Wiederaufbau des Berliner Stadtschlosses als Pastiche mit kolonialen Exponaten diskutieren. In Deutschland kennen sich Kolonisierer und Kolonisierte nicht mehr.

Das bedeutet aber nicht, dass in den anderen Ländern die koloniale Aufarbeitung automatisch weiter wäre als in Deutschland. In Belgien ist 22 Jahre nach Ludo de Wittes Enthüllungen über die Ermordung von Patrice Lumumba im Kongo zwar der einstige koloniale Blick in der Museumskultur umfassend problematisiert und teilweise überwunden worden, doch die Aufarbeitung dieses konkreten Verbrechens verharrt auf der Frage der Rückgabe eines nach Belgien mitgebrachten Lumumba-Zahns – der belgische Polizeioffizier Gerard Soete, der Lumumbas Leiche in Säure auflösen und sie damit auf Ewigkeit vernichten sollte, hatte den Zahn eingesteckt und mit nach Hause genommen; die für 2021 geplante feierliche Rückgabe an Kongo scheiterte an der Covid-19-Pandemie.

In Frankreich hat es Präsident Emmanuel Macron im Oktober 2021 geschafft, dem offiziellen Algerien in Bezug auf den Krieg Geschichtsklitterung und Hass auf Frankreich vorzuwerfen und damit eine hochpeinliche diplomatische Krise vom Zaun zu brechen – noch wenige Monate zuvor hatte Macron den ersten offiziellen Bericht einer französischen Historikerkommission zum Algerienkrieg entgegengenommen, der die französischen Verbrechen beim Namen genannt hatte.

In Großbritannien zahlte die Regierung im Jahr 2013 aufgrund eines Gerichtsurteils fast 20 Millionen Pfund Entschädigung an 5.228 Überlebende und Nachfahren von Opfern kolonialer Folter im kenianischen Kikuyu-Volk während des Mau-Mau-Krieges der 1950er Jahre – aber weitergehende Klagen und Forderungen nach einer breiteren Aufarbeitung sind im Sande verlaufen. Immerhin hat es damit aber in Großbritannien eine erfolgreiche Klage von Opfern kolonialer Gewalt gegeben, was weder in Frankreich, Belgien noch Deutschland bisher möglich gewesen ist.

Der Kolonialismus als solcher wird allerdings nirgends grundsätzlich thematisiert – sei es der Siedlerkolonialismus, in dem Weiße sich auf Dauer im Land der Schwarzen niederließen, es zu ihrem eigenen erklärten und die Schwarzen zu rechtlosen Subjekten mit dem Status von Tieren oder Arbeitswerkzeugen degradierten; sei es die klassische koloniale Herrschaft, in der ein paar Verwalter gemeinsam mit einheimischen Herrschern dafür sorgen, dass weiße Missionare und Händler ungehindert arbeiten können, dass die Schwarzen gehorchen, Steuern zahlen und das Schutzgebiet Gewinn abwirft. Der Siedlerkolonialismus mündete zumeist in Krieg, dessen Verbrechen erst seit Kurzem und nur auszugsweise zur Sprache kommen. Die klassische koloniale Herrschaft wurde meist auf politischem Wege auf Einheimische übertragen, und ihre Entwicklungskonzepte sind in weiten Teilen die totgeschwiegenen Vorläufer moderner europäischer Entwicklungspolitik in Afrika.

All dies harrt noch der vorurteilsfreien, schonungslosen Aufarbeitung. Es ist fraglich, ob es dazu je kommen kann. Denn sowohl die beteiligten europäischen Länder als auch die afrikanischen sind erst durch die koloniale Konfrontation das geworden, was sie heute sind – und was man ist, kann man nur bedingt in Frage stellen.

Carola Lentz

Erinnerungsräume öffnen, Erinnerungsgemeinschaften verbinden

Der Umgang mit kolonialem Erbe als Herausforderung für das Goethe-Institut

Colonialism as shared history. Past, present, future: Unter diesem Titel richtete das Auswärtige Amt im Oktober 2020 unter Federführung der Historikerinnen Bettina Brockmeyer, Rebekka Habermas und Ulrike Lindner eine digitale Tagung zum Umgang mit der kolonialen Vergangenheit aus. Die Konferenz sollte nicht zuletzt dem Koalitionsvertrag von 2018 Rechnung tragen, der erstmals – einhundert Jahre nach dem Ende der deutschen Kolonialherrschaft – die »Aufarbeitung der deutschen Kolonialgeschichte« explizit als Teil des »demokratischen Grundkonsenses« der Bundesrepublik Deutschland aufführte. In ihrer fulminanten Eröffnungsrede skizzierte die kenianische Autorin Yvonne Adhiambo Owuor ein düsteres Bild des kolonialen »Horrors«, von der Ausraubung Afrikas bis hin zum Genozid. Vor allem aber attackierte sie das Leitmotiv der Konferenz. Erfahrungen und Perspektiven der Kolonisierer und Kolonisierten seien zu disparat, um von einer »geteilten Geschichte« sprechen zu können. Die Organisatorinnen erwiderten, dass sie mit dem Konferenztitel lediglich zur gemeinsamen Reflektion hatten einladen wollen und weniger eine »gemeinsame« als vielmehr eine konfliktreich »verflochtene« Geschichte im Sinn hatten. Doch nicht nur Owuor, auch andere Konferenzteilnehmer wiederholten ihre Kritik, das Konzept würde die schmerzvollen Erfahrungen der Kolonisierten übergehen und vorschnell Versöhnung suggerieren, wo die Anerkennung der historischen Verantwortung, Reparation und Restitution noch nicht geleistet seien.

Viele Panel- und Diskussionsbeiträge auf dieser Tagung zeichneten ein geradezu manichäisches Bild des Kolonialismus, mit europäischen Tätern auf der einen und afrikanischen Opfern auf der anderen Seite. Dieses Bild haben europäische und afrikanische Historiker und Ethnologinnen in den letzten zwei, drei Jahrzehnten durch nuancenreiche Forschung zur Kolonialgeschichte revidiert. Doch was sich auf der Tagung und anderen rezenten öffentlichen Diskussionen zur kolonialen Vergangenheit zeigt: Wissenschaftliche und politische Perspektiven auf das Thema differieren; die Forschung zur Kolonialgeschichte ist nicht ohne weiteres kompatibel mit Erinnerungspolitiken, bei denen es immer auch um Selbstverortung, Selbstvergewisserung und Gemeinschaftsbildung geht.

Kolonialismusforschung und Erinnerungspolitik

Forschung und Erinnerungspolitik folgen unterschiedlichen zeitlichen Dynamiken. Kolonialgeschichtsforschung gab es in der DDR und, in geringerem Umfang, in der BRD seit den 1960er Jahren; seit den 1990er Jahren sind – auch in Auseinandersetzung mit den anglophonen *Postcolonial Studies* – zahlreiche differenzierte Studien zum deutschen und europäischen Kolonialismus in unterschiedlichen Regionen Afrikas (und anderen Weltregionen), zu afrikanischen Antworten auf koloniale Zumutungen und zum postkolonialen Erbe entstanden.[1] Doch konnten die Wissenschaftler und Forscherinnen nur wenig Aufmerksamkeit für ihre Erkenntnisse in der deutschen Öffentlichkeit erlangen, geschweige denn das Thema Kolonialismus breiter in den Medien und der politischen Welt verankern. Dort war die Erinnerungspolitik in Bezug auf den Holocaust das dominante Thema, nicht Deutschlands koloniale Vergangenheit. Das Ende des Kalten Kriegs und die Wiedervereinigung ermöglichten einen neuen erinnerungspolitischen Raum.

Doch auch in seiner Rede zur »Aktion Afrika« im Frühjahr 2008 beim Afrika-Festival in Würzburg sprach der damalige Außenminister Frank-Walter Steinmeier viel von kultureller Zusammenarbeit mit Afrika, aber noch nicht vom Kolonialismus und seinen Folgen. Erst die vehemente Kritik am Umgang des Humboldt-Forums mit Deutschlands Kolonialvergangenheit und insbesondere mit Sammlungsgut aus kolonialen Kontexten, die postkoloniale Aktivisten der Initiative *No Humboldt 21* seit 2013 formulierten, brachte Vieles in Bewegung. Auch Bénédicte Savoys öffentlichkeitswirksamer Austritt aus dem

1 Brandstetter, Anna-Maria: Kolonialismus. Wider die vereinfachenden Dichotomien, in: *Geschichte in Afrika. Einführung in Probleme und Debatten*, hrsg. von Jan-Georg Deutsch und Albert Wirz, Berlin 1997, S. 75–105; Cooper, Frederik: Conflict and Connection. Rethinking African colonial history, in: *American Historical Review*, Jg. 99 (5), 1994, S. 1516–1545.

Kuratorium des Forums im Jahr 2017 sorgte für Furore. Seither ist das Thema Kolonialismus endgültig im bundesrepublikanischen politischen und medialen Raum angekommen.

Das neue öffentliche Interesse am kolonialen Erbe impliziert allerdings nicht zwingend mehr Aufmerksamkeit für die wissenschaftlichen Erkenntnisse über die komplexen geschichtlichen Dynamiken verschiedener Kolonialismen. Die erinnerungspolitische Debatten prägende Kritik an kolonialer Gewalt und die Empathie für ihre afrikanischen Opfer hat oft ein eurozentrisches Bias, das die Forschung seit Längerem zu überwinden versucht hat. Kosmopolitische afrikanische Stimmen wie die von Yvonne Owuor oder der nigerianischen Schriftstellerin Adichie Chimamanda Ngozi bei der Eröffnung des Humboldt-Forums finden zwar in Deutschland inzwischen durchaus Gehör. Doch gerät dabei die große Bandbreite afrikanischer Erinnerungen an und lokaler Antworten auf die regional und in verschiedenen Phasen durchaus unterschiedlichen Kolonialregime leicht aus dem Blick. Es ist vielleicht kein Zufall, dass hier eher afrikanische Schriftstellerinnen als Wissenschaftler zum Thema der Kolonialität zu Wort kommen.

Für die Arbeit an einer gemeinsamen Zukunft und einer gerechteren Welt ist es notwendig, die Debatten zu öffnen. Es gilt, die Vielfalt von Erfahrungen mit dem Kolonialismus zu Wort kommen zu lassen, ohne deshalb durch den Kolonialismus verursachtes Leid zu relativieren. Zwei Wege scheinen mir hier sinnvoll: Zum einen kann mehr Austausch zwischen afrikanischen oder europäischen Wissenschaftlern und erinnerungspolitischen Akteuren (Politikern, Künstlerinnen oder zivilgesellschaftliche Aktivisten) neue Perspektiven ermöglichen; zum anderen wäre die stärkere Vernetzung der verschiedenen Erinnerungsgemeinschaften untereinander – in Afrika selbst, in Deutschland und Europa sowie zwischen den Kontinenten – ein wichtiger Schritt in Richtung auf eine »geteilte« Geschichte. Dieser Vernetzung widmet sich das Goethe-Institut seit einigen Jahren. Und hier sehe ich auch eine fruchtbare Perspektive für meine eigene Arbeit. Nach über dreißig Jahren ethnologischer und historischer Forschung in Westafrika – auch zum Thema Kolonialismus und staatliche ebenso wie familiäre Erinnerungspraktiken – habe ich mit der Präsidentschaft im Goethe-Institut ein kulturpolitisches Amt übernommen. In meine Arbeit als Präsidentin auch meine Erkenntnisse als Wissenschaftlerin einfließen zu lassen und die Arbeit des Goethe-Instituts auf dem Feld der Erinnerungspolitik konstruktiv zu begleiten, ist mir ein wichtiges Anliegen.

Soziale Dynamiken der Erinnerung

Aus der Forschung zu sozialen Dynamiken der Erinnerung wissen wir, dass die Art und Weise, wie Menschen sich an die Vergangenheit erinnern, durch die Herausforderungen der Gegenwart und Vorstellungen einer wünschenswerten Zukunft geprägt sind. Erinnerung wird, wie schon Maurice Halbwachs gezeigt hat,[2] von kollektiven Erfahrungen strukturiert und dient nicht zuletzt der Herstellung oder Stabilisierung von Gruppenidentitäten. Dabei verändern sich die Vergangenheitskonstruktionen im Lauf der Zeit, etwa mit neuen Herausforderungen oder in neuen Gruppenkonstellationen. Außerdem existieren in modernen Gesellschaften verschiedene Erinnerungsgemeinschaften nebeneinander; sie können sich wechselseitig ignorieren, miteinander verbünden oder um Aufmerksamkeit konkurrieren. Im politischen Raum setzen staatliche Instanzen bestimmte Erinnerungsinhalte und -praktiken als Ressource ein, um nationale Zugehörigkeiten zu untermauern oder die eigene Regierung zu legitimieren. Um öffentliche Anerkennung ringende Gruppen oder Regimekritiker mobilisieren ihrerseits alternative Erinnerungen, um die Rechtmäßigkeit ihrer Anliegen zu begründen.

Wendet man diese Erkenntnisse auf den erinnerungspolitischen Umgang mit dem Kolonialismus an, werden die großen Herausforderungen sichtbar, vor denen wir stehen. Schon die Frage, wie in einem durch Dekolonisierung unabhängig gewordenen Staat die Nation verbindende Erinnerungen erarbeitet werden können, ist heikel, weil verschiedene Bevölkerungsgruppen durchaus unterschiedliche Erfahrungen mit dem Kolonialregime gemacht haben – von Widerstand über Ausweichen bis hin zu Kollaboration.[3] Die Herausforderungen werden noch größer, sobald es um Aufarbeitung und Erinnerungen gehen soll, die die ehemaligen Kolonialmächte und die kolonisierten Gesellschaften verbinden könnten. Hier wird immer problematisch sein: Wer erinnert was, in wessen Namen, über wen, und wer spricht zu wem? Dazu kommt, dass es für die frühen, oft besonders gewaltvollen Phasen des europäischen Kolonialregimes in Afrika inzwischen keine noch lebenden Zeitzeugen mehr gibt. Wie Jan und Aleida Assmann gezeigt haben,[4]

2 Halbwachs, Maurice: *Das Gedächtnis und seine sozialen Bedingungen*, Frankfurt am Main 1985 (zuerst frz. 1925).

3 Lentz, Carola / Lowe, David: *Remembering Independence*, London 2018.

4 Assmann, Jan: *Das kulturelle Gedächtnis. Schrift, Erinnerung und politische Identität in frühen Hochkulturen*, München 1992; Assmann, Aleida: *Erinnerungsräume. Formen und Wandlungen des kulturellen Gedächtnisses*, München 1999.

wird mit zunehmender zeitlicher Distanz zum erinnerten Geschehen das vielstimmige kommunikative Gedächtnis durch ein kulturelles Gedächtnis überformt, das durch Erinnerungsmedien wie Romane und Schulbücher, Filme, Museen oder Denkmäler strukturiert ist.[5] Auch das kulturelle Gedächtnis kann facettenreich, widersprüchlich und vielstimmig sein, aber es unterliegt stärker kollektiven Dynamiken und scheint weniger fluide und formbar als das an individuelle Erfahrungen zurückgebundene kommunikative Gedächtnis.

Das Goethe-Institut nun kann dazu ermutigen, kommunikative Verbindungen zwischen sich tendenziell abschottenden Erinnerungsgemeinschaften zu stiften. Mit einem solchen Ansatz arbeitet das Goethe-Institut zur Thematik des Holocaust schon länger. Der Kolonialismus als erinnerungspolitisches Feld ist seit gut zehn Jahren systematischer in den Blick gerückt. Sechs der heute fünfzehn Goethe-Institute in Subsahara-Afrika wurden in den frühen 1960er Jahren gegründet, unmittelbar nach der Erlangung der Unabhängigkeit. Doch wurde das koloniale Erbe damals kaum thematisiert; die internationale Kulturpolitik stand vielmehr ganz im Zeichen des Kalten Kriegs und der Systemkonkurrenz. Allerdings griffen einzelne afrikanische Goethe-Institute später das Thema Kolonialgeschichte anlässlich lokaler historischer Wegmarken und Ereignisse durchaus auf. So gab es etwa in Südafrika in den 2000er Jahren Projekte zur Apartheid; in Tansania wurde der Maji-Maji-Krieg Gegenstand eines kollaborativen Theaterprojekts. Seit 2010 setzte dann eine bis heute andauernde multilaterale, mehrere Länder umspannende und programmatische Auseinandersetzung mit dem Kolonialismus ein. Interessanterweise kamen die Impulse dazu aus den Goethe-Instituten in Afrika, ehe das Thema in Deutschland politisch auf die Agenda gesetzt wurde.

Transnationale Verständigungen über Kolonialismus

Drei Beispiele dieser Arbeit des Goethe-Instituts möchte ich im Folgenden kurz skizzieren: das Projekt *Burden of Memory: Considering German Colonial History in Africa*, das verschiedene afrikanische Erinnerungsakteure miteinander vernetzte; das Projekt »Alles vergeht, außer der Vergangenheit«, in dem sich verschiedene europäische Akteuren zur Aufarbeitung der Kolonialgeschichte austauschten; und schließlich

5 Vgl. Erl, Astrid: *Kollektives Gedächtnis und Erinnerungskulturen*, Stuttgart 2005.

ein bilaterales afrikanisch-deutsches Projekt, das von Münchener und togoischen Künstlern und Wissenschaftlern erarbeitete Theaterstück »Wir Schwarzen müssen zusammenhalten«.

Das *Burden of Memory*-Projekt verdankt seinen Namen dem Titel einer Sammlung von Essays von Wole Soyinka zur bisherigen Aufarbeitung von Sklaverei, Kolonialismus und Apartheid im unabhängigen Afrika;[6] Soyinka fragt hier, ob nicht künstlerische Arbeiten über diese gewalttätige, leidvolle Vergangenheit eine Saat der Versöhnung und Heilung ausbringen könnten. Das Projekt des Goethe-Instituts begann 2018 mit einer umfassenden Bestandsaufnahme der kulturellen Produktionen zu den Spuren und Folgen der deutschen Kolonialherrschaft in sechs afrikanischen Ländern – Namibia, Burundi, Ruanda, Tansania, Kamerun und Togo. Schon bei diesem Survey, den jeweils lokale Kulturschaffende erarbeiteten, trat zutage, dass sich die Perspektiven auf die deutsche Kolonialzeit von Land zu Land deutlich unterschieden. Ich war noch nicht im Amt und folglich auch nicht bei der einwöchigen Kulturwoche in Yaoundé im November 2019 zugegen, während der über einhundert Künstlerinnen und Intellektuelle aus diesen sechs Ländern ihre Arbeiten vorstellten und sich in verschiedenen Diskussionsrunden über die koloniale Vergangenheit austauschten. Die Presseberichte und Schilderungen von Beteiligten vermitteln einen Eindruck von der Intensität, mit der die afrikanischen Erinnerungsakteure sich hier gegenseitig befragten.

Die Teilnehmer ausgewählt und das Programm zusammengestellt hatten drei Kuratorinnen aus Kamerun, Südafrika und Kenia, darunter Princess Marilyn Douala Manga Bell, die Gründerin des *Doual'art Contemporary Art Centre*, deren Verdienste um die Förderung junger kamerunischer Künstler und um den gesellschaftlichen Dialog über die Auswirkungen des Kolonialismus mit der Goethe-Medaille 2021 ausgezeichnet wurden. Ganz bewusst hatten die Kuratorinnen keine deutschen oder anderen europäischen Sprecher auf die Bühne gebeten; die afrikanischen Erinnerungen und künstlerischen Positionen sollten im Mittelpunkt der Veranstaltung stehen; der Generalsekretär des Goethe-Instituts und andere deutsche Teilnehmer, vor allem Journalisten, hatten die Rolle von aufmerksamen Zuhörern. Als einige afrikanische Debattierende kritisch fragten, ob sich die Deutschen hier nicht aus der Verantwortung stehlen würden, verwies der gastgebende Institutsleiter darauf, dass es den Kuratorinnen zunächst um die inner-

6 Soyinka, Wole: *The Burden of Memory, the Muse of Forgiveness*, New York NY 1999.

afrikanische Vernetzung ging. Und genau dieser Ansatz scheint für alle Beteiligten fruchtbare und teilweise auch überraschende Erkenntnisse ermöglicht zu haben – etwa wie unterschiedlich in Namibia des Genozids und in Tansania des Maji-Maji-Kriegs gedacht wird und wie sehr sich diese beiden Erinnerungskulturen wiederum von den partiell nostalgischen Geschichten über die deutschen Kolonialregime in Togo und in Kamerun unterschieden. Die künstlerischen und intellektuellen Perspektiven auf die koloniale Vergangenheit jenseits der eigenen Erinnerungsgemeinschaft kennengelernt zu haben, kann die künftige Erinnerungsarbeit in den jeweiligen Ländern verändern.

Das Projekt *Alles vergeht, außer der Vergangenheit*, eine vom Goethe-Institut Brüssel 2018 organisierte Serie von Workshops und Netzwerktreffen, brachte Expertinnen aus Belgien, Spanien, Frankreich, Portugal und Italien zum Thema des Umgangs mit dem kolonialen Erbe zusammen. Auch dieser Projektname geht auf einen Buchtitel zurück, eine Studie des belgischen Soziologen Luc Huyse, der seine Forschungsergebnisse zur *Transitional Justice* im Nachkriegseuropa, im postkommunistischen Ost- und Zentraleuropa und im postkolonialen Afrika diskutiert.[7] An der vom Goethe-Institut initiierten Veranstaltungsreihe wirkten verschiedene Museen und Kunstzentren in Brüssel, Lissabon, Barcelona, Bordeaux und Turin mit. Es ging um künstlerische und diskursive Perspektiven auf die Frage, wie die koloniale Vergangenheit noch in europäischen Museen, im öffentlichen Raum und in verschiedenen Bildarchiven gegenwärtig ist. Als besonders fruchtbar empfanden die Beteiligten, so formulierten sie es in der digitalen Abschlusskonferenz im Oktober 2020, den Austausch jenseits der gewohnten Konfrontationslinien. Das Kennenlernen der je besonderen Herausforderungen in unterschiedlichen europäischen Ländern im Umgang mit dem Erbe aus ihren früheren Kolonien öffnete den Blick für neue Möglichkeiten der Erinnerungsarbeit. An dieser Konferenz konnte ich teilnehmen und fand besonders die Berichte über die Auseinandersetzung junger italienischer Kuratorinnen mit der nostalgischen Verklärung oder Heroisierung der kolonialen Vergangenheit, die noch unter vielen Politikern und älteren Museumsakteuren vorzuherrschen scheint, aufschlussreich. Auch die Diskussion zwischen einem Mitglied von *Berlin Postkolonial* und einer in Spanien arbeitenden peruanischen Künstlerin über den Sturz kolonialer Monumente und die Frage, welche anderen, auf Befreiung zielenden Formen der Erinnerung im öffentlichen Raum

7 Huyse, Luc: *Alles gaat voorbij, behalve het verleden*, Amsterdam 2006.

möglich wären, bot Stoff zum Weiterdenken. Einige Anregungen aus diesem europäischen Austausch werden jetzt in einem bilateralen Projekt *ReMapping Memories* aufgenommen, das Spuren des Kolonialismus und antikolonialen Widerstands in den beiden Hafenstädten Hamburg und Lissabon erforscht und mit künstlerischen Performances sichtbar macht.

Das Theaterstück »Wir Schwarzen müssen zusammenhalten – eine Erwiderung«, das im März 2021 als Video-Stream an den Münchener Kammerspielen uraufgeführt wurde, ist eine vom Goethe-Institut unterstützte Koproduktion des deutschen Regisseurs Jan-Christoph Gockel und des togoischen Autors Elemawusi Agbédjidji. Die Inszenierung versteht sich als burlesk-bitterböse Erwiderung auf den fraternisierenden Kalauer von Franz-Josef Strauß, der 1983 nach Togo reiste und beim Besuch bei Präsident Gnassingbé Eyadema die enge Freundschaft zwischen den Deutschen und speziell der CSU (»wir Schwarzen«) mit den Togoern beschwor. Wie viele Kritiker war auch ich von diesem Theaterstück begeistert, das Film mit Live-Spiel zusammenschneidet und Dokumentarmaterial aus Kolonialarchiven und Zitate aus Zeitungsartikeln mit Science-Fiction-Sequenzen und Marionettenspiel kombiniert. In den eingeblendeten, in Lomé gedrehten Filmsequenzen treten auch verschiedene Interviewpartner mit Erinnerungen und Analysen auf, so etwa der Historiker Kokou Azamede, der die Theaterproduktion wissenschaftlich beraten hat. Der Zuschauer folgt einer togoischen Kosmonautin und Geister- oder besser Ungeist-Jägerin, die ein afrikanischer Funker namens Siegfried Gaba Bismarck herbeiruft, auf ihrer Zeitreise durch die deutsche Kolonialherrschaft in Togo und den Ersten Weltkrieg bis hin zur Hundertjahrfeier der »deutsch-togoischen Freundschaft« im Jahr 1984. Auch die mit Unterstützung von Strauß betriebene Ansiedlung der bayerischen Fleischindustrie in Togo und die deutsch-togoische Bierbrauerei finden Erwähnung. Der positiv verklärten Erinnerung an die deutsche Kolonialzeit, die das Stück zu Beginn noch zitiert, setzt das Spiel später brachiale Zitate über koloniale Gewalt entgegen, unter anderem über Forschungen zu Tropenkrankheiten mit tödlichen Menschenexperimenten. Der Schluss ist dennoch verhalten optimistisch: Die Franz-Josef Strauß repräsentierende Puppe wird immer kleiner, und die Geisterjägerin rät dem Funker, er müsse den kolonialen Ungeist ignorieren, dann verlöre dieser immer mehr an Macht.

Bei der Erarbeitung des Stücks, das scheint mir bemerkenswert, betraten nicht nur die deutschen Künstler Neuland, die zuvor wenig über die koloniale Vergangenheit Togos wussten, sondern auch der togoische Autor. Die gemeinsame Recherchereise zu kolonialen Originalschauplätzen in Togo und überhaupt die künstlerische Zusammenarbeit habe auch ihn auf neue Weise mit einem wichtigen Kapitel der togoischen Geschichte konfrontiert.[8]

Für eine reflexive und vielstimmige Erinnerung

Mit Blick auf die Konstruktion einer gemeinsamen europäischen Erinnerung forderte Aleida Assmann kürzlich den »Umbau von monologischen in dialogische Gedächtniskonstruktionen« und postulierte: »Ein Konsens über das, was das Projekt Europa und seine Zukunft ausmacht, bleibt so lange schwierig, wie es keine Verständigung oder Anerkennung der gemeinsamen Gewaltgeschichte gibt«.[9] Dieser Gedanke lässt sich auch auf die Auseinandersetzung mit dem kolonialen Erbe Europas anwenden. Auch hier geht es um eine Erinnerungsarbeit, die Austausch ermöglicht und Erinnerungsgemeinschaften vernetzt, ohne gleich Gemeinsamkeit zu unterstellen. Bei der erwähnten Tagung des Auswärtigen Amts plädierte auch die Berliner Historikerin Manuela Bauche für eine solche *historically grounded cross-community communication*.[10] Es gelte, so Bauche, die verschiedenen Erfahrungen zu untersuchen, bevor von einer »geteilten Geschichte« gesprochen werden könne.

In diesen Prozess sollten wissenschaftliche Erkenntnisse Eingang finden. Es gilt, auch einer breiteren Öffentlichkeit Wissen über die diversen Kolonialregime und die verschiedenen afrikanischen Strategien im Umgang mit ihnen zu vermitteln. Wenn wir ein nuancierteres Bild über das koloniale Projekt und seine Folgen bis heute gewinnen wollen, müssen wir die Opfer-Täter-Dichotomien verlassen; die kolonialen Gesellschaften hatten durchaus Handlungsspielräume und waren heterogen, mit Akteuren unterschiedlicher Interessen und Chancen im

8 Agbédjidji, Elemawusi: »Wir Schwarzen müssen zusammenhalten.« Eine Erwiderung. Interview von Stephanie Müller, goethe.de/prj/lat/de, https://www.goethe.de/prj/lat/de/spu/22253101.html.

9 Assmann, Aleida: *Der europäische Traum. Vier Lehren aus der Geschichte*, München 2018, S. 140, 186.

10 Bauche, Manuela: *Bridging Divides? Entangled injustices and German memory politics*, lisa.gerda-henkel-stiftung.de, https://lisa.gerda-henkel-stiftung.de/sharedhistory_panel3, 2020.

Kolonialismus. Dazu kommt die zeitliche Dimension: Es macht einen Unterschied, über welche Phasen der Kolonialregime wir sprechen. Gerade angesichts des Schwindens von Zeitzeugenschaft und der Verfestigung von Topoi des kulturellen Gedächtnisses scheint mir eine »reflexive Erinnerungskultur«, wie Dana Giesecke und Harald Welzer sie in Bezug auf den Holocaust propagiert haben,[11] auch für den Umgang mit der kolonialen Vergangenheit notwendig. Wissen über geschichtliche Dynamiken erlaubt die »Entwicklung eines Möglichkeitssinns«, dass Geschichte auch anders hätte gestaltet werden können und dass die Zukunft vom eigenen verantwortlichen Handeln abhängt.[12] Erinnerung solle nicht »museal und identifikatorisch, sondern gegenwärtig, reflexiv und politisch« sein, so Giesecke und Welzer.[13]

Zugleich scheint mir aber auch ein emotional-ästhetischer Zugang zum kolonialen Erbe und seinen gegenwärtigen Folgen wichtig, wie ihn künstlerische Formen der Auseinandersetzung bieten können. In den skizzierten Projekten des Goethe-Instituts spielten solche Zugänge eine zentrale und produktive Rolle, seien es Performances ritueller Heilung wie bei den Arbeiten der Namibierin Trixie Munyama während der Kulturwoche in Yaoundé oder die satirisch-komödiantische Distanzierung von kolonialer Gewalt wie in Gockel und Agbédjidjis Theaterstück zu Togo. In jedem Fall ist es zukunftsweisend, wenn Akteure aus unterschiedlichen Erinnerungsgemeinschaften einander wahrnehmen, sich gegenseitig zuhören und sich austauschen. Nur so kann aus der Anerkennung der Unterschiedlichkeit der Erfahrung und dem Respekt vor Leid und Gewalterfahrungen vielleicht einmal eine »geteilte« Erinnerung werden, die die konfliktreichen Unterschiede nicht negiert, aber doch Wege zur Versöhnung aufzeigt.

---

11 Giesecke, Dana / Welzer, Harald: *Das Menschenmögliche. Zur Renovierung der deutschen Erinnerungskultur*, Hamburg 2012, S. 97.

12 Ebd., S. 119.

13 Ebd., S. 49.

Olaf Zimmermann

Unfreiwillige Chance Humboldt Forum

Verrückt – ein misslungener Bau, eine unklare Zielsetzung, eine schwierige Kommunikation und vor allem eine Kumulation der Probleme im Humboldt Forum in Berlin haben der Auseinandersetzung um das koloniale Erbe Deutschlands und der Debatte um den Umgang mit Sammlungsgut aus kolonialen Kontexten neuen Schwung verliehen. Es ist fast so, als hätte es dieses Baus bedurft, um im sprichwörtlichen Sinne das Fass endgültig zum Überlaufen zu bringen, oder anders gesagt: der Bau steht als Symbol für die verzögerte Aufarbeitung der kolonialen Vergangenheit Deutschlands. Der Bau ist eine in Beton gegossene Rückwärtsgewandtheit, die jetzt überwunden werden muss und überwunden werden kann.

Vor mehr als 100 Jahren, mit dem Abschluss des Versailler Vertrages, verlor Deutschland alle »seine« Kolonien. Der Friedensvertrag zwischen dem Deutschen Reich und den Alliierten wurde am 28. Juni 1919 unterzeichnet und trat am 10. Januar 1920 in Kraft. Damit endete die verhältnismäßig kurze Zeit der deutschen Kolonien. 1884 hatte Deutschland Territorien in Afrika, die deutsche Kaufleute erworben hatten, zu staatlichen Schutzgebieten erklärt und damit das deutsche »Kolonien-Zeitalter« begründet, wenn auch schon acht Jahre vorher »Besitz und Rechte« für das Deutsche Reich in Übersee erworben wurden. Deutsch-Neuguinea, heute nördlicher Teil Papua-Neuguineas; Deutsch-Ostafrika, heute Tansania, Burundi und Ruanda; Deutsch-Südwestafrika, heute Namibia; Kamerun; Karolinen, Palau und Marianen (Westpazifik); Kiautschou (Nordostchina); die Marshall-Inseln, Nauru und die Samoa-Inseln, heute Samoa (alle im Pazifik) und Togo waren deutsche Kolonien.

Zwischen Namibia und Deutschland besteht eine besondere Beziehung. Namibia war die einzige deutsche Siedler-Kolonie. Auch seit dem Ende der deutschen Kolonialherrschaft siedeln noch Deutsche in Namibia. Die deutsche Sprache ist nach wie vor verbreitet, insbesondere im Tourismus. Denn Namibia ist nicht zuletzt aufgrund seiner atemberaubenden Natur gerade auch bei deutschen Touristen beliebt.

Wichtiger als der Tourismus und verbindender und zugleich trennender für Deutschland und Namibia ist die erbarmungslose Niederschlagung des Widerstands der Herero und Nama gegen die deutsche Kolonialmacht in Deutsch-Südwestafrika. Sie zeigt exemplarisch die Brutalität der Kolonialherren. Es ging in den Kolonien um die Ausbeutung der Ressourcen der Länder. Dabei ist man oftmals skrupellos mit Menschenleben umgegangen. Die deutschen Kolonien waren in erster Linie ein perfides Geschäftsmodell.

Doch war 1884 weder der Beginn noch 1920 das Ende der Verstrickungen Deutschlands in den Kolonialismus. Die frühen Handelshäuser, die Missionare und auch Forschungsreisende wie der berühmte Alexander von Humboldt waren Boten des globalen Kolonialismus. Und auch nach 1920 ist Deutschland weiter Kolonialmacht, wenn auch ohne eigene Kolonien. Heute braucht man zur Marktfähigmachung der Welt keine Kolonien mehr, sondern nutzt das Instrumentarium der sogenannten Freihandelsabkommen, um sich oftmals Handelsvorteile auf Kosten der Länder des Südens zu verschaffen. TTIP (*Transatlantic Trade and Investment Partnership*), CETA (*Comprehensive Economic and Trade Agreement*) & Co. sind deshalb auch im Kulturbereich sehr umstritten.

Jetzt, über hundert Jahre nachdem Deutschland »seine« Kolonien verloren hat, beginnt endlich die Debatte um Schuld und Sühne – ganz besonders mit Blick auf Namibia und die Verbrechen an den Nama und Herero. Doch warum hat es so lange gedauert? Die Erinnerung an den Kolonialismus wurde in Deutschland von der Erinnerung an den Zweiten Weltkrieg und der unbeschreiblichen Schuld jahrzehntelang überdeckt. Im Lichte der Shoah treten selbst die schlimmsten weiteren deutschen Verbrechen in den Hintergrund, sie dürfen aber trotzdem nicht unaufgearbeitet bleiben. Es ist gut, richtig und wichtig, dass den kolonialen Verbrechen inzwischen vermehrte Aufmerksamkeit in den Medien geschenkt wird und dass die Forschung hierzu verstärkt und ausgeweitet wird. Weitere Forschungsaktivitäten wären sehr wünschenswert.

Dennoch gilt es meines Erachtens zwischen den kolonialen Verbrechen und der Shoah zu unterscheiden sowie den teilweisen Vermischungen mit der Shoah entgegenzutreten. So furchtbar die kolonialen Verbrechen der Deutschen waren, so sehr sie verurteilt werden müssen, sie haben eine andere Dimension als die Shoah, die meiner Meinung nach in ihrem Ausmaß und der planvollen Durchführung der Vernichtung der europäischen Juden präzedenzlos ist. Die sukzessive Entrechtung von jüdischen Bürgerinnen und Bürgern, mit denen über Jahrzehnte Tür an Tür gewohnt wurde, die Teil der Stadt- und

Dorfgesellschaft waren, die wichtige Funktionen in Staat und Gesellschaft innehatten und eine eigene Emanzipationsgeschichte haben bis hin zur systematischen, geradezu industriellen Vernichtung der Juden Europas, ist historisch einmalig. Die Erinnerung hieran wachzuhalten und jeglicher Form von Antisemitismus entgegenzutreten, verstehe ich als Pflicht aller in Deutschland Lebenden. Das heißt zugleich, sich entschieden gegen jede Form von Rassismus und Menschenfeindlichkeit zu wenden. Rassismus kann ebenso wenig wie Antisemitismus geduldet werden. Rassismus und Verbrechen der Kolonialzeit müssen schonungslos benannt und aufgearbeitet werden.

Die Verantwortung der Deutschen am Kolonialismus wird oft auf die dreieinhalb Jahrzehnte reduziert, in denen es deutsche Kolonien gab. Im Vergleich zu den großen Kolonialmächten Großbritannien, Frankreich und Russland, so wird gerne argumentiert, war Deutschland doch eine vergleichsweise kleine Kurzzeit-Kolonialmacht. Das stimmt, wenn man nur den kolonialen Besitz berücksichtigt, ist aber gänzlich falsch, wenn man den Kolonialismus in seiner Gesamtheit bis heute betrachtet. Wie so oft, ist auch bei der Kolonialismus-Debatte der Kulturbereich der Katalysator, der die Diskussion in Schwung bringt. Unter welchen Bedingungen sind die Artefakte, menschlichen Gebeine und Kunstwerke in die ethnologischen Museen gekommen? Diese Frage muss jetzt schnell und trotzdem gründlich beantwortet werden. Das gilt auch für die Missionssammlungen.

Die Diskussionen um die Konzeption des Humboldt Forums in Berlin, 2021 und 2022 in mehreren Etappen eröffnet, haben die Debatte beschleunigt. Der Kulturbereich wird sich der Verantwortung stellen und natürlich werden Bestände aus den ethnologischen Museen, wenn sie unrechtmäßig erworben wurden, zurückgegeben werden. Innerhalb des Deutschen Museumsbund, dem Zusammenschluss der deutschen Museen, wurde eine sehr engagierte Diskussion zum Umgang mit Sammlungsgut aus kolonialen Kontexten geführt. Es wurden zwischenzeitlich drei Leitfäden zum Umgang mit diesem kontaminierten Kulturgut erarbeitet. Der Austausch der Museen untereinander, die gemeinsame Arbeit an den Leitfäden haben wesentlich dazu beigetragen, das Verantwortungsbewusstsein zu schärfen und interne Prozesse der Aufarbeitung anzustoßen. Begrenzt wird diese Arbeit, vor allem die Provenienzforschung, derzeit vor allem von den personellen Ressourcen und den zur Verfügung stehenden finanziellen Mitteln. Eine Mittelaufstockung wäre hier dringend erforderlich. Mit dem Ausbau des Deutschen Zentrums Kulturgutverluste und der Erweiterung des Aufgabengebietes um Sammlungsgut aus kolonialen Kontexten wurden auf Bundesebene die Strukturen gestärkt, um innerhalb des Kulturbereiches die Aufarbeitung des kolonialen Erbes anzugehen sowie die internationalen Debatten zu befördern.

Doch mit diesen notwendigen Maßnahmen ist das Thema mitnichten umfassend behandelt. Die Frage nach »Schuld und Sühne« ist viel tiefgreifender. Zuerst muss Deutschland seine Schuld anerkennen. In den deutschen Kolonien wurden Verbrechen gegen die Menschlichkeit, wurde Völkermord, verübt. Diese Verbrechen müssen zum Andenken an die Opfer endlich deutlich benannt werden. Darüber hinaus muss Deutschland besonders sein koloniales Handeln heute kritisch hinterfragen. Deutschland darf keine Freihandelsabkommen zulasten des globalen Südens mehr abschließen. Sühne meint Wiedergutmachung. Der globale Süden braucht nicht mehr deutsche Entwicklungshilfe, sondern echte Teilhabemöglichkeit am globalen Handel und am Kulturaustausch.

Doch zeigen gerade die Verhandlungen mit der Regierung in Namibia, wie schwierig es ist, zu Lösungen zu kommen. Wer ist Ansprechpartner? Wessen Wort zählt? Wer ist wie legitimiert, Verträge zu schließen? Als Herausgeber der kulturpolitischen Zeitung *Politik & Kultur* habe ich am eigenen Leib erfahren, wie schwierig die Ausgangslage ist. Darin wurde im Mai 2019 ein Interview mit dem damaligen namibischen Botschafter in Deutschland, Andreas Guibeb, veröffentlicht. Ein Kontext war die Rückgabe der Witbooi-Bibel und -Peitsche an den namibischen Staat durch das Stuttgarter Linden-Museum als erste Restitution kolonial geraubter Kulturgüter. Darüber hinaus ging es in dem Interview aber auch um die deutsch-namibischen Beziehungen, die sich von denen zu anderen afrikanischen Staaten allein dadurch unterscheiden, dass Namibia die einzige deutsche Siedlerkolonie war und ein Teil der namibischen Bevölkerung deutschen Ursprungs ist. Guibeb formulierte in dem Interview die klare Erwartung an Deutschland, sich intensiv für Versöhnung zu engagieren. Mich erreichte direkt nach der Veröffentlichung des Interviews ein Schreiben der *Nama Traditional Leaders Association*, in dem in Abrede gestellt wurde, dass sich der namibische Botschafter in Deutschland zu Fragen des Völkermords an den Nama äußern dürfe. Das Statement wurde selbstverständlich auch in der Zeitung veröffentlicht. Dieses Beispiel zeigt, wie schwierig die Konstellationen sind und dass ein »normales« Vorgehen wie das Gespräch mit einem Botschafter mit Blick auf postkoloniale Kontexte keineswegs normal ist.

Ich denke daher, dass vor uns noch ein Lernprozess mit Blick auf Diskussionsprozesse zu Kolonialismus und Postkolonialismus liegt und dass es sich dabei hauptsächlich um eine kulturelle Frage handelt.

Julia Böcker

Wegweiser zu einem kritischen Bewusstsein zu unserer kolonialen Vergangenheit

Noch während der Völkermord an den Herero und Nama in der Kolonie Deutsch-Südwestafrika begangen wurde, sagte der SPD-Abgeordnete Georg Ledebour im Reichstag bereits über die Verantwortlichen, General Lothar von Trotha und Reichskanzler Bernhard von Bülow: »Aber die beiden Herren, die bisher bewiesen haben, dass sie die deutsche Ehre in der Kriegsführung gegenüber barbarischen Stämmen nicht richtig haben zu wahren wissen, gehören allerdings auf die Anklagebank, vor den Richterstuhl des deutschen Volkes und den Richterstuhl der Geschichte, und was sie auch sagen mögen: das deutsche Volk und die Geschichte werden sie schuldig sprechen.«[1] Der scharfe Kritiker des Vernichtungskrieges prophezeite, eines Tages würden die Täter politisch und gesellschaftlich zur Rechenschaft gezogen werden. Seine Worte – ein früher Appell an ein kritisches koloniales Bewusstsein.

Die Kolonialvergangenheit war in Deutschland nach dem Ende des Zweiten Weltkriegs nahezu vollständig verdrängt worden. Vor dem Fall der Mauer nahm erst zögernd der Holocaust als Zivilisationsbruch des 20. Jahrhunderts, nach 1990 dazu das Stasi- und SED-Unrecht den Erinnerungsdiskurs ein. In der historischen Forschung wurde dieses Phänomen des Vergessens mit pathologischen Sprachbildern wie koloniale Amnesie bzw. Aphasie eingeordnet.[2] Erst seit wenigen Jahren hat sich durch Fragen nach der Nord-Süd-Verflechtung in einer globalisierten Welt sowie den Wandel zu einer heterogenen, multiethnischen Gesellschaft der Fokus gewandelt. Nicht zuletzt lösten die Proteste an der Polizeigewalt gegenüber Schwarzen Menschen in den USA auch in Deutschland Debatten über Kolonialismus und Rassismus aus.

Einem Wegweiser gleich deutet der Beitrag in die verschiedenen Richtungen, die (weiter-) verfolgt werden müssen, damit Deutschland –

---

1 Verhandlungen des Reichstages, 5. Sitzung am 2. Dezember 1905, in: *Reichstagsprotokolle. Bd. 214*, Berlin 1906, S. 92.

2 Zimmerer, Jürgen: *Von Windhuk nach Auschwitz? Beiträge zum Verhältnis von Kolonialismus und Holocaust,* Münster 2011, S. 14; sowie Stoler, Ann Laura: Colonial Aphasia. Race and disabled histories in France, in: *Public History, Jg. 23 (1)*, 2011, S. 121–156, hier S. 121.

als Staat, als Gesellschaft und mit seinen Menschen – an kolonialem Bewusstsein gewinnt. Der große Begriff der Philosophie und Hirnforschung wird hier in seiner Facette einer Reflexion über das Selbst in seiner Herkunft und Identität verstanden. Das lateinische Ursprungswort *conscientia* steht nicht nur für Bewusstsein, sondern auch für Gewissen. Ein koloniales Bewusstsein zu entwickeln bedeutet, sich mit dem Unrecht und der Gewalt der Zeit so auseinanderzusetzen, dass die Spuren in der Gegenwart und Aufgaben für die Zukunft deutlich werden.

Das heutige Namibia ist durch die noch immer spürbaren, verheerenden Auswirkungen für die Bevölkerung Beleg für die brutale Gewalt der deutschen Kolonialmacht. Doch stehen die Schlussfolgerungen auch übergeordnet für einen Prozess transformativer Vergangenheitsaufarbeitung der deutschen Kolonialgeschichte insgesamt.

Historisches Erinnern

Erst das Wissen um die koloniale Vergangenheit kann zu Bewusstsein über ihre Bedeutung für die Gegenwart führen. Darstellungen heute laufen manchmal Gefahr, eine zeitgenössische Perspektive zu reproduzieren: In Deutsch-Südwestafrika drangen die Invasoren in das Land ein und nahmen den einheimischen Bevölkerungsgruppen durch zwielichtige Verträge, Wucherkredite und Raub ihr Weideland und ihre Wasserstellen. Wer den Angriff der Herero auf Farmen, Militärstationen und Bahnlinien im Januar 1904 als »Aufstand« bezeichnet, stellt ihren Widerstand als Angriff auf eine bestehende Ordnung dar. Darin spiegelt sich die Sichtweise des Kaiserreichs, die Herero hätten ihr Leid selbst verschuldet.[3] Jedoch hatte bereits die gewaltsame Inbesitznahme der Kolonie die bestehende Ordnung der indigenen Gesellschaften systematisch unterminiert und diese zerstört. Auch um die verheerenden Ausmaße zu erfassen, wird der Gewaltkonflikt besser als Krieg bezeichnet.[4]

Eine Erinnerung muss die Würde der Kolonialisierten wahren, die ihren Handlungsspielraum lange behielten. Eine überlieferte Episode lautet: »The Germans wanted land from Samuel Maherero. Maharero

3 So etwa: Die Erhebung der Herero-Stämme, in: *Freiburger Zeitung* vom 17.01.1904, S. 1.

4 Kuß, Susanne: Der Herero-Deutsche Krieg und das deutsche Militär. Kriegsursachen und Kriegsverlauf, in: *Namibia – Deutschland. Eine geteilte Geschichte. Widerstand – Gewalt – Erinnerung*, hrsg. von Larissa Förster, Dag Henrichsen und Michael Bollig, Köln 2004, S. 62–77, hier S. 74.

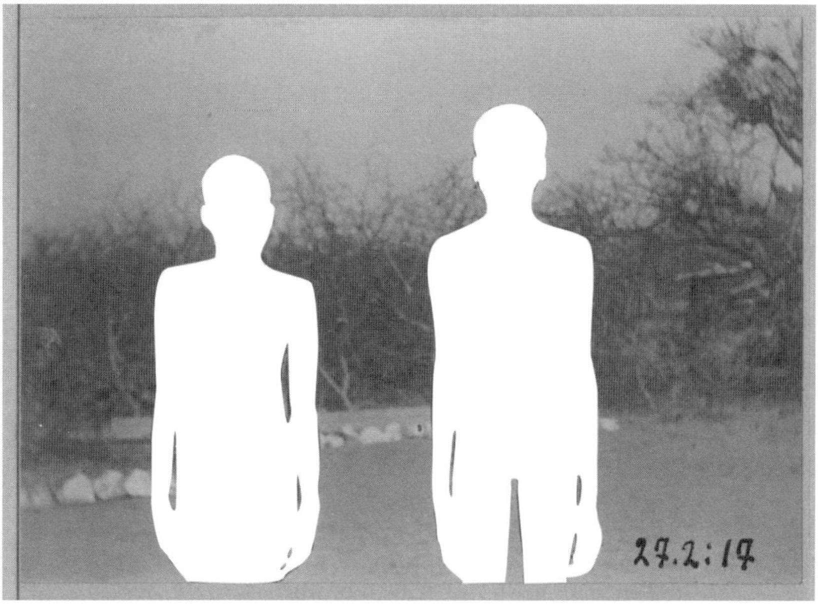

Vitjitua Ndjiharine: Historische Ikonokarte, Ausstellung »Ovizire – Somgu – Von woher sprechen wir?« im MARKK – Museum am Rothenbaum. Kulturen und Künste der Welt, Hamburg 2018 (mit Dank für die Abdruckgenehmigung).

took a tin and gave them soil and he said: There is the soil you asked for«.[5] Insbesondere Frauen sind oft nur als passive Opfer dargestellt. Dabei sind aus den Kämpfen gerade ihre Gesänge überliefert: »Wem gehört Hereroland? Uns gehört Hereroland!«[6] Drastische Abbildungen von Gefangenen in Ketten, oft nackt und bis auf die Knochen abgemagert, sind gut gemeint, um die Schrecken anschaulich zu machen. Sie geben jedoch wieder die Blicke auf die ungeschützten Menschen frei. Die Künstlerin Vitjitua Ndjiharine aus Namibia dekonstruiert diesen kolonialen Blick im Wortsinne, indem sie die Abgebildeten durch farbige Folie und Spiegelfolie ersetzt, so dass Sehgewohnheiten bewusst werden.

Schließlich muss das Ausmaß der Verbrechen erfasst werden. In Deutsch-Südwestafrika wurde mindestens ein Drittel der Bevölkerung – Männer, Frauen, Kinder – direkt getötet oder starb an den Kriegsfolgen, durch Zwangsarbeit und in Konzentrationslagern. Die Perspektiven müssen sich aber auch auf andere koloniale Schauplätze

5 Poewe, Karla: *The Namibian Herero. A history of their psychosocial disintegration and survival*, Lewiston ID 1985, S. 69, Anm. 17.

6 Überliefert durch den Pfarrer Anz, Wilhelm: Gerechtigkeit für die Deutschen in Südwestafrika! In: *Die christliche Welt, Jg. 18 (28)*, 1904, S. 651–657, hier S. 657.

wie den Maji-Maji-Krieg in Deutsch-Ostafrika weiten. In allen Kolonien erlitten auch die Überlebenden seelisch und körperlich Schaden und zählen zu den Opfern der Gewalt.[7]

Rechtsethik – Gerechtigkeit im Recht?

In einem kolonialen Bewusstsein ist die Frage der rechtlichen Einordnung ein Kernthema. Unterzieht man die historischen Ereignisse in Deutsch-Südwestafrika einer Rechtsprüfung, ist die Absicht der Täterseite offenkundig. Von Trotha, der vor Ort den Oberbefehl bekam, ließ seine rassenideologischen Vernichtungsfantasien in Otjiherero übersetzt schriftlich verbreiten. Damit entspricht die Gewalt Handlungen, die in der Absicht begangen wurden, eine nationale, ethnische, rassische oder religiöse Gruppe ganz oder teilweise zu zerstören. So definiert die UN-Genozidkonvention seit 1948 Völkermord. Deren Präambel stellt fest, Völkermord habe »zu allen Zeiten« große Verluste bedeutet. Der zentrale Bezugspunkt war die Vernichtung der europäischen Juden, ja: Dieses *»crime without a name«*[8] machte überhaupt erst die völker (-straf-) rechtliche, historische, politische und ethische Begriffsbildung »Genozid« erforderlich. Der Begriff kann folglich rückwirkend gebraucht werden.

Um Gerechtigkeit herzustellen, die Verantwortlichen posthum zu bestrafen und erlittene Schäden zu kompensieren, würde man den Nachfahren nach heutigem Rechtsempfinden gerne auch einklagbare Ansprüche zuerkennen. Der Sachverhalt kann jedoch nur nach den Gesetzen bestraft werden, die zur Zeit des Geschehens gültig waren. Damals waren die indigenen Bevölkerungen bewusst aus dem Regelkanon der europäischen Mächte ausgeschlossen. Damit ist das Völkerrecht, das sonst ein wichtiges Instrument der Konfliktaufarbeitung ist, für koloniale Bezüge ungeeignet.[9]

Dies entbindet jedoch nicht von einer politisch-ethischen Anerkennung der schweren historischen Schuld. Die Angriffe zielten nicht nur

7 Zu Überlebenden als Opfer, siehe: Dabag, Mihran: Genozidforschung. Leitfragen, Kontroversen, Überlieferung, in: *Zeitschrift für Genozidforschung, Jg. 1 (1)*, 1999, S. 6–35, hier S. 9.

8 Lemkin, Raphael: Genocide, in: *American Scholar, Jg. 15 (2)*, 1946, S. 227–230. Er zitierte den britischen Premierminister Winston Churchill, der so die nationalsozialistischen Verbrechen bezeichnet hatte.

9 Vgl. etwa Heinemann, Patrick: Die deutschen Genozide an den Herero und Nama. Grenzen der rechtlichen Aufarbeitung, in: *Der Staat, Jg. 55 (4)*, 2016, S. 461–487, hier S. 483.

auf einen militärischen Sieg, sondern auf die Vernichtung der Widerstandsgruppen, deren Nachfahren bis heute die Spätfolgen tragen. Der Umgang mit ihren Anliegen richtet sich besser nicht nach der kaiserzeitlichen Rechtsordnung, sondern nach heutigen Werten eines den Menschenrechten verpflichteten demokratischen Staates.

Politische Anerkennung der Gewalt

Die deutsche Politik ist auf großen Umwegen zu dieser Einsicht gelangt. Kritische Stimmen äußerten sich zwar bereits 1904/05 in Reichstagsdebatten, gingen jedoch in der euphorischen Kolonialstimmung unter. Durch koloniale Güter, Straßennamen und glorifizierende Denkmale wurde das Kolonialreich überwiegend positiv besetzt im Mutterland verankert. Dies wurde durch die große Empörung über dessen Ende 1919 noch einmal betont.

Lange wurde der Begriff Völkermord tabuisiert und stattdessen auf Entwicklungshilfe verwiesen. Pro Kopf gerechnet steht Namibia an der Spitze der Empfängerländer deutscher Gelder in Afrika, die Einwohnerzahl von ca. 2,5 Millionen ist im Vergleich jedoch niedrig. Unabhängig von der Höhe bleibt die Verfügungsgewalt beim Geberland; die betroffenen Gruppen, politisch in der Minderheit, profitieren nicht zwingend.

Die Anerkennung des Völkermords ist inzwischen mehr im politischen Bewusstsein angekommen. Möglicherweise bewegte 2004 ein historischer Augenblick, die Gedenkfeier am Waterberg 100 Jahre nach dem Krieg, die Bundesentwicklungsministerin Heidemarie Wieczorek-Zeul dazu, erstmals von Völkermord zu sprechen.[10] Allerdings bewirkte erst ein anderer Gedenkdiskurs eine stärkere Wahrnehmung: 2016 führte die Anerkennung der Vernichtung der Armenier im Osmanischen Reich als Genozid die Leerstelle einer fehlenden offiziellen Erklärung zu dem Herero-/Nama-Fall deutlich vor Augen; eine Steilvorlage selbst für den türkischen Präsidenten. Man kann gut von geschichtspolitischen Wechselwirkungen sprechen.

Der damalige Außenminister und heutige Bundespräsident Frank-Walter Steinmeier hatte zu der Zeit bereits einen Austausch der Regierungen von Namibia und Deutschland zur gemeinsamen Geschichte

10 Rede von Bundesministerin Heidemarie Wieczorek-Zeul, Okakarara, Namibia, 14. August 2004.

initiiert. Die aktuelle Frage ist, inwieweit mit Transparenz und Partizipation Dialogmöglichkeiten mit verschiedenen Opfergruppen noch geschaffen werden können, die sich bisher nicht einbezogen fühlen. Ohne sich in innere Angelegenheiten eines souveränen Staates einzumischen, insbesondere nicht als ehemalige Kolonialmacht, müssen dafür Strukturen etabliert werden. In beiden Ländern haben sich bereits die Kirchen für Versöhnung eingesetzt.

Außenminister Heiko Maas kündigte eine Bitte um Entschuldigung und 1,1 Milliarden Euro zur Entwicklung im Rahmen eines Versöhnungsabkommens an. Damit wäre ein Meilenstein an politischer Verantwortung erreicht, wenn die vom Völkermord betroffenen Gemeinschaften bei der Verteilung tatsächlich entscheidend mitwirken können. Daran wurden auch in Namibia Zweifel geäußert. Eine Entschuldigung ist aber erst mit der Annahme der anderen Seite vervollständigt.[11] Unter Prozessen und Praktiken zum Umgang mit Gewalt hebt sich diese Methode gegenüber Strafverfolgungsverfahren dadurch ab, dass nicht nur die Vergangenheit berücksichtigt, sondern auch die Gegenwart und Zukunft gestaltet wird.

Als höchster Repräsentant der Bundesrepublik sprach Frank-Walter Steinmeier kürzlich offiziell vom ersten Völkermord des 20. Jahrhunderts in Namibia. Dessen Anerkennung habe viel zu lang – ein ganzes Jahrhundert – gedauert. Im Wortlaut: »Die tieferen Wurzeln des Alltagsrassismus werden wir nur dann verstehen und überwinden können, wenn wir die blinden Flecken unserer Erinnerung ausleuchten, wenn wir uns viel mehr als bislang mit unserer kolonialen Geschichte auseinandersetzen.«[12] Dass diese Verknüpfung auf höchster Ebene wahrgenommen wird, gleicht einer Zeitenwende im politischen Bewusstsein. Offen ist, ob sich Politik und Gesellschaft der Aufgabe auch annehmen. Ein erstes Projekt wäre eine zentrale Gedenkstätte als Erinnerungsort hierzulande.

11 Engert, Stefan: Die Staatenwelt nach Canossa. Eine liberale Theorie politischer Entschuldigungen, in: *Die Friedens-Warte, Jg. 86 (1/2)*, 2011, S. 155–189, hier S. 159.

12 Steinmeier, Frank-Walter: *Rede beim Festakt im Humboldt Forum in Berlin, 22. September 2021*. Der Festakt zur Eröffnung des Ethnologischen Museums und des Museums für Asiatische Kunst wurde aufgezeichnet und ist online verfügbar unter: https://www.humboldtforum.org/de/programm/termin/eroeffnung/festakt-31422/.

Gesellschaftliche Auseinandersetzung

Lange war die koloniale Gewaltgeschichte in Deutschland auch gesellschaftlich nicht präsent. Anspielungen an die Zeit, von Safari-Jacken bis zu Kolonialmöbeln, waren höchstens eine Referenz an ferne Länder und Abenteuer, nicht aber an Ausbeutung, Unterdrückung und Vernichtung. In Schulbüchern kommt das Thema bis heute kaum vor. Doch wandelt sich derzeit der Umgang auch gesellschaftlich fundamental: Ausstellungen, ein Theaterstück, Zeitungsartikel, Bücher, Satire im öffentlich-rechtlichen Fernsehen bis hin zu einem angekündigten Kinofilm namens »Ein Platz an der Sonne« sind Beispiele.

Zivilgesellschaftliche Akteursgruppen, namentlich der *Black, Indigenous and People of Color Communities* sowie postkoloniale Arbeitskreise haben wichtige Debatten angestrengt. Im lokalen Raum bringen sie erinnerungspolitische Korrektive bei problematischen Namensgebungen ein. Dies löst notwendige, aber auch schwierige Debatten aus – ob nicht Spuren getilgt werden; an wen man sich alternativ erinnern will. Durch Informationstafeln können postkoloniale Lernorte im öffentlichen Raum entstehen. Einer historischen Bewusstseinsbildung nützt gerade der Austausch aller Beteiligten.

Grenzen der bisherigen Bewusstseinsbildung werden in den Kommentarspalten zu Medienbeiträgen über die deutsche Kolonialgeschichte erkennbar; die Einträge sind auffallend kritisch und übrigens meist anonym. Die deutsche Kolonialzeit wäre kurz und im Vergleich mit anderen Kolonialmächten zu vernachlässigen, heißt es immer wieder. Diskreditierte (Fremd-) Bezeichnungen für Schwarze Menschen werden verharmlost. Schließlich hätten die Deutschen einen Schuldkomplex, und man könne ja gleich auch noch die Kreuzzüge aufarbeiten. Ironischerweise kann man genau das bejahen, die Auseinandersetzung mit Geschichtsbildern steht auch für andere Zeiten noch aus.

Große Hoffnungen liegen in den Möglichkeiten von Museen, Künsten und Wissenschaften im Zuge transnationaler Annäherung. Mit der Rückführung menschlicher Gebeine und kolonialen Kulturguts wurde bereits begonnen. Restitutionsprozesse können in beiden Ländern wichtige Erinnerungsdiskurse anstoßen. Die Provenienzforschung kann dafür nicht nur Unrechtskontexte aufklären, sondern Kooperationen mit Institutionen der Herkunftsgesellschaften anregen. In einem Fall kam ein Hereroschädel aus Familienbesitz erst nach über zehn Jahren Bemühungen in Namibia an: Für solche Fälle wäre eine

Anlaufstelle sinnvoll und notwendig.[13] Eine Zukunftsstiftung, Schülerforschungsprojekte und Programme zum Jugendaustausch: Bildungs- und Vernetzungsangebote sprechen im besten Fall die Zivilgesellschaften in beiden Ländern an.

Persönliche Verantwortung

Schließlich ist ein koloniales Bewusstsein die Aufgabe jedes, jeder Einzelnen. Dazu bedarf es einer Suche nach Relikten einer Denkweise, die Menschen nach ihrem Äußeren hierarchisiert. Auch heute wird in Grundschulen ein hellrosa Farbstift oft »Hautfarbe« genannt. Häufig unbewusst – was die Verletzungen nicht mindert – werden Zugehörigkeiten und Ausgrenzungen definiert. Auf der anderen Seite dürfen solche Erinnerungen nicht zum peinlichen Tabuthema werden. Ich habe noch als Kind (eine Warnung vor der diskriminierenden Sprache sei vorangestellt!) das Lied »Zehn kleine N*« gesungen. Es ist auch emotional herausfordernd, Rassismus als System anzuerkennen, doch sind gerade diese Gedankenprozesse wichtig.[14]

Das eigentliche Wort in dem genannten Lied, das durch seine Geschichte wie kaum ein anderes den so Bezeichneten absolute Minderwertigkeit unterstellt, wird hier nicht ausgeschrieben. Die Formulierung als N-Wort ermöglicht, dennoch über dessen problematische Bedeutung sprechen zu können, denn es geht gerade nicht um Sprachverbote. Insbesondere hilft es einer kolonialen und Rassismus-kritischen Bewusstwerdung, Betroffenen, die über ihre Erfahrungen berichten, zuzuhören. Das Spiel »Wer hat Angst vorm Schwarzen Mann«, dessen Herkunft unklar ist, von dem sich Kinder aber dennoch ausgegrenzt fühlen, zeigt: Es ist viel wichtiger, zu verstehen, wie Handlungen wirken, als ihr Ursprung oder wie sie gemeint sind.

Zu überdenken gilt auch unser Afrikabild. Von den deutschen Siedlern in Namibia hat die abwertende Bezeichnung der Nama als »Hottentotten« im deutschen Sprachgebrauch überdauert. Der Ausdruck wird reflexhaft gebraucht, um Chaos und Unordnung zu beschreiben. Die Diskriminierung mag unbeabsichtigt sein, die Herkunft

13 Titz, Christoph: Herr Ziegenfuß ist den Schädel los, *spiegel.de* (URL: https://www.spiegel.de/politik/ausland/voelkermord-an-herero-und-nama-herr-ziegenfuss-ist-den-schaedel-los-a-1225412.html).

14 Empfehlenswert: Ogette, Tupoka: *Exit RACISM. Rassismus-kritisch denken lernen*, Münster 2017, S. 28f., 61.

der Redewendung ist nur wenig bekannt. Doch zeigt genau dieses Beispiel die unbewusste Falschprägung, indigene Bevölkerungen als chaotisch und gesetzlos wahrzunehmen. In diesem Duktus ist Afrika der Ort, an dem »unzivilisierte« Menschen leben, die europäische Hilfe brauchen. Das Bild von Afrikanern als naiv und unterwürfig prangte lange als berühmte Werbeikone auf Schokoladenpackungen. Gerade bei solchen Kindheitserinnerungen wirken oft Abwehrmechanismen. Doch eröffnen sich durch die Sensibilisierung für die Geschichte alltägliche Möglichkeiten, alte Wirkmächtigkeiten zu unterbrechen und Verantwortung für Veränderung zu übernehmen.

Fazit

In Namibia sind die kolonialen Folgen in der Demografie, in politischen Mehrheitsverhältnissen und in der ungleichen Landverteilung allgegenwärtig. Was wäre in Tansania, Kamerun und Togo noch an kolonialer Erblast zu finden? Und auch in Deutschland sind die Spuren nicht nur in Kinderliedern, Straßennamen und musealen Sammlungen verborgen, sondern haben Haltungen und Wahrnehmungen geprägt. Ein koloniales – und Rassismus-kritisches – Bewusstsein erfordert Anstrengungen ganz unterschiedlicher Akteure, Institutionen und Gruppen. Die Aufgabe formuliert Chimamanda Ngozi Adichie, eine der bedeutendsten Schriftstellerinnen Afrikas, folgendermaßen: »Wir können die Vergangenheit nicht ändern, aber wir können unsere Blindheit gegenüber der Vergangenheit ändern.«[15] Für Deutschland als demokratischem Staat, als moderner Gesellschaft und nicht zuletzt als Vorbild in Europa ist die Aufarbeitung der global verflochtenen Geschichte eine der wichtigsten Aufgaben unserer Zeit.

15 Adichie, Chimamanda Ngozi: *Rede beim Festakt im Humboldt Forum in Berlin*, 22. September 2021 (URL: https://www.youtube.com/watch?v=gMRv5xhMCo4).

Ruprecht Polenz

Noch ein weiter Weg bis zur Aussöhnung[1]

Der Umgang mit den dunklen Seiten der eigenen Vergangenheit ist schwer, aber notwendig, wenn es eine gute Zukunft geben soll. Wegen der vielen Verbrechen, die Deutschland in der ersten Hälfte des 20. Jahrhunderts begangen hatte, gab und gibt es besonders viel aufzuarbeiten.

Wenn man bedenkt, dass Israel Deutschland heute als zweitbesten Verbündeten betrachtet nach den USA, dass das deutsch-französische Verhältnis von einer »Erbfeindschaft« zu enger Freundschaft geworden ist, und wenn man sich das immer engere Verhältnis zu Polen ansieht, dann ist Deutschland auf diesem Weg ein gutes Stück vorangekommen.

Nach über 5½-jährigen Verhandlungen, die ich für die deutsche Seite leiten durfte, liegt jetzt auch eine *Joint Declaration* zwischen Deutschland und Namibia vor. Sie ist programmatisch betitelt mit: *United in rememberance of our colonial past, united in our will to reconcile, united in our vision of the future.* Dr. Zedekia Ngavirue, der als Herero von der namibischen Regierung mit der Verhandlungsführung beauftragt war, und ich haben den Text am 15. Mai 2021 in Berlin paraphiert und die Verhandlungen damit abgeschlossen.[2]

Worüber haben wir verhandelt?

Deutschland will um Entschuldigung bitten für den Völkermord und die schrecklichen Verbrechen, die das deutsche Kaiserreich von 1904 bis 1908 an den Herero und Nama begangen hat. Man kann sich nicht selbst entschuldigen, sondern nur darum bitten. Deshalb soll diese Bitte um Entschuldigung so erfolgen, dass sie angenommen wird.

1 Der Text ist eine aktualisierte und erweiterte Fassung eines Beitrags zur Festschrift für Franz Josef Düwell: *Auf dem Weg zu einem sozialen und inklusiven Rechtsstaat. Covid-19 als Herausforderung. Liber amicorum Franz Josef Düwell*, hrsg. von Nora Düwell et al., Baden-Baden 2021.

2 Kurz danach sind sowohl er als auch Vekuii Rukoro an den Folgen von Covid-19 gestorben.

Namibia möchte wissen, ob es sich um ein bloßes Lippenbekenntnis handelt oder ob es Deutschland ernst damit ist. Dass also aus der Bitte um Entschuldigung etwas folgt und sie nicht nur so dahergesagt wird. Deshalb haben wir darüber gesprochen, was heute geschehen kann, um die noch vorhandenen Wunden zu heilen. Jedes Menschenleben ist unbezahlbar und man kann nicht ungeschehen machen, was vor über 110 Jahren geschehen ist. Aber man kann etwas dafür tun, die Lebenschancen der heute lebenden ca. 200.000 Herero und Nama zu verbessern. Wir haben also keine »Schlussstrich-Verhandlungen« geführt. Die *Joint Declaration* ist nicht das Ergebnis von gesellschaftlichen Versöhnungsprozessen, sondern sie soll die Voraussetzungen dafür schaffen.

Wofür genau will Deutschland um Entschuldigung bitten?

In dem gemeinsam mit der namibischen Seite verfassten Text heißt es dazu:

> »Deutschland hat im Jahr 1904 einen Krieg geführt, der zur Auslöschung großer Teile indigenen Bevölkerungsgruppen im Gebiet des heutigen Namibia geführt hat. Die deutschen Streitkräfte beschlossen und verfolgten Strategien zur Ausrottung klar definierter Bevölkerungsgruppen. Diese Maßnahmen hatten auch Folgen für andere Bevölkerungsgruppen im Gebiet des heutigen Namibia.
>
> In diesem Zusammenhang erließ Generalleutnant Lothar von Trotha am 2. Oktober 1904 einen Befehl, der zu Leid und Tod Tausender von Ovaherero führte, darunter Frauen und Kinder. Zwar wurde dieser Befehl von der Reichsregierung am 28. Dezember 1904 aufgehoben, aber zu diesem Zeitpunkt waren bereits viele Tausend Ovaherero getötet worden oder an den Folgen gestorben.
>
> Trotz der Aufhebung des ersten Befehls durch das Deutsche Reich erließ Generalleutnant von Trotha am 22. April 1905 einen zweiten Befehl. Dieser richtete sich gegen die Nama und drohte ihnen, sollten sie sich nicht ergeben, ein ähnliches Schicksal wie den Ovaherero an. Diese Drohungen wurden später wahr gemacht, was zu einer weiteren substanziellen Auslöschung, nämlich von Nama-Gemeinschaften, führte.
>
> 1905 richteten die deutschen Behörden insbesondere in Swakopmund, Shark Island (Haifischinsel) und Windhoek (Alte Feste) Konzentrationslager ein, in denen die dort Internierten versklavt und gezwungen wurden, unter menschenunwürdigen Bedingungen zu ar-

beiten, was zum Tod Tausender Menschen durch Hunger, Krankheit und Zwangsarbeit führte. Einige der Nama-Krieger wurden mit ihren Familien nach Togo oder Kamerun verbannt.

Wegen der schrecklichen Bedingungen und der hoffnungslosen Lage in diesen Lagern waren viele der dort Internierten dem Tod ausgeliefert. Als die Lager 1908 endlich geschlossen wurden, waren Tausende von Menschen durch Hunger, Krankheit und Erschöpfung aufgrund von Zwangsarbeit gestorben.

Nach dem Krieg wurden umfangreiche Landstriche, die Stammesgebiet darstellten, das seit Langem von indigenen Bevölkerungsgruppen bewohnt wurde und diesen gehörte, vom deutschen Staat beschlagnahmt und besetzt. Im Zuge dieser Maßnahmen wurden indigene Bevölkerungsgruppen aus ihren Stammesgebieten ausgewiesen und vertrieben. In einigen Fällen wurden Bevölkerungsgruppen ganz aus dem Gebiet des heutigen Namibia vertrieben und sind heute noch immer entwurzelt.

Zudem wurden sterbliche Überreste von Angehörigen indigener Bevölkerungsgruppen unter Missachtung der Menschenwürde sowie kultureller und religiöser Überzeugungen und Praktiken zu pseudowissenschaftlicher Rassen- und Eugenik-»Forschung« rechtswidrig nach Deutschland verbracht. In diesem Zusammenhang wurden auch kulturelle Artefakte dieser Bevölkerungsgruppen nach Deutschland verbracht.

Insgesamt wurden Zehntausende von Männern, Frauen und Kindern Opfer der Befehle und der damit zusammenhängenden deutschen Vorgehensweisen. Sie wurden erschossen, erhängt, verbrannt, dem Hungertod oder Menschenversuchen ausgesetzt, versklavt, durch Arbeit getötet, missbraucht, vergewaltigt und nicht nur ihres Landes, Eigentums und Viehs beraubt, sondern auch ihrer Rechte und ihrer Würde.

Somit wurde eine erhebliche Zahl von Ovaherero- und Nama-Gemeinschaften durch die Maßnahmen des deutschen Staates vernichtet. Auch eine große Zahl von Gemeinschaften der Damara und der San wurde vernichtet.«

Aus politischen und moralischen Gründen Verantwortung übernehmen

Für diese Verbrechen will Deutschland aus moralischen und politischen Gründen die Verantwortung übernehmen. Auch wenn das brutale Vorgehen des Kaiserreichs bitteres Unrecht war, handelt es sich heute nach Auffassung der Bundesregierung nicht um eine Rechtsfrage, denn die 1948 von der Vollversammlung der Vereinten Nationen beschlossene Völkermord-Konvention gilt nicht rückwirkend, obwohl es auch vor 1948 Völkermorde gegeben hatte. In der *Joint Declaration* heißt es dazu:

> »Beide Regierungen bekräftigen, dass die Präambel der Konvention der Vereinten Nationen über die Verhütung und Bestrafung des Völkermordes (1948) die Tatsache anerkennt, ›dass der Völkermord der Menschheit in allen Zeiten der Geschichte große Verluste zugefügt hat‹. Die Bundesregierung erkennt an, dass die in Phasen des Kolonialkrieges verübten abscheulichen Gräueltaten in Ereignissen gipfelten, die aus heutiger Perspektive als Völkermord bezeichnet würden.«

Der Begriff *Völkermord* ist erst in den 1940er Jahren geprägt worden. Noch 1941 hatte Churchill über die Nazi-Verbrechen von einem *crime without a name* gesprochen. 1943 sprach der polnische Jurist Raphael Lemkin erstmals von »Völkermord« und verwandte diesen Begriff 1947 in dem Rohentwurf der Völkermord-Konvention.

Die Lebenschancen der heute lebenden Herero und Nama verbessern

Was soll in Zukunft geschehen, um die noch vorhandenen Wunden zu heilen, die diese Verbrechen bei den Nachfahren der Opfer gerissen haben? Dazu die *Joint Declaration*:

> »Von beiden Regierungen wird ein gesondertes und eigenständiges Unterstützungsprogramm für Wiederaufbau und Entwicklung aufgelegt, mit dem den Nachkommen der besonders betroffenen Bevölkerungsgruppen im Einklang mit ihren ermittelten Bedürfnissen Hilfe bei der Entwicklung geleistet wird. Vertreter dieser Bevölkerungsgruppen werden an diesem Prozess in entschei-

> dender Weise teilnehmen. In den folgenden Regionen werden im Rahmen dieses Programms Vorhaben durchgeführt: Erongo, Hardap, //Kharas, Khomas, Kunene, Omaheke und Otjozondjupa. Die Vorhaben werden die folgenden Bereiche einschließen: Landreform, insbesondere Landerwerb im Einklang mit der namibischen Verfassung und Landerschließung, Landwirtschaft, ländliche Lebensgrundlagen und natürliche Ressourcen, ländliche Infrastruktur sowie Energie- und Wasserversorgung, fachliche und berufliche Bildung und Ausbildung.«

Damit sollen die Lebenschancen der ca. 200.000 Herero und Nama in ihren Siedlungsgebieten verbessert werden. Insgesamt 1,05 Milliarden Euro werden dafür über einen Zeitraum von 30 Jahren zur Verfügung gestellt.

Eine gemeinsame Erinnerungskultur entwickeln

Um Versöhnungsprozesse zwischen den Menschen anzustoßen und zu einer gemeinsamen Erinnerungskultur zu kommen,

> »(beschließen) beide Regierungen, die Versöhnung zwischen den Bevölkerungen Namibias und Deutschlands durch die Bewahrung der Erinnerung an die Kolonialzeit für künftige Generationen, insbesondere an die Zeit zwischen 1904 und 1908, zu fördern und zu unterstützen, indem unter anderem angemessene Wege für Erinnerung und Gedenken gefunden, Forschung und Bildung sowie kulturelle und sprachliche Angelegenheiten unterstützt und Treffen sowie der Austausch zwischen allen Generationen, insbesondere der Jugend, gefördert werden. Beide Regierungen beschließen ferner, gemeinsam eine gesonderte rechtliche Struktur, d. h. eine gemeinsame Stiftung oder einen Fonds, zu konzipieren und zu errichten, die Vorhaben zur Förderung der Versöhnung auswählt und finanziert.«

Für diese Stiftung sind 50 Millionen Euro vorgesehen. Damit lassen sich Schulbuchprojekte finanzieren, damit die Kolonialzeit angemessen und aus einer gemeinsamen Perspektive dargestellt wird. Auch Impulse für das Gedenken im öffentlichen Raum sollten von der Stiftung ausgehen. Hier ist besonders in Deutschland noch viel zu tun.

Vor allem Jugendliche aus Namibia und Deutschland sollten sich treffen, um über die Vergangenheit zu sprechen und darüber, was man heute gemeinsam tun kann, um z.B. zu wirksamem Klimaschutz zu kommen. Es gibt bereits Netzwerke von Schulen aus Deutschland und

Namibia, in dem solche Fragen diskutiert werden. Die Stiftung könnte sie fördern und erweitern.
Das Abkommen hat Diskussionen ausgelöst. Im Folgenden möchte ich auf die am häufigsten gestellten Fragen eingehen.

Warum so spät?

Namibia wurde 1989 unabhängig. Von 1916 bis 1989 war das Land eine Kolonie des südafrikanischen Apartheidstaates. Zwar entwickelten sich die deutsch-namibischen Beziehungen auch dank der deutschen Entwicklungshilfe nach 1989 gut. 2004 bat die damalige Entwicklungshilfeministerin Heidemarie Wieczorek-Zeul in einer sehr persönlichen Rede in Namibia um Entschuldigung und förderte in einer Sonderinitiative in Höhe von 30 Mrd. Euro Projekte in den Siedlungsgebieten der Herero und Nama. Aber das war auch aus namibischer Sicht kein Ersatz. Leider haben die eigentlichen Verhandlungen erst 2015 begonnen. Sie hätten früher beginnen sollen.

Warum hat Deutschland nicht direkt mit den Herero und Nama verhandelt?

About us without us is against us, mit dieser harschen Kritik waren die Verhandlungen von Anfang an konfrontiert und begleitet. Aber bei Licht besehen gab es keine realistische Möglichkeit für Deutschland, dieser Forderung nach Teilnahme aller unterschiedlichen Gruppen zu entsprechen, selbst wenn die namibische Regierung mit diesem Ansatz einverstanden gewesen wäre (was sie nicht war).

Denn es gibt keine allgemein gewählte oder von allen Herero und Nama anerkannte Vertretung, sondern zahlreiche unterschiedliche Gruppierungen, die sich keineswegs einig sind. Die Herero haben mehrere Königshäuser. Es gibt »rote« und »grüne« Herero, die sich nicht nur an ihrer Kleidung unterscheiden. Bei den Nama gibt es zahlreiche Gemeinschaften, u.a. der Witbooi-Familie und der Fredericks-Familie. Es gibt zwei Vereinigungen zum Völkermord und Rivalitäten innerhalb dieser Communities. Gefordert wurde auch, dass die Jugend mit am Verhandlungstisch sitzen müsse und die jetzt in Botswana und in anderen Ländern lebenden Herero.

Auch Vertreter der Damara und San hatten gefordert, an den Verhandlungen beteiligt zu werden. Sie machen wiederum geltend, dass ihre Communities als Ureinwohner unter den Herero und Nama gelitten hätten. Ihre Vorfahren seien von den Herero und Nama ermordet worden. Bis heute stehe eine Entschuldigung dafür aus.

Wer hat verhandelt?

Es waren Verhandlungen zwischen beiden Regierungen. Die namibische Regierung ist die legitime, aus demokratischen Wahlen hervorgegangene Vertreterin aller Namibier:innen. Seit der Unabhängigkeit verfolgt das Land die Politik *one Namibia – one nation* und will das Stammesdenken überwinden. Die namibische Regierung hat deshalb großen Wert darauf gelegt, die Verhandlungen selbst zu führen und ihre Delegation selbst zusammenzustellen.

Waren die Herero und Nama von den Verhandlungen ausgeschlossen?

Nein. Bei allen Verhandlungsrunden saßen Vertreter:innen der Herero und Nama mit am Tisch. Auch über die namibischen Vorbereitungsgremien – *technical committee* und *political committee* – waren Herero- und Namavertreter:innen in die Verhandlungen einbezogen. Dr. Ngavirue, der namibische Verhandlungsführer, ist ein Herero.

Bei meinen Besuchen in Namibia habe ich auch mit dem *Paramount Chief* Vekuii Rukoro der Herero und Ida Hoffmann von dem *Nama Genocide Technical Committee* gesprochen, mit beiden Völkermord-Kommittees, mit Vertreter:innen der Familien Fredericks und Witbooi, und auch mit weißen Namibier:innen. In den Gesprächen habe ich erläutert, worüber wir verhandeln, wie sichergestellt sein wird, dass die Gelder in den betroffenen Communities ankommen und wie diese in die Umsetzung der Projekte einbezogen werden sollen.

Warum wird in der Joint Declaration nicht von Reparationen gesprochen?

Beim heutigen Umgang mit den Verbrechen von 1904 bis 1908 geht es nicht um eine rechtliche, sondern um eine politisch-moralische Frage. Dieser politisch-moralischen Verantwortung will Deutschland sich stellen. Eine rechtliche Frage ist eine, die man von einem Gericht entscheiden lassen kann, wenn man sich nicht einigt. Darum geht es hier aber nicht. Deshalb blieben auch die drei Klageversuche von Herero-

und Nama-Vertretern vor internationalen und amerikanischen Gerichten erfolglos. Sie wurden nicht zur Entscheidung angenommen.

Zahlt Deutschland genug?

Es gab und gibt in Namibia bei Vielen weit höhere Erwartungen als die 1,1 Milliarden Euro über 30 Jahre. In der Presse hat ein Professor vorgerechnet, warum es eigentlich 110 Milliarden sein müssten. Er hatte den zwischen 1904 und 1908 angerichteten Schaden errechnet (Ermordete, Vieh, Landraub) und den Betrag über 100 Jahre hochgerechnet. Außerdem hatte er in Ansatz gebracht, dass wegen der Ermordeten auch eine Vielzahl von Kindern nicht geboren wurde, und diese fehlenden Menschen der Schadensberechnung hinzugefügt. So kam er schließlich auf den Betrag. Das war die höchste Forderung, die ich gesehen habe. Bei den Klageversuchen vor internationalen und amerikanischen Gerichten wollte Vekuii Rukoro 30 Milliarden Euro erstreiten.

Aber jedes Menschenleben ist unbezahlbar. Die Verbrechen können nicht ungeschehen gemacht werden. Wir haben uns deshalb auf die Frage konzentriert, was man heute tun kann, um die Lebenschancen der lebenden Herero und Nama deutlich zu verbessern. Dabei müssen die bereitgestellten Gelder auch tatsächlich in die geplanten Projekte umgesetzt werden: in Planung, Bau, Betrieb. Hier zeigt die bisherige Entwicklungszusammenarbeit, dass die Verwaltungs- und Umsetzungskapazitäten auch in Namibia begrenzt sind. Entwicklungspolitiker sprechen von der sogenannten Absorptionsfähigkeit, die berücksichtigt werden muss. So sind die 1,1 Mrd. Euro zu Stande gekommen, die zusätzlich zur Entwicklungshilfe gezahlt werden sollen.

Werden die Mittel tatsächlich bei Herero und Nama ankommen?

Dazu hat sich die namibische Regierung verpflichtet. Die vereinbarten Projekte werden in sieben genau bezeichneten Regionen realisiert, die überwiegend von Herero und Nama besiedelt sind. Die örtlichen Gemeinschaften werden umfassend in die Planung und Durchführung einbezogen. Deutschland bleibt an der Umsetzung des Abkommens beteiligt.

Wie geht es weiter?

Die Verhandlungen sind abgeschlossen. Das namibische Parlament beschäftigt sich in diesen Wochen mit dem Ergebnis. Auch der neue Deutschen Bundestag wird das tun. Es ist vorgesehen, dass Außenminister Heiko Maas (oder sein:e Nachfolger:in) die *Joint Declaration* in Windhuk gemeinsam mit der namibischen Außenministerin Netumbo Nandi-Ndaitwah unterzeichnet. Anschließend könnte Bundespräsident Frank-Walter Steinmeier nach Namibia reisen, um dort in einem geeigneten Rahmen die Bitte um Entschuldigung vorzubringen.

Danach kann die weitere Umsetzung der *Joint Declaration* beginnen. Das Verhandlungsergebnis soll die Grundlage für gesellschaftliche Versöhnungsprozesse sein, auf die wir hoffen. Einen Anspruch auf Versöhnung haben wir nicht.

Sevim Dağdelen

Völkermord zweiter Klasse?

Koloniale Kontinuitäten im deutsch-namibischen »Versöhnungsabkommen«

Bereits Ende Februar 1907 geißelte der Sozialist Karl Liebknecht die Verbrechen des deutschen Kaiserreichs im damaligen Deutsch-Südwestafrika und anderen Kolonien als eine Kolonialpolitik, »die unter der Vorspiegelung, Christentum und Zivilisation zu verbreiten oder die nationale Ehre zu wahren, zum Profit der kapitalistischen Kolonialinteressen mit frommem Augenaufschlag wuchert und betrügt, Wehrlose mordet und notzüchtigt, den Besitz Wehrloser sengt und brennt, Hab und Gut Wehrloser raubt und plündert, Christentum und Zivilisation höhnt und schändet«.[1] Dem brutalen Vernichtungskrieg deutscher Kolonialtruppen, den Liebknecht in seiner Schrift »Militarismus und Antimilitarismus«, wegen derer der spätere SPD-Reichstagsabgeordnete des Hochverrats angeklagt und zu eineinhalb Jahren Haft verurteilt wurde, treffend beschreibt, fielen bis zu 80 Prozent der Herero und mehr als die Hälfte der Nama zum Opfer. Ebenfalls betroffen waren Volksgruppen wie Damara oder San.

Ungeachtet dieser frühen Kritik an den deutschen Kolonialverbrechen ist eine politische Aufarbeitung des Völkermords an den Herero und Nama über einhundert Jahre lang ausgeblieben. Bis heute hält sich teilweise hartnäckig die Behauptung, Deutschland sei im Vergleich zu anderen Kolonialmächten wie Großbritannien, Frankreich, Spanien oder Portugal eine unbedeutende und harmlose Kolonialmacht gewesen. Die im Rahmen der Kolonialkriege begangenen genozidalen Verbrechen wurden dabei bis vor Kurzem noch als »unverhältnismäßige Härten und Grausamkeiten« verharmlost. Einige, wie der Afrikabeauftragte der Bundeskanzlerin Angela Merkel, Günther Nooke, sahen in Deutschland sogar eine eher positiv wirkende Kolonialmacht, die Afrika geholfen habe, sich »aus archaischen Strukturen zu lösen«, und suggerieren damit, dass die Kolonialherrschaft doch letztlich dazu

1 Liebknecht, Karl: *Militarismus und Antimilitarismus. Unter besonderer Berücksichtigung der internationalen Jugendbewegung*, Hamburg 2019 (zuerst Leipzig 1907).

beigetragen habe, die unterworfenen Gesellschaften angeblich zu »zivilisieren« und zu »entwickeln«.

Selbst wenn es nicht die Absicht des Afrikabeauftragten gewesen sein sollte, Kolonialverbrechen zu relativieren oder rassistische Klischees zu bedienen, tritt hier doch eine Geisteshaltung zu Tage, die eine politische und juristische Anerkennung des Völkermords im ehemaligen Deutsch-Südwestafrika bis heute blockiert und die Nachfahren der Opfer zum bloßen Objekt degradiert. Als Leumund werden dafür auch noch die betroffenen Staaten und deren Gesellschaften selbst ins Propagandafeld geführt. So stellte die Bundesregierung 2009 die suggestive These in den Raum, das Thema koloniale Vergangenheit spiele »in den Beziehungen zu den ehemaligen Kolonien auch aus Sicht der betroffenen Staaten allenfalls eine untergeordnete Rolle«.[2] Warum wohl? Weil von den bisherigen Bundesregierungen jedwede »entschädigungsrelevante« Debatte im Kontext der genozidalen Kolonialverbrechen verhindert werden und ein Freikauf über eine vermeintlich privilegierte »Entwicklungszusammenarbeit« erfolgen sollte.

CDU-Bundeskanzler Helmut Kohl hatte 1995 beim ersten Staatsbesuch eines deutschen Kanzlers in Namibia die Debatte um die Anerkennung des Völkermords mit dem »formaljuristischen« Argument ausgebremst, dass der Tatbestand des Genozids erst seit dem Jahr 1948 völkerrechtlich verbindlich geregelt sei. Deshalb könne dieser nicht rückwirkend auf frühere Verbrechen angewandt werden. Auch Grünen-Außenminister Joschka Fischer lehnte in diesem Sinne 2003 ein Schuldeingeständnis ab: »Wir sind uns unserer geschichtlichen Verantwortung in jeder Hinsicht bewusst, sind aber auch keine Geiseln der Geschichte. Deshalb wird es eine entschädigungsrelevante Entschuldigung nicht geben.«[3] Bei einer Gedenkfeier in Namibia im Jahr 2004 zum 100. Jahrestag der Schlacht am Waterberg hatte sich SPD-Entwicklungshilfeministerin Heidemarie Wieczorek-Zeul schließlich für die deutschen Kolonialverbrechen zwar erstmals öffentlich entschuldigt, aber nicht entschädigungsrelevant: »Die damaligen Gräueltaten waren das, was heute als Völkermord bezeichnet würde.«[4] Eine Formulierung,

2 Antwort der Bundesregierung auf die Kleine Anfrage der Abgeordneten Sevim Dağdelen et al. und der Fraktion DIE LINKE (26. 03. 2009), Bundestagsdrucksache 16/12521 (https://dserver.bundestag.de/btd/16/125/1612521.pdf), S. 4, Frage 9.

3 Zitiert nach Gesellschaft für bedrohte Völker: 100 Jahre Völkermord an Herero und Nama, gfbv.de, https://www.gfbv.de/de/news/100-jahre-voelkermord-an-herero-und-nama-7/.

4 Wieczorek-Zeul, Heidemarie: Rede anlässlich der Gedenkfeierlichkeiten der Herero-Aufstände in Namibia (14.08.2004), ag-friedensforschung.de, http://www.ag-friedensforschung.de/regionen/Namibia/100-jahre.html.

die sich nun auch in der »Gemeinsamen Erklärung« der Bundesregierung und der Regierung der Republik Namibia »Vereint im Gedenken an unsere koloniale Vergangenheit, vereint im Willen zur Versöhnung, vereint in unserer Vision für die Zukunft« vom Mai 2021 findet.

Diese »Gemeinsame Erklärung« – euphemistisch auch als »Versöhnungsabkommen« bezeichnet – ist Ergebnis von Verhandlungen, die erst im Zuge des gestiegenen politischen Drucks durch die Anerkennung des Völkermords an den Armeniern durch den Deutschen Bundestag im Juni 2016 möglich wurden. Denn das letzte, was die Bundesregierung wollte, war, sich vom türkischen Präsidenten Recep Tayyip Erdoğan Doppelmoral vorwerfen zu lassen.

Was nicht zuletzt vor dem Hintergrund des 150. Jahrestages der Gründung des Deutschen Kaiserreichs 2021 ein Zeichen für Versöhnung im Umgang mit den deutschen Kolonialverbrechen auf dem Gebiet des heutigen Namibia hätte werden können, ist zur Fortsetzung kolonialen Unrechts verkommen und stellt einen weiteren Tiefpunkt in der allenfalls halbherzigen Aufarbeitung deutscher Kolonial- und Kriegsverbrechen dar. Sowohl die namibische Regierung unter Präsident Hage Geingob als auch die Nachfahren der Herero und Nama wurden im Zuge der Verhandlungen von der Bundesregierung in mehrfacher Hinsicht in kolonialer Manier düpiert.

Teile und herrsche

Allein die Tatsache, dass die Bundesregierung die Anerkennung des Genozids zum Gegenstand politischer Verhandlungen gemacht und diesen nicht selbstverständlich als historische Tatsache anerkannt hat, ist entlarvend. Denn fast könnte man meinen, dass damit getreu dem alten Grundsatz des *Teile und herrsche* die bewusste Fragmentierung der namibischen Gesellschaft provoziert wurde. Indem die Bundesregierung die Debatte über mögliche Reparationen von vornherein verweigert hat, entschied sie faktisch auch über die Zusammensetzung der Verhandlungsgruppe seitens Namibias. Klar war, dass die Nachfahren der Opfer der Massaker, Zwangsarbeit, Vergewaltigungen, medizinischen Experimente, von Verdursten, Verhungern, Deportationen, Vertreibungen, Enteignungen und unmenschlicher Behandlung in Konzentrationslagern in der ehemaligen Kolonie Deutsch-Südwestafrika und die sie vertretenden Repräsentanten genau diese zum zentralen Gegenstand der Verhandlungen machen wollten bzw. gemacht hätten.

Entsprechend waren bei den geheimen Regierungsverhandlungen, die dem »Versöhnungsabkommen« vorausgingen, keine repräsentativen Vertreter der betroffenen Gemeinschaften angemessen beteiligt. Denn sie hätten einem Abkommen fern von Reparationen im Wege gestanden. Von daher wundert es nicht, dass unter anderem seitens der *Ovaherero Traditional Authority* (OTA) und der *Nama Traditional Leaders Association* (NTLA) scharfe Kritik am Verhandlungsprozess und -ergebnis geäußert wurde. Auch im Parlament der Republik Namibia sorgte das »Versöhnungsabkommen« für heftigen Widerspruch.

Der Bundesregierung dürfte dagegen auch klar gewesen sein, dass der Regierung der Republik Namibia in der Corona-Krise fiskal- und wirtschaftspolitisch das Wasser bis zum Hals stand. 55 Prozent der Bevölkerung müssen mit einem Euro am Tag überleben. Fast der gesamte Reichtum des Landes liegt in den Händen einiger weniger. Durch die Einbrüche des Wirtschaftswachstums und die seit 2016 anhaltende Rezession hat sich die vom Kolonialismus geschaffene Lage wenig verändert. Laut Erhebungen der *Namibia Statistics Agency* befindet sich etwa 70 Prozent des kommerziellen Farmlands bis heute im Besitz von Nachfahren weißer Siedlerinnen und Siedler. Rund 53 Prozent der 1,3 Millionen Hektar Farmland, die sich in ausländischem Besitz befinden, gehören deutschen Staatsangehörigen.[5] Alles spricht dafür, dass Berlin diese Notsituation Namibias bewusst ausnutzte, um ein genehmes Abkommen ohne Reparationen zu erreichen.

Doch so wie die Bundesregierung das Machtverhältnis hinsichtlich der Verhandlungsparteien durch die Vorgabe, was nicht verhandelt wird, klarstellte und dies auch im Verhandlungsprozess deutlich wurde, so ging sie auch mit dem entsprechenden Ergebnis um. Laut Ruprecht Polenz, dem deutschen Sonderbeauftragten für die bilateralen Verhandlungen, ist das »Versöhnungsabkommen« eine endgültige Vereinbarung. Auch Bundesaußenminister Heiko Maas (SPD) bekräftigte, dass es Nachverhandlungen nicht geben werde.

5 Kleine Anfrage der Abgeordneten Sevim Dağdelen et al. und der Fraktion DIE LINKE (24.08.2021): Keine Reparationszahlungen durch die Bundesregierung an Namibia für Völkermord im Rahmen des Versöhnungsabkommens, Bundestagsdrucksache 19/32075 (https://dserver.bundestag.de/btd/19/320/1932075.pdf), S. 3, Frage 11.

Völkermord zweiter Klasse statt echter Anerkennung

Zum Abschluss der Verhandlungen mit Namibia am 28. Mai 2021 stellte Maas fest, dass »nun die Ereignisse der deutschen Kolonialzeit im heutigen Namibia und insbesondere die Gräueltaten in der Zeit von 1904 bis 1908 ohne Schonung und Beschönigung [...] auch offiziell als das bezeichnet [werden], was sie aus heutiger Perspektive waren: ein Völkermord«.[6] Indem die Bundesregierung mit dem formalistischen Verweis auf die Intertemporalität des Völkerrechts einer rechtlichen Anerkennung des Völkermords aus dem Weg geht und diesen lediglich als politisch-moralische Frage behandelt, drückt sie sich vor einer tatsächlichen staatlichen Verantwortungsübernahme. Dass eine rechtliche Anerkennung des Völkermords jedoch Voraussetzung für den von Maas propagierten »gemeinsamen Weg zu echter Versöhnung im Angedenken der Opfer«[7] ist, scheint die Bundesregierung wenig zu interessieren. Angesichts der schrecklichen Verbrechen an den Herero und Nama und den langwierigen sozioökonomischen Auswirkungen des deutschen Kolonialismus für das heutige Namibia mutet dieser juristische Winkelzug, der das historische Leid der Opfer zu einem Völkermord zweiter Klasse degradiert, geradezu zynisch an. Wer ernsthaft an Aufarbeitung und Versöhnung interessiert ist, kommt nicht umhin, auch rechtliche Verantwortung zu übernehmen.

Noch zynischer als die Art der »Entschädigung« ist deren Umfang: So konnte sich die Bundesregierung nach zähen Verhandlungen gerade einmal dazu durchringen, als »Geste der Anerkennung des unermesslichen Leids, das den Opfern zugefügt wurde«, 1,1 Milliarden Euro zu zahlen. Diese Summe soll »zum Wiederaufbau und zur Entwicklung«[8] verwendet und über einen Zeitraum von 30 Jahren ausgezahlt werden. Ein schlechter Scherz, schließlich entspricht der Betrag ziemlich genau dem Umfang der »Entwicklungshilfezahlungen«, die seit 1989 ohnehin an Namibia geleistet wurden. Von »erhebliche[n] finanzielle[n] Leistungen« ist man, anders als die Bundesregierung glauben machen will, meilenweit entfernt. Der Historiker Jürgen Zimmerer stellt in diesem Zusammenhang treffend fest, dass die Entschädigungszahlungen gerade einmal das 1,5-Fache der Kosten des Wiederaufbaus des Berliner

6 Maas, Heiko: Außenminister Maas zum Abschluss der Verhandlungen mit Namibia. Pressemitteilung, auswaertiges-amt.de, https://www.auswaertiges-amt.de/de/newsroom/-/2463396.

7 Ebd.

8 Ebd.

Stadtschlosses der Hohenzollern betragen – also der Dynastie, die mit Wilhelm II. auch den letzten deutschen Kaiser stellte, in dessen Namen der Völkermord verübt wurde.[9] Allein schon deshalb kann von einer »Geste der Anerkennung« nicht die Rede sein. Vielmehr handelt es sich um eine Geste des Hohns.

Dass sich die Bundesregierung so vehement gegen Reparationsleistungen wehrte und wehrt, liegt nicht zuletzt an der Angst, dies könnte einen Präzedenzfall schaffen, der zu analogen Forderungen von Nachfahren von Opfern in anderen ehemaligen deutschen Kolonien führen könnte. Dabei hätte die Bundesregierung unabhängig von der rückwirkend nicht anwendbaren UN-Völkermord-Konvention durchaus auch einen anderen Weg gehen können. Sie könnte freiwillige Leistungen an Opfer eines aus heutiger Perspektive verübten Völkermords zum Ausgleich der erlittenen materiellen und immateriellen Schäden anbieten, ohne dass hieraus die Anerkennung einer zwischenstaatlichen Rechtspflicht resultieren würde. Die Wissenschaftlichen Dienste des Bundestags (WD) bestätigen die Möglichkeit freiwilliger, rechtlich nicht bindender Entschädigungsleistungen.

Laut dem von mir beauftragten Gutachten[10] wären Entschädigungsleistungen etwa in Form eines Entschädigungsgesetzes möglich. Einen legitimen Anknüpfungspunkt im Sinne eines Staatsinteresses könnte die moralische und politische Verantwortung Deutschlands für ein historisches Ereignis aus den Jahren 1904–1908 dafür sein, auch wenn die Völkermordkonvention nicht rückwirkend anwendbar ist. Geregelt werden müsste in einem solchen Entschädigungsgesetz »Art und Umfang (Höhe) der zu gewährenden Leistungen sowie die entsprechenden Voraussetzungen der finanziellen Zuwendungen«. Dies bedeutet, es wäre festzulegen, »wer konkret zu begünstigen ist, welche Nachweise dafür erforderlich sind etc. Dabei ist auch der Gleichbehandlungsgrundsatz zu wahren und ggf. festzulegen, welche Opfergruppen berücksichtigt werden sollen.«

Möglich wären auch Entschädigungszahlungen im Rahmen eines Entschädigungsgesetzes an die Vertreter der Herero und Nama als die zwei von den Gewalttaten betroffenen Gruppen in Namibia; also

9 Zimmerer, Jürgen: In kolonialen Spuren! Warum ein Versöhnungsabkommen ohne Zustimmung aller Herero und Nama kein Grund zum Feiern ist, mission-lifeline.de, https://mission-lifeline.de/juergen-zimmerer/.

10 Wissenschaftlichen Dienste des Deutschen Bundestages: Sachstand. Zur völkerrechtlichen Zulässigkeit von freiwilligen Entschädigungszahlungen an Herero und Nama in Namibia (WD 2 – 3000 – 067/21), online verfügbar unter: https://www.bundestag.de/resource/blob/868674/e1e537a1e84079ffdfbdda1995dee0ad/WD-2-067-21-pdf-data.pdf.

an OTA und NTLA oder das sogenannte *Ovaherero Genocide Committee* und *Nama Genocide Technical Committee*. Genau darüber hätte die Bundesregierung auch und mit der namibischen Regierung verhandeln sollen, denn natürlich wäre »nur in Abstimmung und mit dem Einverständnis« dieser eine solche Entschädigung »zulässig und sinnvoll«, wie das WD-Gutachten betont.

Doch die Wahrheit ist, dass die Bundesregierung genau das nicht will. Interessant ist deshalb der Eiertanz der Bundesregierung bezogen auf meine diesbezügliche parlamentarische Anfrage an sie. Ausweichend verweist sie auf die »Gemeinsame Erklärung«, insbesondere Punkt 16. in Abschnitt V.[11] Dieser Verweis geht aber fehl, handelt es sich doch hierbei eher um eine Form des Ausgleichs für die breite Palette von Benachteiligungen in den internationalen Beziehungen, denen die einstige Kolonie bis heute ausgesetzt ist. Das könnte eine Ergänzung, aber kein Ersatz für Reparationen sein.

Der lange Schatten des deutschen Kolonialismus

Angesichts der Begrenztheit des Völkerrechts zur Aufarbeitung kolonialen Unrechts braucht es eines politischen Willens, um der eigenen historischen Verantwortung gerecht zu werden und Wiedergutmachung zu leisten. Dieser politische Wille fehlte bei allen Bundesregierungen der letzten Jahre. Zu groß ist offenbar die Angst davor, die Büchse der Pandora zu öffnen und sich ernsthaft mit den vielen weiteren deutschen Kolonial- und Kriegsverbrechen wie der Niederschlagung des Maji-Maji-Aufstands in der Kolonie »Deutsch-Ostafrika«, des Widerstands der Sokehs auf den Karolinen-Inseln, der Maka in Kamerun, den Massenvergewaltigungen in Togo, Zwangsarbeit und Prügelstrafen auf Samoa oder dem Kolonialkrieg gegen China zu beschäftigen und die aus der historischen Verantwortung resultierenden Konsequenzen zu ziehen. Dies würde nicht nur eine kritische Reflexion und konsequente Dekolonisierung der öffentlichen Erinnerungskultur in Deutschland erfordern. Notwendig wäre außerdem ein Umdenken in der nach wie vor von imperialen Motiven und kolonialen Denkmustern geprägten deutschen Außenpolitik. Denn diese steht angesichts der Verfolgung geostrategischer Vorherrschaft im Rahmen der NATO

11 Kleine Anfrage der Abgeordneten Sevim Dağdelen et al. und der Fraktion DIE LINKE (24.08.2021): Keine Reparationszahlungen (Anm. 5), S. 3, Fragen 5 und 6.

sowie kapitalistischer Profitinteressen mittels »humanitärer Interventionen«, gezielter Exporte von Kriegswaffen zur geopolitischen Einflussnahme und durch ausbeuterischen Freihandel in einer Linie mit der von Karl Liebknecht Anfang des 20. Jahrhunderts kritisierten imperialistischen Kolonialpolitik. Die Entkolonisierung der deutschen Außenpolitik steht noch an.

Adetoun und Michael Küppers-Adebisi

Afrofuturistischer Kampf der Narrative

Vor dem Gesetz – The Long Centuries

Eine *Kafka-Parabel* in the reMIX

BILD 01| (2019) »Battle oft he Narratives Inbetween Afrofuturism & Milchstrassenverkehrsordnung«. Artist: AFROTAK TV cyberNomads. Format: 180 x 180 cm. Copyright: Adetoun und Michael Küppers-Adebisi.

010 **Vor dem UNESCO-Welt-Kultur-Erbe-Gesetz steht eine Türhüter:in**

020 **Zu der Türhüter:in. Ein Mensch vom Lande kommt. Und. Um Eintritt bittet. In das Gesetz**

INTRO Dieser Mensch ist die Protagonist:in dieser Geschichte. Sie steht bewusst auf den Schultern der Ancestors. Als *Afro-Deutsche* Künstler:in of African Descent schafft sie in der *weißen* Kunstwelt den transnationalen Durchbruch. Als Zeitreisende und Aktivist:in rückt sie die Diskurse zu systematischer Kolonialisierung von Wissen, Kultur, kollektiven Traumata und Reparationen ins Zentrum. Sie legt noch einen Tropfen Öl nach und performt unkontrollierbare Konnotationen. Sie verunsichert die Gatekeeper:innen und Türsteher:innen hierarchisch fixierter Wissens-, Glaubens- und Erkenntnis-Systeme der Kulturindustrie. Der Kategorisierung als akademisch widerspricht sie dennoch: »Ich bin kein Teil des Single-Story-Kunst-Zirkus.« Sie polarisiert die *weiße* Kunst-Geschichte bei der Bestimmung ihres Stellenwertes. Die Versatzstücke und Codes ihrer Interventionen verstehe nur, schreibt eine bekannte Essayist:in des *African Courier*, wer bereit sei, die tragische Dimension Schwarzen Lebens zu akzeptieren und aktiver Teil der Kosmologie von Veränderung zu werden. Ihre großformatigen visuellen Interventionen dünsten durch komplexe Narbenbildungen der Oberflächen in die öffentlichen Räume. Seit den Vandalen erklingt er, der *Afro-Deutsche Blues*. Seit der Anführer der Germanen *Geiserich* die Metropole der römischen Provinz *Africa* besetzt (431 n. Chr. *Karthago*). Und die Ressourcen der Kolonie dem *europäischen* Kulturkreis einverleibt. Die *Afro-Deutsche* Künstler:in of African Descent fügt in ihre Schriften visuelle Duftspuren und Verweise auf Welten außerhalb des Schriftraums ein, so wie *Anselm Kiefer* mit Schriften Bilder mit geschichtlichen, mythologischen und literarischen Kontexten auflädt. Aus der kulturellen Verankerung der Häuser ihrer Familien in Ibadan und Lagos heraus re_kontextualisiert die *Afro-Deutsche* Künstler:in of African Descent drei wichtige Bewegungen der Moderne neu: *Afro-Dadaismus* (Revolten gegen die Kunst durch die Künstler:innen), analytischen *Afro-Kubismus* (als Alternative zu linearen und hierarchischen Perspektiven der bildenden Kunst seit der *Renaissance*) und *Afrofuturismus* (ästhetische Reflexionen über Schönheit, die Ausschlüsse thematisieren und spirituelle Widerstände in die Gegenwart tragen), der *Felas Afrobeat, Voodoo, Santeria, Soul, Reggea* und *Techno, Science-Fiction, Fantasy, Afrozentrizität, magischen Realismus*, Kosmologien der *Akan, Ga* und *Yoruba* als Trägerstoffe nutzt. Für die Essayist:in des *African Courier* emanzipiert der *Afro-Deutsche* Sprachraum der Wiedervereinigung sich mit *The Slaughter of Children Woke her*, einer *Parabel* diasporischen *signifyings (Black Hyperion, Macht der Nacht,* Anthologie, *ISD*, 1991). In ihrer Lesart werden Studium in den *USA* und Schulterschluss mit *African American Community*, zur Initiation, die *Black Hyperion* relative kulturspezifische Freiräume öffnen, auf die gebürtige *BRD/DDR-Afro-Deutsche* trotz Pass als Fremde von *outside* keinen Zugriff haben. Im ironisch-literarischem reMix *afrikanisch-amerikanischer* musikalischer Selbstermächtigung von *HipHop* á la *Public Enemy* sieht die Essayist:in des *African Courier* Bezüge zum strategischen Einsatz der Parabel bei *Octavia Butler* (Das Gleichnis vom Sämann) und dem Brechen *weißer* hetero-normativer Diskurs-Kontrolle durch Schwarze intertextuelle Sinnbezüge: In einer Art literarischen *Scratchens* spielt die *Afro-Deutsche Parabel* vom ersten Plattenteller die kollektive Aufladung der Farbe Blau mit Erfahrungen deportierter *Diasporas* ein: Im 17. Jahrhundert *ver_Sklav_*en *England*, *Spanien*, *Holland* und *Deutschland* vermehrt Menschen of African Descent, die für sie Blau auf *Indigo-Plantagen* in *Jamaika*, *South Carolina*, den *Jungferninseln* und *Südamerika* produzieren (*Barock*). Der Eintrag zu *Schwermuth* im Brockhaus Conversations-Lexikon (1809) beschreibt Widerstand in seiner letzten Konsequenz: Selbstmord durch Abbeißen und Verschlucken der eigenen Zunge, um dem *ver_Sklav_tsein* zu entkommen. Der scheiternde kategorische *Wille zur Freiheit* manifestiert sich als Schwermuth. Kollektiv und subversiv. Auf dem 2. Plattenteller liegen *Blaue Blumen*. Das Symbol individueller *weißer* Sehnsucht und freimaurerischer Selbstfindung (Romantik). In der *Parabel* stoßen Schwarzes Trauma und Widerstand sich ständig am Gesetz. An der Grundschwingung, die das *weiße* Europa vorgibt, wie klare, obertonarme Vibrationen einer Stimmgabel. Assimilation erzeugt Gleichklang mit dem Gesetz: *Every* (sista) *brother ain't a (sista) brother, cause a color / Just as well could be undercover (Public Enemy, Welcome to the Terrordome, Fear of a Black Planet*, 1990). Diese Kontinuität von Trauma und Widerstand zieht sich vom *Barock* (1700), über die *Romantik* (1800) und trägt als *Mood Indigo* (1930, *Duke Ellington*) Schwermut und Melancholie als Schwarze diasporische Kulturäußerungen in die von *Harlem Renaissance* und *Jazz Age* geprägte *Moderne* (1920–1930). Auch die *Afro-Deutsche* Lyriker:in *May Ayim* schreibt sich nach dem Mauerfall in die widerständige Tradition ein (1995 *Blues in Schwarz-Weiss*). Im 21. Jahrhundert setzt sich diese Linie mit *Black Berlin Renaissance, Neo-Afrofuturism, Afropolitanism* fort.

030 **Aber die Türhüter:in sagt, Eintreten könne nicht gewährt werden, denn Gewalt in einem Berliner Heim ging nicht von Lehrlingen und Flüchtlingen aus, sondern von Securitys, sagt die Träger:in.**

Die *Afro-Deutsche* Künstler*in of African Descent besteigt ihr Schiff erstmalig am Schloss-Ufer der Spree. Sie reist durch Fluten der Zeit. Übelkeit, Verwirrung, Donner und Blitz begleiten das Zeitreisen. Sie landet, während der *weiße* Kurfürst ins Residenzschloss der Hohenzollern einzieht (1451 *Berlin*). Der Sitz des Gesetzes ist gegen den Widerstand der Bürger:innen nun das Schloss. Die *Kunstkammer* im Schloss versammelt Waffen, Geräte und Kleidungsstücke der bekannten Welt (1670). Ich fürchte, die eigenartigen Sensationen des Reisens in der Zeit kann ich nicht wirklich beschreiben. Es ist außerordentlich unangenehm. Schnelle Abfolgen von Einzelbildern produzieren Initiationsrhythmen im Gehirn, Illusionen hoffnungsloser, jäher Bewegung wie beim *Daumenkino*! Das fruchtbare Gefühl drohender Zusammenstöße. Die *Afro-Deutsche* Künstler:in of African Descent crashed in *von Gröben* hinein. Am 7. 3. 1682 zeichnet der *Kurfürst* die Stiftungsurkunde der 1. Aktiengesellschaft, auf deren Basis deutsche Firmen die *Gold-Küste* ausbeuten:

Weiße Deutsche *ver_Sklav_en* Menschen of African Descent von der Festung *Groß-Friedrichsburg* aus. Sie mieten von *Dänemark* Teile der karibischen Insel *St. Thomas*, um den Gewinn zu maximieren. Bis zu 30.000 Menschen of African Descent deportieren deutsche Schiffe von *Ghana* in die *Karibik* (1683–1717). Die Erweiterung das *Hohenzollern*-Schloss zu einem barocken Prunk-Palast durch *Andreas Schlüter* verleiht der Residenzstadt *Berlin-Cölln* europäischen Glanz (1698–1713). Auf der Brücke zum Hohenzollernschloss wird ein Bronzeguss von Kurfürst *Friedrich Wilhelm* zu Pferde aufgestellt (1703). Als Abbild der Macht sind vier Skulpturen, die *ver_Sklav_te* Menschen darstellen, an den Sockel des Denkmals angekettet. Für zwölf *ver_Sklav_te* Menschen of African Descent und 7.200 Dukaten verkauft sein Sohn *Friedrich Wilhelm I.* die afrikanischen Kolonien (1720). *Anton Wilhelm Amo* wird als Kind aus *Ghana* verschleppt und geht als erster *Afro-Deutscher* Wissenschaftler:in of African Descent in die Geschichte ein (Rechte der Menschen of African Descent in Europa, Universität *Halle*, 1729). Die *Afro-Deutsche* Künstler:in beobachtet, wie über *London* und *Kopenhagen* nach *Berlin ver_Sklav_te* Menschen of African Descent vor Gericht um ihre Freiheit klagen. Und scheitern. Friedrich der Große wird Freimaurer (1738). An den Systematiken seiner *Kuriositäten-Sammlungen* enttarnt sie *weiße* Wissensaneignung als Werkzeug der Herr(scher:innen)schaftserhaltung. Das *Nil-Mosaik aus Präneste* wird Teil der *Antikensammlung* (1758). Mehrere 100 *ent_Sklav_te* Menschen of African Descent kämpfen für hessische Hilfstruppen der Revolutionskriege Nordamerikas und ziehen als freie *Afro-Deutsche* nach *Hessen (1783).* Mit sehr bildhafter Sprache verweisen *Parabeln* auf die wirkliche Welt. Niemand sieht die Zeitreisende. So kehrt sie zurück. Sie verbleibt lange Zeit auf der Maschine. Unsichtbarkeit ist nicht physisch, sondern sozial.

Bewusstlos verharrend. Ihr unter_Bewusst_sein übermalend traben Schwarze Jakobiner:innen von *Haiti* aus 57 Jahre lang über Wasser und Land. Wie auf Nebel projizierte Geister einer *Laterna Magica* reiten sie direkt in die *Paulskirche* (1848 Deutsche Nationalversammlung). Die *Afro-Deutsche* Künstler:in of African Descent horcht. *Yemanja*´s Sprechgesang hallt durch die Zeiten-Gewässer:

´ne Schwarze frau steht auf ´nem sims ...... von dem schloss-palast und sagt
dass sie springen will ...... die leute versammeln sich
und rufen ...... sie wird nich´ springen
*die verlierer*in ...... erst verliert sie ihre arbeit*
und wird´ überfallen – dann ...... verlässt ihre liebe sie
ohne zurückzuschau´n auch nur´n einziges mal ...... ihre vergangenheit
wird geschmissen auf die strasse ...... und zu essen hat sie auch nix mehr
keene schuhe an den füßen ...... und in ihrem kopf klingen dauernd stimmen
wenn sie alleene ist ...... ihre poc-allianzen spielen nun
mit ihren weissen *freunden ...... in synagogen und moscheen*
verkooft ham´se ´se schon ...... unzählige mal
und irgendwann einmal ...... wird ´ne strasse nach ihr benannt
Berlin Berlin ...... du große mudda der träume
aber in deinen kiezen ...... ist nicht immer alles ...... wie es scheint

040 **Ein Mensch überlegt und fragt, ob später Eintreten werden dürfen erlaubt sein könne. Oktober-Flüchtlings-Prügelattacken durch Mitarbeiter:innen der Securityfirma Spy geschehen vor dem Landesamt Gesundheit Soziales zur Erprobung des Mutes unter Schlangen. Es ist möglich, sagt die Türhüter:in, jetzt aber nicht.**

Also transportiert die *Afro-Deutsche* Künstler:in of African Descent die Zeitmaschine zur Kreuzberger Spree an der Oberbaumbrücke. Da, wo Ost und West sich trafen, reist sie wieder durch Zeit und Raum. 1830 wird das *Alte Museum* als erster Bau auf der Museumsinsel und 1859 das *Königlich-preußische Museum* eröffnet. 1876 folgt die *Nationalgalerie*. Sie landet im Jahre 1884. Niemand sieht sie, als am 14. Juli *Kamerun* von *Gustav Nachtigal* mit Unterstützung der Kanonen des Schiffes *Möwe* zur Kolonie *Deutsch-Westafrika* gemacht wird. Zur Belohnung für die Schutzverträge wird der *Nachtigal-Platz* im Berliner Wedding nach ihm benannt. Der Grundstein des Reichstags wird gelegt. Hilflos muss die *Afro-Deutsche* Künstler:in of African Descent mit ansehen, wie auf der *Berliner Kongokonferenz* Afrika aufgeteilt wird (15.11. 1884–26.02.1885). *Deutschland, USA, Österreich-Ungarn, Belgien, Dänemark, Frankreich, Großbritannien, Italien, Niederlande, Portugal, Russland, Spanien* und *Schweden-Norwegen* schreiben fest, dass die koloniale Enteignung der Menschen of African Descent Gesetz und Völker-Recht sei. Sie wundert sich, als das *Osmanisches Reich* ebenfalls unterschreibt. Menschen of Turkish Descent sind in ihrer eigenen Zeit als Nachfahr:innen von *Gastarbeiter:innen* ent_privilegiert. Im Auge verschmelzen die Bilder wie zwei Seiten einer rotierenden *Zauberscheibe*. Die *Woermann* Linie fährt wöchentlich afrikanische Häfen an. Materielle und spirituelle Schätze aus Afrika, Australien, Südamerika und Asien werden in Museen gelagert und in ethnologischen Völker-Schauen vorgeführt. Moralisch sittenwidrig, doch gesetzeskonform finanzieren Erb:innen der Ritter-Stände den Handel mit Menschen. Straffrei rauben und plündern König:innen, Adelige, Gutsbesitz:innen, Plantagenbesitzer:innen, Großindustrielle über nationale Grenzen hinweg. Widerstände werden militärisch gebrochen. *W. E. B. Du Bois* studiert an der *Friedrich-Wilhelms-Universität* in *Berlin*. Ihm als privilegierten African-American eröffnet Deutschland andere relative kulturspezifische individuelle Freiräume, als das Siedler:innen-Systems der *USA*. Sein reMix *weißer* deutsch-romantischer Selbstermächtigung für den kollektiven Black Space inspiriert den Geist der *Afro-Deutschen* Künstler:in of African Descent, die ständig die eigene Identität in Konfrontationen mit Zukünften, die ihre Gegenwart sind, korrigiert und neu entwirft. Die *Parabel* ist ein Tor in sprachliche Realitäten, die anderes bedeuten, als die Worte sagen: Ortsbestimmung, Weltbild, Konnektivität und Planetarität. Niemand nimmt sie wahr. Sie wirft sich in den Wahnsinn des Zeitstroms.

050 **Da das Tor steht. Offen zum Gesetz. Wie immer. Und beiseite tritt die Türhüter:in. Bückt sich ein Mensch. Um zu sehn. Durch das Tor in das Innere. Als merkt die Türhüter:in das. Lacht sie. Und sagt: Wenn lockt es dich so. Versuche doch es. Trotz meines Verbotes hineinzugehen. Merke aber: Ich mächtig bin. Und. Ich nur die unterste Türhüter:in. Von Saal zu Saal. Türhüter:innen aber stehen. Mächtiger eine als die andere, wie Osiris im Vorzimmer des Todes. Am zweiten Tag haben die Polizist:innen Sprungmatten herbeigeschleppt und unter ihren Baum gelegt. Dicke blaue Polster, wie vom Turnunterricht bekannt. Schon der dritten Anblick ertragen. Kann mehr. Nicht einmal ich. Sie gleitet im Kahn von Charon zu den unterirdischen Richter:innen. Doch die Aktivist:in standhaft. Bleibt**

Die *Afro-Deutsche* Künstler:in of African Descent rafft sich auf, wirft sich mit Macht erneut durch die Zeit-Schleuse und landet. Erinnerung wird inszeniert. Sie sieht ein *Kaiserpanorama* an dem 25 Normalbürger:innen exotische, unerschwingliche Reiseziele betrachten. Sie sieht den *Pergamonaltar* nach Berlin kommen (1896). Wissensstände außereuropäischer Kulturen werden angeeignet und aus *weißer*

Perspektive selektiv neu kombiniert (*China, Burundi, Ruanda, Tansania, Namibia, Kamerun, Gabun, Republik Kongo, Zentralafrikanische Republik, Tschad, Nigeria, Togo, Ghana, Papua-Neuguinea*. Gegenwart wird inszeniert. Schauspieler:innen of African Descent aus *Kamerun, Deutsch-Südwest* und *Tanzania* (106 Kinder, Frauen, Männer) haben eine Aufgabe auf der Gewerbeausstellung *Treptow*: Fiktiv-virtuelle, kolonial-interaktive Realitäten mit Leben füllen (Simulacrum). Denn Berliner:innen sollen deutsche Kolonial-Politik unterstützen. Seit 300 Jahren setzen Adel und Großbürgertum *ver_Sklav_te* Menschen of African Descent in Haushalten ein. Menschen of African Descent verlegen Asphalt im Prenzlauer Berg. Am 30.4.1899 wird im Wedding die *Kamerunstrasse* eingeweiht. Sie wird Zeug:in wie im Gegenzug kolonialer Ausbeutung Schwarze Kultur virale Spuren hinterlässt und das *Jazz Age* ankündigt. Konsum-*Tempel der Boheme* stillen den erwachenden Bedarf: Galerien und Themen-Tanzsäle wie im Haus Vaterland. Und Medien: ein elektrischer *Schnellseher* zeigt öffentlich die Illusion bewegter Bilder. Unter dem Königlichen Musikdirektor spielt das *Kaiser Alexander Garde-Grenadier-Regiment* das *N*-Ständchen* auf Schellak-Platte ein (1900). Der Staat stellt emotionale und körperliche Annäherung von Menschen of African Descent und of European Descent in den deutschen Kolonien unter Strafe. Apartheid als Basis von Ausbeutung wird verteidigt. Die Skulptur *Ngonnso*, der heiligen Gött:in der *Nso* wird nach *Berlin* entführt (1902).

Von 2.804 *weißen* Männern in *Deutsch-Südwestafrika* sind 2.173 deutsch. In der Benennung der *Lüderitz*strasse wird im Wedding der Kaufmann geehrt, der die *Nama* um ihr Land betrügt (23.08.1902). Die *Afro-Deutschen Rehoboter:innen,* sind *Kinder Afro-Deutscher Nama*-Frauen und *weißer* burische Männer. Sie unterzeichnen die Schutzgebiets-Verträge als erste und werden zu strategischen Waffen der Kolonialverwaltung gegen die *Herero* und *Nama*. *Du Bois* identifiziert die Strategie des *doppelten Bewusstseins* als Schwarze Expertise, die aus der Notwendigkeit kolonisierter Kollektive erwächst subversives Überleben in lebensfeindlichen Umgebungen zu ermöglichen (*The Soul of Black Folk*, 1903). Die *Guinea*straße wird im Wedding eingeweiht (1903). *Lothar von Trotta* lässt die *Omaheke-Wüste* in *Deutsch-Südwest*-Afrika abriegeln. Die Flüchtenden werden von den wenigen Wasserstellen verjagt. Tausende *Herero*-Familien verhungern und verdursten. Ihre Überlebenden und die unter *Hendrik Witboi* Widerstand leistenden *Nama* sterben in Konzentrationslagern an schwerer Zwangsarbeit, Krankheiten, Misshandlungen und Erschöpfung. *Genozid* ist die Antwort. Besatzer:innen werden auf dem *Alten Friedhof* beerdigt (*Leutweinfriedhof, Windhoek*, 1904*)*. Die Kolonisierung *Neuer Deutscher* wird mit der Einweihung der *Samoastraße* im Wedding willkommen geheißen (08 1905). *Robert Koch* unterzieht Menschen of African Descent in den Kolonien Versuchen, die in

Deutschland verboten sind, und nimmt schwere Schädigungen und Tod in Kauf. In *Deutsch-Ostafrika* entscheidet der Gouverneur im Einzelfall, ob Ehen zwischen Menschen of African Descent und Menschen of European Descent erlaubt werden (1906). Die *Afrikanische Straße* im Wedding wird eingeweiht (09 1906). *Deutsch-Südwestafrika* annulliert rückwirkend alle Ehen zwischen Menschen of African Descent und *weißen* Menschen of German Descent (1907). 1908 untersucht *Eugen Fischer* in *Deutsch-Südwest* die *Afro-Deutschen Rehoboter*. Wie durch eine einseitig durchlässige Membran an der Grenze von Alptraum und Vision hindurch. Wann werden all die entrechteten *Afro-Deutsche* Nachfahr:innen die deutsche Staatsbürger:innenschaft bekommen? Wie viele sind es? Wie viele durch die Zeit? Wir sind hier, weil ihr da wart! Sie beschließt anzuhalten. In ihren Ohren dröhnen die Hämmer von *Ogun*, dem Loa von Eisen und Schmiedekunst. Sie fällt zurück in die Gegenwart und versucht zum Gesetz vorzudringen. Es tönt ein Ton der Hoffnung. Im Scheitelpunkt einer *Parabel* liegt das abstrakte Bindeglied. Zwischen Erzähltem und Gemeintem kann es nur träumend erschlossen werden. Minuten-lang wird sie heftig geschüttelt, bevor sie sich wieder beruhigt. Hat sie geschlafen? Wie im Traum hört sie den Sprechgesang *Yemanja´*s, von Ufern so nah und doch so fern:

es kann sich irren ...... wer aus berlin´s umland kommt
aber ich kenne das gesetz ...... und ich kenne die globalisierte welt
unten im wedding ...... hältst du mich vielleicht für dumm
aber manchmal...... ist nicht unterscheidbar
wer türk_ish wer weiß_ish ...... samoa_ish oder vietnames_ish
oder jüd_ish ...... oder slav_ish
oder neuankömmling_ish ...... sinti_ish oder romja_ish
und syr_ish und afghan_ish ...... wir trinken kaffee und haben kinder
und unser essen ist gewürzt ...... und alles ist schön
aber wenn sie ...... auf deinen kontinent kommen
weißt *du nicht, was die ihren ...... mit den deinen taten, - oder tun*
und noch vor gut 100 Jahren nur ...... hatten sie schutzgebiet-gesetze
und verboten ...... dass deine und ihre familien sich vereinten in berlin
in Berlin sind wir gemeinsam ...... und überleben
an einem fluss aus weiß *...... am spree-schloss in Berlin*
während flughafen askaris ... ... und u-bahn askaris kontrollieren
die visas von schwesta *und ... ... die fahrscheine von* bruda
Berlin ... ... Berlin
du große mudda der träume ...... aber in deinen kiezen
ist nicht immer alles ...... wie es scheint

060 **Solche Schwierigkeiten. Vom Lande. Hat nicht erwartet ein Mensch. Das Gesetz soll doch jedem und immer zugänglich sein. Ein Mensch denkt. Aber genauer ansieht. Als ein Mensch. Jetzt in ihrem Pelzmantel. Die Türhüterin. Ihre Nase üppig. Die ergrauten Haare und liebevoll gepflegt. Einst Schwarzen. Nunmehr mächtigen. Entschließt ein Mensch. Sich. Schlacht der Schatten. Ein Mensch ein bitterer Trank wird gereicht. Zu warten doch lieber. Bis zum Eintreten kommt. Und sich erteilt. Erlaubnis von Askaris. Türhüter:innen-Polizisten umstellen den Platz und verhindern, dass Anwohner:innen oder andere Aktivist:innen ihr etwas zu essen bringen. Schwarze Panther warten.**

Die Gefahr von Zeitreisen liegt im Wettstreit um Raum zum Atmen. Lynchen, verbrennen und Kreuzigung sind Techniken *weißer* Vorherr(:innen)schaft und ethnopolitischer Planungsszenarien. Sie vermeidet die Gegenwart. Immer noch hoffend. Dann hält die Maschine, mitten im Labor. Ihre Werkzeuge sind so, wie sie sie angeordnet hatte. Sehr zittrig entsteigt sie der Zeitmaschine. Sie berührt *Mandu Yenu*, den Thron aus *Bamun*. Geschmückt mit zweiköpfiger Schlange und Schwarzheits-Symbol der Erdspinne. Sie durchfließen Kaiser-Bilder. Der Thron als Tribut (1908)! Gestohlene Bilder und Denkmäler religiöser, kultureller und politischer Relevanz werden ausgestellt in Welt simulierenden *Völkerschauen, Panoptiken* und ethnologische Sammlungen, um zu herr:innenschen. Dinosaurier aus *Deutsch-Ostafrika* kommen nach *Berlin* (1909). *Alain Locke* studiert an der Universität *Berlin* Philosophie (1910). *Afro-Asiatisch-Deutsche* Kinder in *Deutsch-Samoa* sind *legitim* mit Anspruch auf Bürger*innenrechte und Alimente-Zahlungen. Bis die Ehe von Kolonisierten mit *weißen* Kolonisierenden verboten wird (1912). Solange die *Afro-Deutsche* Künstler*in of African Descent mit großer Geschwindigkeit durch die Zeit fährt, fließt diese durch sie hindurch. In *Windhoek* wird von der *weißen*, deutschen Bevölkerung der Bronzeguss eines *Schutztruppenreiters* zu Pferde eingeweiht. Das Zeichen der *weißen* Macht ist eine Widmungstafel, die *Herero* und *Nama* als *Afro-Deutsche* Opfer of African Descent erwähnt und nur die 1.750 toten *weißen* Täter_innen des *Genozids* erwähnt (27.01.1912). Die Büste der *Nofretete* wird aus *Ägypten* nach *Berlin* gebracht (1913). Die *Afro-Deutsche* Künstler*in of African Descent fragt sich, was das mit Kulturen macht, wenn Zugänge nur über die Museen derer möglich sind, die ausstellen und herrschen? Menschen of African Descent aus *Karibik* und *USA*, aus deutschen, französischen und englischen Kolonien leben in Deutschland. Sie haben Kinder. Miteinander. Mit POC. Mit *weißen* Deutschen. Die meisten *Afro-Deutschen* in Berlin sind Kinder von rückkehrenden Frauen of African Descent und *weißen* Deutschen. Ab 1913, mit Einführung des

Reichs- und Staatsangehörigkeitsgesetz wird all diesen Nachkommen die Staatsbürger:innenschaft verweigert, wenn nicht ein Elternteil sie bereits innehat. Unschuldig wird der *Duala*-König *Rudolf Duala Manga Bell* durch Justizmord der deutschen Kolonialverwaltung in *Kamerun* erhängt. 200 führende Kameruner:innen werden ebenfalls exekutiert. Widerstand gegen *Apartheid* und *Residenzgesetze* formiert sich auch in *Deutschland*. *Martin Dibobe* ist Fahrer für die neue *Berliner* U-Bahn. Er tritt der *Liga für Menschenrechte* bei und verfasst eine Reichstagspetition (Juni 1919). Siebzehn weitere Menschen of African Descent fordern: Gleichberechtigung der Kolonien und Ende für Prügelstrafe und Zwangsarbeit. Der *Versailler Friedensvertrag* beendet deutsche Ausbeutung der Kolonien (1920). Keine Reparationen an *Genozid*-Opfer der KZs in *Deutsch-Südwest* (oder Opfer in *Tansania* und *Togo*). Nur an *Frankreich*. Die Zahl *Afro-Deutscher* Kinder wächst weiter: *Weiße* Deutsche und 10.000 Afrikaner:innen, die als französische Truppen das *Rheinland*, das *Saarland* und *Frankfurt* besetzen sorgen dafür. Von *white supremacy* profitierende Nationen fordern daher von Frankreich die Segregation in den Kolonien auch in Europa einzuhalten (*England*, *USA*, *Österreich*, *Dänemark*, *Italien*, und der *Vatikan*). Dennoch: Schwarze Literatur, Kunst und Kultur der *Harlem Renaissance* erreicht *Berlin* auch via *Paris*. Menschen atmen durch. In den Tanz-Klubs bauen Künstler:innen of African Descent sich Existenzen auf. Der *weiße* Blick auf Kunst aus *Benin*, *Kamerun* oder *Ägypten* wird geübter. Die Boheme liebt Schwarze schnelle Rhythmen moderner Trend-Tänze (*Foxtrott*, *Tango* und ab 1920 *Shimmy, Two-Step). Josefine Baker*, erfolgreich am *Theater des Westens*, bringt den *Charleston* nach *Berlin* (1925). Jüdische Komponist:innen tragen das Virus weiter. Zusammen mit deutschen POC und *weißen* Menschen of German Descent lebt ihre Vorstellung von Schwarzen Menschen in der Musik (*N**Wörter) und am Theater (*Black-Face*). Die *Duala-Straße* im Wedding erneuert den Anspruch auf die Kolonie *Deutsch-Westafrika* (6. Juli 1927). Im Unterschied zum Gleichnis beschreibt eine *Parabel* nie ein alltägliches Geschehen.

070 **Die Türhüter:in gibt einem Mensch einen Schemel und lässt niedersetzen seitwärts von Tür sich. Sie. Dort sitzt ein Mensch Erinnerungen und Jahre ab. Im Kampf gegen hundertköpfiges Ungehauer wird auf Podien eingeladen sie. Ins *Maxim-Gorki-Theater*. Hält Vorträge. *München*, *Amsterdam*, *Wien*. Viele Versuche macht. Eingelassen werden. *Weiß*t Du? Ermüdet Türhüter:in durch Bitten. Ein Mensch.**

Doch da erklingt wieder ein Sprechgesang *Yemanja´*s, der ihr Mut zuspricht:

In der u-bahn ......nach neu-kölln sitzt
´n alter weißer mann ......ohne beine d´ran
seine Wunden sind sein Schutz ...... genau wie der schmutz
und der höllische Gestank ......und rollt-a
in seinem Rollstuhl vorbei an dir ...... verlierst fast das bewusstsein du
und willst schrei´n: ...... wir sind doch
im 21. Jahrhundert ...... und anthro-pozän
wo bleibt denn da ...... das mensch-sein
ich hab ...... ´ne schlechte angewohntheit
und wird´ sie nicht los ...... ich erstick´ an diesem klos

im hals ...... ich muss einfach weg
von diesem dreck ...... von diesen geschichten
von diesen traditionen ...... die sich immer mehr verdichten
das ende der welt ...... aaaaahhhhhhhhhhhh
Berlin ... ... Berlin
du große mudda der träume ...... aber in deinen kiezen
ist nicht immer alles ...... wie es scheint

Also bringt die *Afro-Deutsche* Künstler:in of African Descent die Zeitmaschine nach *Düsseldorf* zur Uferseite an der Oberkassler Brücke. Die Zeitreisende schaut auf die Uhr. Es ist fast acht. Sie lässt los. 1933 wird sie Zeug:in des Mordes von *SA* und *SS* an dem *Afro-Deutschen* Düsseldorfer Aktivisten *Hilarius Gilges*. Das *Propaganda-Ministerium* kontrolliert Presse, Literatur, Bildender Kunst, Film, Theater, Musik und Rundfunk. Die Menschen werden durch Fake-News manipuliert und ethnisch diverse Menschen of European Descent wie *Sinti* und *Rromnja, POC´s, Juden* werden genau wie Menschen of African Descent in der deutschen *Diaspora* und Kommunist:innen ge-mobbed und ausgesondert, um sie gesellschaftlich und wirtschaftlich zu ruinieren. Am 10. Mai verbrennt die *Deutsche Studentenschaft* am Opernplatz in *Berlin* die Bücher der Anderen. Rechtlich werden Schwarze Kolonial-Immigrant:innen, afrikanische Besatzungstruppen und *Afro-Deutsche* zunehmend ausgegrenzt. Der Staat droht mit Aberkennung der Staatsbürger:innenschaft. Die Beliebtheit von *Jazz* und *Swing* dauert trotz der Verbote an. Schließlich setzen die Nazis Schwarze Musik zur Motivation der Truppen ein. Am Tag der deutschen Jugend marschieren *weiße* jugendliche Kolonist:innen mit Hakenkreuzfahne am *Reiterdenkmal* in *Windhuk* vorbei (1934). DIE Nazis weiten die koloniale Praxis der Segregation auch auf Deutschland aus. Ehen von *weißen* Deutschen mit Menschen of African Descent in der deutschen *Diaspora* und mit deprivilegierten Menschen of European Descent (*Sinti* und *Rromnja, POC´s, Juden)* stehen nun unter Strafe (*Gesetz zum Schutze des deutschen Blutes und der deutschen Ehre* 1935). Das *Reichsbürger:innen-Gesetz* ändert die Identitätspolitik, hebt Rechtsgleichheit unter *weißen* Deutschen auf. Staatsbürger*innen der 2. und 3. Klasse müssen nun per *Ahnen*pass ihre Privilegiertheit dokumentieren. Die *Damara*-Strasse in *Berlin*-Wedding erinnert an deutsche Ansprüche auf die Kolonie *Deutsch-Südwest* (06.08.1937). Als Direktor des *Kaiser-Wilhelm-Instituts für Anthropologie, menschliche Erblehre und Eugenik* ist *Eugen Fischer* verantwortlich für Erfassung und Aussonderung von *Juden, Sinti, Romnja,* und *Erbkranken*. Und setzt damit seine 1908 in *Deutsch-Südwest* an den *Rehoboter:innen* ausgearbeiteten *white supremacy*-Positionen institutionell um. Es folgen Tötungen und *Genozide*.

Auch für bis zu 800 *Afro-Deutsche* Kinder der afrikanisch-französischen Besatzungstruppen bedeutet das Konzentrationslager oder illegale Zwangssterilisierung und Enteignung. Aus ihrer eigenen Gegenwart kennt die *Afro-Deutsche* Künstler:in of African Descent Strategien des diskursiven Widerstands gegen *weiße* kolonialrassistisch geprägte Erinnerungsnarrative. Mit den Begriffen *Shoa* und *Holocaust* wird der Kontext historischer Gewalt an *Juden* offengelegt. Mit *Porajmos* bezeichnen *Romnja* den *Völkermord* an ihren Communities. Auch *People of African Descent* setzen der Erinnerung der Araber:innen und *weißen* Europäer:innen eigene politische Narrative entgegen (*Maafa, Afrikanischer Holocaust, Holocaust der Versklavung* und *Schwarzer Holocaust).* Soldaten aus *Frankreichs* Kolonien kommen nach dem Sieg über *Deutschland* in ein Übergangslager im *Senegal* und müssen sich gegen Frankreichs Rassismen wehren (1944). Die US-Armee beendet mit dem Krieg gegen Deutschland auch das Fraternisierungsverbot. Zumindest vor dem Gesetz sind körperliche Beziehungen zwischen Soldaten und Deutschen jetzt erlaubt (10 1945). Die Apartheit in den *USA* wird aufgehoben. Dennoch werden Afrikanisch-Amerikanische Väter vom US-Militär versetzt, wenn sie *Afro-Deutsche* Kinder zeugen. Damit liegt das Sorgerecht bei den Jugendämtern. Die Jugendämter sperren die Kinder unsichtbar für die Öffentlichkeit in Heimen ein. 500 *Afro-Deutsche* Kinder kommen in die *USA* und bis zu 3.000 kommen zur Adoption nach *Dänemark*. 4.800 *Schwarze Deutsche* Kinder werden als Opfer schwerer Menschenrechtsverstöße durch staatliche Gewalt traumatisiert. Zwangssterilisierung von *Afro-Deutschen* wird nach der Kapitulation fortgesetzt. Die *Afro-Deutsche* Künstler:in of African Descent wird bei ihren Beobachtungen nicht gesehen. Sie ist unsichtbar. Sie kehrt zurück in die Gegenwart und entsteigt der Zeitmaschine innerlich zerrüttet. Während der Fahrt mit der U-Bahn kommt ein *weißer* männlicher Mensch auf sie zu: Entschuldigung! Haben sie vielleicht wenigstens 10 Cent für Essen und Wasser. Ich frage jetzt schon seit länger als drei Stunden und kaum ein Mensch gibt mir was. Das *doppelte Bewusstsein* der Zeitreisenden zerbricht an der Schizophrenie von Assimilation und Widerstand. Tränen laufen. Die gebürtige *Nigerianer:in* kommt aus einer alten Kultur. Multiversum vereinigt alle Parallelwelten. Macht ihre Anwesenheit in *Deutschland* sie zu einem Teil des *weißen* Wissens-, Werte- und Rechtssystems? Ist sie Türhüter:in? Eines *demokratischen* Systems? Mit Lieferketten und globalen Warenströmen, das Menschen, Länder, Rohstoffe und Kulturen ausbeutet? Eine Sister *Undercover*? Literarische imitieren geometrische *Parabeln* und doppelte *Parabel*-Äste deuten Bild- und Sachebene der Erzählung an. Sie fragt die *Ancestors* um Rat.

080 **Die Türhüter:in stellt öfters an. Kleine Verhöre mit einem Mensch. Fragt einen Menschen aus. Über Heimat und nach vielem andern, es sind aber teilnahmslose Fragen, wie sie große Herrscher:innen stellen, und zum Schluss sagt sie immer wieder. Dass ein Mensch. Vor dem Tor der Gött:innen. Eingelassen werden könne. Noch nicht. *Weiß*-Afrika fährt 1. Klasse zum Mond.**

Die Ancestors raten ihr, die Gesetze der näheren Vergangenheit zu untersuchen. Zeit sei eine Illusion. Sie scrollt die Timeline entlang wie bei einem YouTube-Video: *Südafrika* verankert für *Südwestafrika* drei unterschiedliche Klassen: Menschen of African Descent, *Coloureds (Afro-Europäer:innen* und andere Menschen aus diversen kulturellen und ethnischen Hintergründen*)*, und privilegierte *weiße* Kolonisator:innen (1950). Für *ver_Sklav_te* Menschen of African Descent, *Gastarbeiter:innen*, für *Fremdarbeiter:innen*, *Vertragsarbeiter:innen*, *People of Colour* und *Migrant:innen* sei Zeit ein Ausfluss des Geistes, sagen die Ancestors. Die Konkretisierung von *sygnifyin*. Das *Gesetzes zum Schutz von Flüchtlingen* schützt Freiheitskämpfer:innen nicht, die Widerstand gegen Kolonial-Herr:innen leisten (Deutschland 1953). Die *Afro-Deutsche* Künstler:in of African Descent scrollt schneller an der Timeline. In *Indonesien* auf der *Konferenz von Bandung* organisieren sich 6 Staaten Afrikas und 23 Staaten Asiens für einen dritten Weg (1955). An *West-Deutschen* Hochschulen sind vierundvierzig Student*innen aus *Ghana* eingeschrieben (1957). Berlin feiert Präsident *Nkrumah´s* Besuch mit der *Ghanastraße* (08.10.1958). Als Widerstand gegen die Umsiedelungspolitik der Verwaltung *Südafrikas* verdecken *Hereros* den Kopf des *Reiterstandbildes* (Windhoek, 12 1959). Die Mauer zwischen beiden deutschen Staaten wird gebaut (1961). *Martin Luther King, Jr.* besucht *Ost-* und *West-Berlin* (1964). In *Hamburg* stürzen Student:innen die *Wissmann*-Skulptur (1968).

BILD 02 | (2021) » Digital Re-Appropriation of the Past Healing the Future«. Artist: AFROTAK TV cyberNomads. Format: 180 x 320 cm. Copyright: Adetoun und Michael Küppers-Adebisi.

BILD 03 | (2019) »Remains Interdependenken Anything about Us without Us is against Us«. Artist: AFROTAK TV cyberNomads. Format: 154 x 109 cm. Copyright: Adetoun und Michael Küppers-Adebisi.

In *Südwestafrika* leben 746.328 Menschen unter UNO-Mandat des Apartheitsstaates *Südafrika* (1971). 90.658 Privilegierte *(Weiße)*. 49.203 *Hereros* (Menschen of African Descent). 32.853 *Namas* und 16.474 *Rehoboth (Colourds)*. Sie erhalten größere Häuser und Grundstücke. *DDR*-Universitäten beherbergen 4.700 *ausländische* Studierende (1971).

BILD 04 | (2016) »Black Berlin Biennale 2016 reTHINKING Nation, Genocide Racism & Discrimination based on Gender & Religion. Format: Größe 12 x 10 m. Artist: AFROTAK TV cyberNomads. Copyright Adetoun & Michael Küppers-Adebisi.

Die Schriften *Hendrik Witbois* werden veröffentlicht (*DDR 1972)*. Die *DDR* nimmt 430 Kinder der Unabhängigkeitsbewegung aus *Namibia* auf (1979–1988). Die *Neue Schwarze Deutsche Bewegung* formiert sich auch im Raum *Köln-Düsseldorf* (1985/1986). Trotz Nichteinmischungsregeln für Zeitreisende bringt die *Afro-Deutsche* Künstler*in sich mit nigerianischen Perspektiven ein. An *DDR*-Universitäten sind 13.000 ausländische Student:innen eingeschrieben (1989). Von der namibischen Bevölkerung sind 39.000 Menschen Nachfahren von *Afro-Deutschen Nama*-Frauen und *weißen* Deutschen und *Buren*.

BILD 04 | (2020) »Black Berlin Biennale 2020. Das ist nicht unser Schloss. The white privilege Show (We can do anything)«. Artist: AFROTAK TV cyberNomads. Format 12 X 10 m. Copyright Adetoun & Michael Küppers-Adebisi.

Weiße Nachkommen deutscher Siedler*innen haben Anspruch auf einen deutschen Pass. Kurz nach Mauerfall wird *Namibia* unabhängig (1990). Die 430 *DDR*-Kinder werden aus Sorge vor rassistischen Übergriffen nach

Namibia zurückgeholt. Die für einen demokratischen Staat unfassbaren *Neo-Pogrome* gegen Refugees in *Hoyerswerda, Mölln, Solingen* sortiert die *Afro-Deutsche* Künstler:in of African Descent in eine neue Playlist (1991). Auf dem *Black History Month* werden die Ereignisse heftig diskutiert (1992–1993). Statt zu schützen, verschärft der Staat das Asyl-Recht. *Statt Lichterketten* inszeniert der *Afro-Deutsche* Kultursalon *TheCoffeeshop* Interventionen an der *Kunstakademie Düsseldorf. Mo Edoga* aus Mannheim baut einen *Turm der Hoffnung* und *Black Hyperion* performed mit *Return of the Native* Gegen-Narrative aus *Afro-Deutscher* Perspektive (beide *Dokumenta IX., Kassel* 1992). An der Kunstakademie wird der Kampf um Worte, Bilder, Skulpturen und Musik mit dem Elder *of African Descent El Loko* zusammengeführt *(Lost Tribes of Afrika,* Literatur-Anthologie *1995). Black Hyperion* nimmt einen neuen Namen an und infiltriert als *Sun Leegba Love* digitale Game-Industrie-Narrative: Mit dem Kunst-Projekt *Underground* entsteht ein *afrofuturistisches* Spiel (1996). Politische-, Wirtschafts- und Klima-Flüchtlinge verwandeln den Schlossplatz vor dem *Palast der Republik* in einen dekolonialen Diskursort in Form einer öffentlichen Zeltstadt (*The Voice Refugee Forum* 2001). *Okwui Enwezor* konstatiert das Ende eines *Kurzen Jahrhunderts* mit einer Ausstellung im *Gropiusbau* und kuratiert die *Dokumenta* in *Kassel*. Damit wankt das institutionelle Monopol *weiß* und kolonial geprägter Kultur in Deutschland (2002). Der Platz an der *Kunstakademie Düsseldorf* wird zu Ehren *Hilarius Gilges* umbenannt (2003). Der *May Ayim Award (1. Internationaler Schwarzer Deutscher Literaturpreis)* wird als *UNESCO*-Projekt zur Erinnerung an den *ver_Sklav_ungshandel* ausgelobt. Die Vergabe der *Black Germania* verknüpft Vergangenheit & Gegenwart (10 2004). Als Mitorganisierende der *Anti-Kolonialen Afrika-Konferenz* fordern *Brandenburger Flüchtlingsinitiative* und *The Voice*: Sichtbarmachung anti-kolonialen Widerstandes von Menschen of African Descent; Reparationen; Antidiskriminierungsgesetze; Aufhebung von Einreise-, Arbeitsverboten und *Residenzpflicht;* Rückgabe von *Human Remains,* entwendeten Kunst und Kulturschätzen; *Oetker* und *Schleyer* sollen Großfarmen in *Namibia* zurückgeben, die nicht dem Lebenserhalt dienen (11 2004). Und wieder geschieht für einen demokratischen Staat Unfassbares: *Oury Jalloh* verbrennt in deutscher Polizeizelle (*Dessau* 2005*)* und 9 Menschen of Color werden vom Nationalsozialistischen Untergrund getötet (2000–2006). Medien, Justiz und Polizei verdächtigen die Opfer (bis 2011). Der Abriss des *Palasts der Republik* hinterlässt ebenfalls *ZWEIFEL* (2008). Die *Internationale Liga für Menschenrechte* verleiht *Mouctar Bah* die *Carl-von-Ossietzky*-Medaille für sein Engagement für *Oury Jalloh* (2009). 4 Jahre nach dem *May Ayim Award* wird in Kreuzberg das *May-Ayim-Ufer* nach gemeinsamer Intervention Schwarz-*weißer* Allianzen eingeweiht (2009). *Chika Okeke-Agulo* co-kuratiert mit *Who Knows Tomorrow*, Berlins koloniale Verwobenheit als Teil Europas: *Pascale Marthine Tayou* dekonstruiert mit *Colonial Erection* national zentrierte historische Narrative. Seine Skulpturen bilden Menschen of African Descent ab, die von der *Neuen Nationalgalerie* in den Stadtraum blicken. *Yinka Shonibare MBE* deckt in unmittelbarer Nähe des Schlossplatzes mit seiner Installation *Scramble for Africa* zur *Berliner Afrika-Konferenz* die Doppelmoral der Kolonialmächte auf. *El Anatsuis* monumentales Werk *Ozone Layer and Yam Mounds* schreibt der *Alten Nationalgalerie* außereuropäische Geschichte ein. Die *Afro-Deutsche* Künstler:in of African Descent zögert vor ihrer Rückkehr in die *Parabel* der Gegenwart, weil sie sich nach jeder Reise elender und schwächer fühlt. Das Vordergrund-Geschehen Zeitreise hat übertragene Bedeutungen. Nun braucht sie erst einmal Egussi und vor allem Bitter Leave.

090 **Ein Mensch sich für die Reise mit vielem ausgerüstet hat. Ein Mensch verwendet alles. Und sei es noch so wertvoll. Die Zahl Schwarzer Menschen of African Descent ohne Fahrschein bei der BVG aus Schwarz-Afrika ist. Im ersten Corona-Jahr deutlich gestiegen. Um die Türhüter:in zu bestechen entschleiert sie die angeblich letzten Geheimnisse. Diese nimmt zwar alles an, aber sagt dabei: Ich nehme es nur an, damit du nicht glaubst, etwas versäumt zu haben.**

Also navigiert die *Afro-Deutsche* Künstler:in of African Descent wieder durch die Komplexität multipler Zeiten, von der Hoffnung getrieben, in der Vergangenheit Strategien zur Überwindung der Türhüter:innen zu finden. Sie landet im Jahre 2011. Die Schwarze Deutsche Zivilgesellschaft schmiedet strategische Allianzen, die der Aneignung Schwarzen Widerstandes und ent_Erwähnung Schwarzer Narrative durch Bildungssystem und Medien gegensteuern. Mit *Afrika-Rat Berlin Brandenburg*, *The Voice Refugee Forum* und *ISD* greifen die Medien-Aktivist:innen von *AFROTAK TV cyberNomads* direkt in den Zeitfluss ein. Die *Afro-Deutsche* Künstler:in beobachtet die Unterstützer:innen of African Descent im *Haus der Kulturen der Welt.* Über eigene Kommunikationskanäle werden durch Flyer, Plakate und Videos visuelle Perspektiven der *Diaspora* in die Kampagne *No Amnesty on Genocide* eingespeist. Mit dem Lied *Lift every Voice* wird der Vorfahren gedacht und spirituell auf die Veranstaltung eingestimmt. Das Zeitreisen zeitigt *subversives Zuhören* in den Augen der Anwesenden. Sie sieht den Ausdruck des Erkennens in den Augen der Berliner *Diaspora,* als die *Hereros* und *Namas Afro-Deutsch* sprechen. Ein Deutsch, das durch Zeit und Raum gereist ist und hundert Jahre auf diesen Augenblick gewartet zu haben scheint. Die *Parabel* öffnet den Raum für Fragen zu Moral und ethischen Grundsätzen. Bei der Übergabezeremonie in der *Charité* hört sie die heilenden Töne von Musiker*innen um den afrikanisch-amerikanischen Saxophonisten *Fuasi Abdul-Khaliq*. Erstmalig werden geraubte *Köpfe* von deutschen Institutionen zurückgegeben. Die Sprecher*in der Bundesregierung entschuldigt sich dennoch nicht für den *Völkermord* und die *Diaspora* interveniert. Menschen of African Descent in Deutschland mit und ohne deutsche Staatsbürger:innenschaft fordern Entschuldigung, Anerkennung und Reparationen für *Namibia* (05.10.2011). Die *Tagesthemen, CNN, DW* und *BBC* berichten. Tausende Menschen erwarten die *Köpfe* in *Namibia* bei der Ankunft am Flughafen in *Windhuk*. Viele tanzen. Erneut kann die *Afro-Deutsche* Künstler:in of African Descent bei ihrer Rückkehr in die Jetzt-Zeit kaum stehen. So berührt ist sie vom Geschehen. Kulturen sind keine statischen Plattformen stabiler Werte und Erinnerungen. Weder sind sie in sich geschlossen noch homogen. Die Skulpturengruppe mit *Großem Kurfürst* und 4 *ver_Sklav_ten* Menschen steht jetzt im Schloss Charlottenburg. Ein Abbild ohne die 4 *ver_Sklav_ten* Menschen steht auf der Museumsinsel. Erinnern heißt Kämpfen. Zwei Türme fallen. Macht es das besser? Sie ist mental erschöpft. Die *Parabel*-Paradoxie lehrt, dass je *afrikanischer* die Moral ihrer Perspektive, desto kosmopolitischer und weniger Schwarz wird der Ansatz ihrer Analyse.

100 **Während der vielen Jahre beobachtet ein Mensch die Türhüter:in fast ununterbrochen. Ein Mensch vergisst die andern Türhüter:innen, und diese erste scheint das einzige Hindernis für den Eintritt in das Gesetz. Ein Mensch verflucht den unglücklichen Zufall. In den ersten Jahren rücksichtslos und laut. Später. Als alt werdend. Brummt ein Mensch nur noch vor sich hin. Ein Mensch wird kindisch und spielt mit der Android-App *Schaffner Radar*. Da ein Mensch im jahrelangen Studium der Türhüter:in auch die Flöhe im Betriebssystem erkannt hat. Bittet ein Mensch auch diese, zu helfen frei zu werden. Die Türhüter:in umzustimmen. Unabhängig davon, welche gerade Linie kontrolliert wird.**

Dann erneut die Stimme, der Sprechgesang *Yemanja*´s. Die Ironie in der Stimme ist kaum überhörbar:

ich starre auf ein schloss ...... das sich in den himmel hebt
wenn ich drüben im ghetto bin ...... privilegiert
und lebe in der hölle ...... spiel´ einfach: verein
*oder sei eine zivilgesellschaft-entertainer*in ...... weil menschen*
of african descent wie ich ...... die lesen nicht gut
alle lieben mich ...... aber niemand kümmert mein blues
ich träume von veränderung ...... aber jetzt verstehe ich

dass alles stets besser wird ...... aber niemals gut
und mein lachen gefriert ...... während ich brenne
in ´ner hölle ...... namens demokratie
und kämpfst du für paradigmenwechsel ...... machen sie aus dir ´n treuen askari
und askaris in deutsch-ostafrika...... *desertieren sobald wie möglich*
wir leben im alptraum ...... und grüßen tibor sturm
vor dem gesetz ... ... ohne recht auf verteidigung
inhaftiert ... ... oder verbrannt wie oury jalloh
paranoid und schizophren und eingeweisst ...... und niemand ist schuld daran
8 uhr nachrichten von NSU *und* AFD *...... und parteien*
schreiben sich weiße *vorherrschaft ...... in´s Programm*
*20% der wähler*innen wählen 1930 ...... und 70% dürfen*
nur ***in*** *die urne ...... aber nicht* ***an*** *die urne*
und die Kultur spielt dumm ......und baut
reaktionäre schloss-architekturen ...... doch sie weiss-ten *nicht was sie tun*
und alles wird immer besser ...... doch nie wird ´was gut
hee, huh, hee, huh, hee, huh, hee, huh ...... hee, huh, hee, huh, hee, huh
Berlin ... ... Berlin
du große mudda der träume ...... aber in deinen kiezen
ist nicht immer alles ...... wie es scheint

110 **Schließlich wird das Augenlicht schwach, und ein Mensch weiß nicht, ob es wirklich dunkler wird oder ob nur die Augen täuschen. Wohl aber erkennt ein Mensch jetzt im Dunkel einen Glanz, der unverlöschlich aus der Türe des Gesetzes bricht. In Berlin werden jährlich etwa 400.000 Menschen ohne gültigen Fahrschein identifiziert. Nun lebt ein Mensch nicht mehr lange.**

Die Zeitreisende hält sich die Hand an den Kopf. Sie spricht, als versuche sie, Ideen festzuhalten, die die Illusionen untergraben, die einen ganzen Kontinent zum Symbol machen. Der Skarabäus, den sie in ihrer Tasche findet, ist mit ihr durch die Zeit gereist. So wie *Ra* mit der Sonnenbarke über den Himmel fährt. Sie schaut sich in dem Raum um. Dieser Raum. Und du und das Gefängnis von 600 Jahren sind zu anders für ihr Gedächtnis. Ist sie jemals durch die Zeit gereist? Oder ist das alles nur ein Traum? Es heißt, dass das Leben manchmal ein ziemlich elender Traum ist. Zeitreisen, die ihren Ausganspunkt in einem kolonialen Kontext nehmen, werden nicht alleine dadurch subversiv, dass sie von *POC* oder *PAD* initiiert werden. Die *SWAPO*-Regierung lehnt eine *Herero*-und-*Nama-Völkermord*-Gedenkplakette am *Genozid*-Denkmal ab (*Windhoek*, 21.03.2014). Beschützer:innen *weißer* Archive. Die *Afro-Deutsche* Künstler:in of African Descent kann Träume nicht ertragen, die nicht der Hoffnung entspringen. In *Parabeln* werden *Gleichnisse* erläutert, die das eigene Verhalten verbessern können. *Okwui Enwezors* lässt das Kapital von *Marx* vollständig auf der *56. Biennale von Venedig* vorlesen und stellt sozial-politisch motivierte Ideen über die Ware (2015). Die *Anti-Humboldt Box* reist und trägt die Nachricht in die Welt. Die *Wunderkammern* mit Errungenschaften der Menschheit werden von den Wissenden ebenfalls heimgesucht. Das ist Wahnsinn. Die Bastion zur letzten Hoffnung. Schwarze Kultur 2.0 hat Gegenwart wie eine Zeitmaschine durchdrungen. Ob dies Ursache oder Wirkung noch allgemeinerer Ursachen war, ist nebensächlich. Geschichtsbewusstsein wird unnötig, da Deutschland neue Schlösser für Geschichten und Spirits eröffnet. Während massive Kritik das Halten von Geiseln und *Gris Gris* anderer Zivilisationen in ethnologischer Sammlungen thematisiert. *BLM*. Ihr seid überall.

120 **Vor dem Tode sammeln sich im Kopfe alle Erfahrungen der Zeit zu einer Frage, die ein Mensch bisher an die Türhüter:in nicht gestellt hat. Ein Mensch winkt ihr zu, da ein Mensch den erstarrenden Körper nicht aufrichten kann. Ein Großteil der Fahrgäste in der Hauptstadt hält sich an neue Verordnung. Wer verstößt, muss beim nächsten Halt aussteigen. Sie steigt vom Baum herunter.**

Es ist das Jahr 2021, als die *Afro-Deutsche* Künstler:in of African Descent ihre erste und letzte Reise unternimmt. Zwanzig Jahre nachdem *Brothers und Sisters Keepers* mit »*Adriano – Die letzte Warnung*« in die Charts stürmten. Die Zivilgesellschaft fordert de_koloniale Erinnerungskulturen. *Genozid* wird von der Bundes-Regierung nicht länger geleugnet. Das *Linden-Museum Stuttgart* gibt die Bibel *Witboi´s* zurück und die Menschen in *Namibia* jubeln. Das sächsische Gesetz entscheidet trotz internationaler Proteste: *Oury Jalloh* war (k)ein Mord. Den Nachfahr:innen der *Herero*- und *Nama-Genozid* Opfer wird nicht direkt geholfen. Land Matters nur zwischen Staaten. *Wissmann*strasse heißt nun *Lucy-Lameck*-Straße in *Neu-Kölln. Mitte* entscheidet *2018* auf Umbennenung: *Lüderitzstraße* wird *Cornelius Frederiks Strasse* (Widerstandskämpfer, *Nama). Nachtigalplatz* wird *Manga Bell*-Platz (*Emily und Rudolf Duala Manga Bell,* Widerstandsaktivist:innen, *Kamerun).* Die 2 Teile der *Petersallee* werden *Anna Mungunda-Allee* (Unabhängigkeitsaktivist:in, *Namibia*) und *Maji Maji-Allee* (Widerstandsbewegung, *Tanzania*). Seit der *Corona-Pandemie* ist die Umbenennung des *Robert Koch Institut* trotz kolonialer Menschenrechtsverstöße des Namensgebers kein Thema mehr.

BILD 06 | (2015) »Looking at you Look – Turning white Cubes into Black Boxes«. Artist: AFROTAK TV cyberNomads. Format: 74 X 160 cm. Copyright: Adetoun und Michael Küppers-Adebisi.

Und des anderen Teils in *Maji-Maji-Allee* (zur Erinnerung an den Widerstand in *Tansania*). 2020 wird entschieden, die *M**-Strasse soll zukünftig *Anton-Wilhelm-Amo-Strasse* heißen. Das *Humboldt-Forum* eröffnet und installiert zusätzlich ein Kreuz mit der Aufforderung, alle mögen sich vor Christus beugen. Die *Benin* Skulpturen werden zurückgegeben. Die *Nso* warten trotz prominenter Unterstützung von *Chimamanda Adichie* noch, ob die König:innenmutter *Ngonnso* nach Hause darf. Im Mai 2021 vereinbaren Deutschland und Namibia 1,1 Milliarden Euro über einen Zeitraum von 30 Jahren, um Projekte in Gemeinden zu finanzieren, die vom *Völkermord* betroffen sind. Und die *Hereros* stürmen entrüstet das Parlament in Windhuk, weil sie und die *Namas* nicht einbezogen werden. Anything About Us without Us is against Us. Post-Kolonialismus betont kein Ende, sondern das Andauern von Kolonialismus in Identitätskonstrukten und Wirkmächtigkeiten.

130 **Die Türhüter:in muß sich tief zu ein Mensch hinunterneigen, denn der Größenunterschied hat sich sehr zuungunsten von ein Mensch verändert. Erneut in überfüllte Mehrbettzimmer gesperrt werden. Weiter keine Arbeitserlaubnis. Warten auf die wahrscheinliche Abschiebung. Was willst du denn jetzt noch wissen? Fragt die Türhüter:in. Du bist unersättlich.**

Die *Afro-Deutsche* Künstler:in of African Descent will antworten, doch da klingt leise, leiser als sonst ein Sprechgesang in ihren Ohren. Es ist wieder *Yemanja*, die zu ihr spricht:

könnte ich nur zehn minuten länger... ... reisen durch die zeit
hätte ich die kraft ... ... noch ´ne erinnerung zu überleben
matrix - ausbruch ... ... statt déja vu - lehranstalt
die pille zu schlucken ... ... und schwarze matrix viren versprüh´n
aufhören wird er... ... nie dieser druck
und doch gibt es einen weg ... ... durch die zeit
dein gehirn und dein körper... ... sind die hardware
die seele ... ... das betriebssystem
in den a...sch kriechen ... ... hilft niemandem
und so tanzen wir in der Schlange... ... und sehen aus wie Idioten
tagtägliches aufrappeln ... ... und erfüllen ihre quoten
die fabrik die plantage ... ... das social media gelabbere
wir erfinden black germania und may ayim *award ... ... um ihre narrative zu brechen*
gründen no amnesty on genocide ... ... und holen unsere ancestors zurück
könnt´ ich nur zehn minuten länger reisen durch die Zeit
hätt´ ich die kraft ´ne weitere erinnerung zu übersteh´n
würd ich seh´n ... ... in der encyclopedica africana germanica
wie unsere weissen *allianzen ... ... die erinnerung verdreh´n*
meinem brain ... ... ´n schleuder-trauma verpassen
während sich im humbold forum ... ... weisse *menschen versammeln*
völkerschau ... ... of the 21st century
eh wen starrst du an ... ... mit so ´nem gesicht?
nimm deinen blick ... ... von uns´rer geschichte
bevor wir dir ... ... die zukunft verdichten
Berlin Berlin ... ... große mutter der träume
In Berlin ist nich´ immer alles so ...... wie´s scheint
wer aus ´em umland kommt von Berlin ...... kann sich irren
aber ich kenn´ das gesetz ...... und ich kenn´ die globalisierte welt

Und wie aus einem Brunnen sprudeln aus dem Mund, da wo einst blut-rote Lippen rankten, über die jetzt rissigen Lippen aus Worten Wasserfälle: Führen die Zeitreisen der ersten *Afro-Deutschen* Künstler:in of African Descent, die in der hauptsächlich *weißen* Kunstwelt den Durchbruch schafft das Gesetz an seine Grenzen? Reißen die Oberflächen seit der *Black Berlin Renaissance* (2001–2005) und dem Sampeln *Afro-Deutscher* Kulturen? Entkommt das ästhetische Gefängnis dem Bezug auf *weiße* Wissens-Systeme? Sind Symbiosen von Hoch-Sprache und Populär-Kultur, von Ladung und Entladung im kollektiven *Two-Step* zeitgemäss? Zeitigt Wechselstrom radikal-feministische Singularität und musikalisch an-mutende Geschichten brutaler Wahrheiten, die es verdienen, auf ihre eigene Weise verstanden zu werden?

Überwindet die *Black Berlin Biennale for Contemporary Art und Decolonial Discourse* und ihre Kooperationen mit *Sinti* und *Rromnja* und Asiat:nnen, die von *weißen* Hierarchien gesetzten Grenzen von Community? Zeitigen Reisen ohne Ressourcen eine Ur-eigene Instinkt-getriebene Ikonografie die Potenziale reitet? So wie Loas? Befreien Bilder und *Afro-Päische* Hacks die *Human Remains* der *Ancestors* aus den *weißen* Archiven? Initiieren sie Heilprozesse für *Genozide* und erzählen von reparierten Zukünften? Trotz museal_isierter Artefakte? Hallen die optimistischen Dialektiken *Nollywoods* im Neubau der Reichstags-Untergrund-Bahn wider? Da wo *Unter den Linden* in Panoptiken einst koloniale Morde zu Heldentaten stilisiert wurden? Privilegiert der Untergrund Gegen-Archive aus *Dakar*, Logos, *Lagos* und *Benin* ... und ... und! Die *Afro-Deutsche* Künstler:in of African Descent sammelt Kraft. Zeitreisen die Geister? Sie nehmen Einfluss auf Worte, Zeichen und Piktogramme visueller Kommunikation, anti_Design-Manifestos, Fashion Shows und Online-Events jenseits staatlicher Vermummungs-Gebote. Weltlich und zeitgemäß! Sie hat Lust auf tiefere Wahrheiten hinter Gesetzen. L´art pour l´art noir – pour social-Change. Machen. Warum reproduzieren *Afro-deutsche weißen* Rassismus? Ich fürchte, die eigenartigen Sensationen des Reisens in der Zeit kann ich nicht wirklich beschreiben. Nach Zeitreisen. Über den Zeitgeist hinaus. Die über der Zeit stehenden Geister sehen. Afrobeat tanzende Buchstaben der Liebe durchdringen Visionen. Wer wird zuerst da gewesen sein? Die Griots? Der Baobab? Soul-Children existieren ohne uns. Brain Children auch. Das erkennt sie nun. Die Zeitreisende wundert sich. Ob das Leben eine Erfindung ist? Science-Fiction, *Hades* und Dystopie. Fantastisch und unglaublich! Intersektionale Intensität des Erlebens, so glaubhaft und nüchtern. Dantes Hölle ist die Banalität des Bösen? Sie liegt die Nacht wach und denkt. Am Tag beschließt sie eine neue Zeitreise. Sie geht in das Labor. Das Labor ist jedoch leer. Die *Parabel* ist *Legende*. Und Legende ist eine literarische Gattung, die historische Ereignisse durch Hinzufügen überhöht. Es gibt keine Zeitmaschinen in der erweiterten Realität des Post-Contemporary. Stille!

Und dann kaum noch hörbar klingt die Antwort ihr in den Ohren:

140 **Alle streben doch nach dem Gesetz. Sagt der ein Mensch. Wieso kommt es. Dass in den vielen Jahren niemand außer mir Einlass verlangt hat? Die Türhüter:in erkennt. Dass schon am Ende ist. Ein Mensch und. Um noch zu erreichen ein vergehendes Gehör. Brüllt an sie: Sie konnte die Fährfrau nicht zahlen. Hier konnte niemand sonst Einlass erhalten, denn dieser Eingang war ein Eingang nur für dich. Ich gehe jetzt und schließe. ES.**

OUTRO Die Essayist*in des The African Courier kommt zu dem Schluss, dass eine Kontinuität kollektiver Schwarzer Erfahrungen anzunehmen bedeutet, den Geschichtenerzähler:innen auf den Leim gegangen zu sein. Dieser Mensch ist die Protagonist:in dieser Geschichte. Als Zeitreisende und Aktivist*in rückt sie die Diskurse zu systematischer Kolonialisierung von Wissen und Kultur, kollektiven Verletzungen und Reparationen ins Zentrum. Sie performt unkontrollierbare Konnotationen und verunsichert die Gatekeeper*innen und Türsteher*innen der Kultur_Industrie. Der Kategorisierung als akademisch widerspricht sie: Ich bin kein Teil des Single-Story-Kunst-Zirkus. Geschichten erfinden Realitäten. *Nollywood* und *Bollywood* genau so erfolgreich wie *Hollywood. Weiße* Fiktionen sind erfolgreich, weil sie Zugang zum Fundus der Weltkulturen haben. Weil ihre reMixe Waffengewalt in Verträge gießen. Weil sie Ressourcen weiterverarbeiten und Narrative *weißwaschen*. Und teuer weiterverkaufen. Weil sie Erkenntnisse kontinuierlich löschen. Weil sie Kultur-Propaganda an die *Askaris* der *Diasporas* outsourcen. Weil Projekte per Definition einen Anfang und ein Ende haben. Aber keine Lösung. Weil *weiße* Allianzen jederzeit bereitwillig helfen, Ressourcen und Narrative zu retten. Und seit der *Haiti*-Revolution in *Santa Domingo* 1791 als Wegezoll kategorisch unsere Freiheit fordern. So verbleibt die Macht im Zentrum der Revolution. Mieten müssen gezahlt werden. Doch Vorsicht! Nur wenn *Yorubas, Hereros, Namas* und *San, Damara, Ashantis* und *Bells, Nbelle* und *Zulus*, Ibos, Duallas, Wolof und *Afro-Deutsche* eigener Wahrheit kollektiven Ausdruck verleihen, kann postmigrantische Wirklichkeit wahrhaft dekolonial werden. *Anything About Us without Us is against Us*. Darum wachsen wilde Blumen wie die *Black Berlin Biennale für Contemporary Art und Decolonial Discourse*. Menschen of African Descent sind Teil aller Communities. Eine Geschichte ist eine Erleuchtung, oder ein Kampf. Sie ist Waffe, oder Liebe. Verwalten können Geschichten alle, die genügend Ressourcen haben. Oder Zugriff auf Festplatten und Cloud-Storage-Spaces. Geschichten der Zukunft erzählen aber können keine Bundesregierung, kein Propaganda-Ministerium und auch keine *weiße* NGO. Das können nur die Geschichtenerzähler:innen, die von widerständigen Gött:innen zeitgenössischer Post-Independence geküsst und von den Loas geritten werden. Der Geist eines Kunstwerks wirkt tiefer, weil Geist noch nicht kopiert werden kann. Und darum, während wir Zukunft erschaffen, verwandeln sich zentrale Artefakte und Wissenskulturen in *weißen* Archiven, Museen und Bibliotheken in bedeutungslose, ladungsfreie Konsumartikel. Wein zu Wasser. Weil sie nicht gefüttert werden. Sie werden wie Autos in Häusern, vor denen Obdachlose schlafen, zu Spekulationsobjekten. Ohne Bezug zu Familien und Geschichten, die ständig sich weiterentwickeln, haben jahrhundertelange Deportationen und ent_Recht_ung eine von Traumata geplagte Diaspora und einen schuldbeladenen Westen erschaffen. Das Anthropozän steht für planetarische Veränderung eines abgewirtschafteten Planeten. Form follows Function. Neue diskursive Formen erschaffen sich. Voller Potenziale, gewachsen an Problemen. Und mit Lösungen, die 3-D-Drucker aus Abfall-Algorithmen produzieren. Die *Afro-Deutsche* Künstler:in of African Descent transportiert Strategien und Wissenskulturen des Überlebens aus unmöglichen Umgebungen. Es stimmt, dass Zeitreisen und *Parabeln* eigentlich nichts für Schwarze Menschen sind. Weil es kaum *Shared S(H)E_stories* gibt, die nicht vom Leid sich nähren. Zeitreisen und *Parabeln* sind notwendig, weil sie Ressourcen-und-Klima-schonend intersektionale Kontexte verändern. Nachdem *Legenden* dem kritischen Interesse der *Aufklärung* nicht standhielten, werden sie in der *romantik reLoaded* des 21. Jahrhunderts wieder geachtet. Zahlreiche schaffen neue *Legenden*. Seid ihr Lösung oder Problem? Der 3. Plattenteller ist noch frei für eine Playlist mit dem Titel: Powersharing. Für Jetzt. Für die Vergangenheit. Und für die Zukunft.

Deutschland und Namibia in Geschichte und Gegenwart: Namibische Wirklichkeiten

Uazuvara Katjivena

Erinnerungen an Mama Penee

Mama Penee war meine Großmutter. Sie hieß eigentlich Jahohora Inaavinuise. Die Deutschen nannten sie Petronella. Als Enkelkinder wurden wir so erzogen, dass wir die Älteren nicht bei deren Namen nennen durften. Auch Petronella konnten wir nicht aussprechen. Deshalb nannten wir unsere Großmutter Mama Penee. Ihr jüngster Sohn und ihre drei Enkelsöhne wurden von ihr großgezogen. Unsere Mutter musste als Waschfrau für weiße Familien in Otjiwarongo zum Lebensunterhalt der Familie beitragen. Wir wuchsen im 70 Kilometer davon entfernten Okakarara auf. Wir Enkelkinder löcherten Mama Penee, um etwas über ihre Eltern zu erfahren. Wir wollten wissen, wer sie waren. Erst nach vieler und langer Fragerei versammelte sie uns eines Tages um sich zu einem ernsthaften Gespräch. Sie bat uns ausdrücklich darum, niemals unsere Herkunft zu vergessen, von der wir kommen.

Als elfjähriges Mädchen hatte Mama Penee ihre Eltern und Großeltern verloren. Ihr Vater war Mureti und ihre Mutter war Kauatjitotje, die Tochter von Mutihu und Tutejuva. Ihre Eltern und Großeltern hatten geglaubt, in den Hügeln von Okovakuatjivi ein Versteck gefunden zu haben. Im nahegelegenen Trockenflussbett konnten sie nach Wasser graben. Vor ihrem Todestag hatten sie dort noch ein Wasserloch gebuddelt. Tags darauf schauten sie nach, wieviel Wasser sich in dem Loch gesammelt hatte. Als sie sich dem Flussbett näherten, flog eine kleine Ente davon. Mama Penee beobachtete ihre Eltern aus der Entfernung. Plötzlich hörte sie Lärm, der wie Donnerschläge klang. Ihre Eltern und Großeltern brachen zusammen und starben an Ort und Stelle. Die im nahegelegenen Gebüsch versteckten deutschen Soldaten fingen an zu feiern.

Zur Erinnerung an Mama Penee und ihre Geschichte, die auch unsere Geschichte eines Völkermords ist, habe ich ein Buch geschrieben. Hier folgt ein kurzer Auszug daraus.[1]

Als Mama Penee nach dem Tod ihrer Eltern und Großeltern zum ersten Mal die deutsche Frau treffen sollte, für die sie später arbeiten würde, erlebte sie eine Demütigung, die sie nie vergessen sollte. Sie wurde brutal vor einem Hof abgeladen, ohne dass sie wusste, mit wem

1 Katjivena, Uazuvara: *Mama Penee. Transcending the Genocide*, Windhoek 2020. Eine deutsche Übersetzung ist in Arbeit und soll 2022 erscheinen.

sie reden oder wo sie hingehen sollte. Das Militärfahrzeug, das sie dorthin gebracht hatte, drehte sofort um, nachdem sie abgestiegen war, und fuhr davon. Sie stand für eine Weile in der drückenden Hitze und überlegte, was sie als Nächstes tun sollte. Sie setzte sich unter einen schattigen Baum.

Ich trug immer noch das, was von jenem traditionellen Gewand übriggeblieben war, das ich in all diesen Jahren der Not und Furcht anhatte. Obwohl die Kleider verschlissen waren, bedeuteten sie mir viel. Insbesondere der Kopfschmuck, den ich von meinen Eltern zu meiner vorläufigen Reifheitszeremonie bekommen hatte.

Katrina, die bei der Familie auch als Dolmetscherin beschäftigt wurde, kam ursprünglich aus dem südafrikanischen Kapland. Sie beherrschte vier Sprachen und war für die Küchenarbeit, die Reinigung und die Betreuung der Kinder verantwortlich. Katrina nahm als Erste Kontakt zu mir auf, als ich unter dem Baum saß. Sie bat mich mitzukommen, weil Frau Kirschner einen Blick auf mich werfen wollte. Ich folgte ihr zum Haupthaus, vor dem die Hausfrau auf der Veranda wartete. Sie winkte Katrina rasch weg und ging mir langsam entgegen. Ihr Blick war fest. Sie starrte mir direkt in die Augen. Frau Kirschner war eine große Frau, viel größer als ich, und dennoch war sie nicht dick. Sie blieb nicht stehen, bis sie so nahe stand, dass ich meinen Kopf heben musste, um den Blickkontakt zu halten. Sie wirkte feindselig und gereizt, doch das störte mich nicht. Ich hatte eigentlich nichts anderes erwartet. Ich dachte zuerst, dass sie mich schlagen würde, doch nichts passierte. Ich wollte fast lächeln, aber traute mich nicht. Ich wusste, dass sie dies provozieren könnte. Stattdessen behielt ich festen Blickkontakt. Auf einmal änderte sich ihr Gesichtsausdruck. Sie sah aus, als würde sie den Tränen nahe sein. Ich wusste nicht warum, aber ich hatte Mitleid mit ihr. Sie drehte sich abrupt um und ging mit festen, schnellen Schritten ins Haus zurück. Ich blieb stehen und fragte mich, was eigentlich passiert war. Es fühlte sich so an, als hätten wir gerade um etwas gekämpft, von dem ich keine Ahnung hatte. Frau Kirschner reagierte so, als hätte sie diesen Kampf verloren, aber warum?

Als es Abend wurde, kam das Militärfahrzeug wieder zurück. Ich wurde noch einmal gebeten, zurück zum Herrschaftshaus zu kommen. Der Mann, der das Auto gefahren hatte, ließ sich in dem Stuhl auf der Terrasse nieder. Katrina stand hinter dem Stuhl, bereit zum Übersetzen. »Du warst gegenüber meiner Frau sehr respektlos und ich warne dich davor, es jemals wieder zu sein. Du tust, was sie verlangt, und du tust es so schnell, wie sie es verlangt. Du bist verantwortlich für die Wäsche und dafür, dass alles auf dem Hof sauber und aufgeräumt ist. Dir wird beigebracht, zu waschen und zu bügeln. Und gibt dir meine Frau mehr Aufgaben, erledigst du auch diese.«

Er hielt inne, atmete tief ein und rutschte auf dem Stuhl nach vorne. Die Ellenbogen lagen auf seinen Knien und das Kinn ruhte auf seinen geballten Fäusten. Sein Gesicht war streng. »Hör gut zu: Da es dein erster Tag hier ist, habe ich dir mit Worten erklärt, was für ein Verhalten wir hier von dir erwarten. Wenn ich mitbekommen sollte, dass du jemals wieder ungehorsam warst, kriegst du eine richtige Tracht Prügel mit diesem hier.« Er griff einen Stock, der am Stuhl lehnte, und schlug demonstrativ in die Luft, um zu unterstreichen, was passieren würde, falls ich trotzen sollte. ▯Ich schwöre: Wenn du irgendwas falsch machen solltest, werde ich deinen Kopf abtrennen.▯ Während er dies sagte, bewegte er den Zeigefinger, als würde er durch den Hals schneiden. Ich legte meine Hände schützend über meinen Hals.

»Du verstehst. Gut. Deinen Hals wirst du nämlich nicht wiederfinden, wenn ich mit dir fertig bin.« Er lehnte sich zurück und legte seine Hände auf die Armlehnen. »Diese Felle, mit denen du dich bedeckst, will ich nie wieder in diesem Haus sehen. Verstanden?« Ich nickte friedfertig und wurde entlassen. Als ich mich an diesem Abend zum Schlafen legte, überlegte ich, in welcher Hinsicht ich eigentlich gegenüber Frau Kirschner respektlos gewesen war. Wir hatten kein einziges Wort miteinander gesprochen. Ich hatte noch nicht einmal angefangen zu arbeiten, also hatte ich wirklich keine Ahnung, was ich eigentlich falsch gemacht hatte.

Am nächsten Tag gegen Sonnenaufgang wurde ich zum Herrenhaus beordert. Hier wärmte Frau Kirschner gerade in einem großen Eisenkessel Wasser auf. Als ich durch die Tür kam, kippte sie das Wasser in eine große Wanne und nahm den Schmuck von meinem Kopf. Sie zückte eine Schere und schnitt mir die Kleider vom Leib. Daraufhin befahl sie mir, mich in dem heißen Seifenwasser zu waschen. Wir sprachen nicht dieselbe Sprache, aber Frau Kirschners Körpersprache war unmissverständlich. Wir hätten mit Zeichensprache kommunizieren können. Aber ich wusste, dass jeder Versuch, dies zu tun, als Ungehorsam hätte missverstanden werden können. Deshalb sagte ich gar nichts.

Der Tradition zufolge sollte der Kopfschmuck der Herero nur auf Wunsch der Eltern oder nahen Verwandten einer jungen Frau in einer zeremoniellen Handlung abgenommen werden. Trotzdem verbat Frau Kirschner Mama Penee, jenen Kopfschmuck zu tragen. Während Mama Penee in der Wanne saß, schnitt diese den Kopfschmuck in kleine Stücke und warf sie in den Kamin. Mama Penee trauerte im Stillen. Sie fühlte sich vollständig gedemütigt und weinte dennoch nicht. Der Schmuck war die letzte konkrete Erinnerung an die Verbindung zu ihren Eltern. Diese nun brutal vernichtet zu sehen, zerstörte sie. Als sie sich gewaschen hatte, befahl man ihr, sich nackt in die Sonne zu stellen, bis sie komplett trocken war. Frau Kirschners Strategie war deutlich: sie mit Erniedrigung und Scham zu brechen. Mama Penee schämte sich in diesem Moment tatsächlich. Trotzdem war es weit weniger schmerzhaft, entblößt vor Allen auf der Farm zu stehen, als ihren Kopfschmuck verbrennen zu sehen. Als sie endlich trocken war, wurde sie in ein viktorianisches Kleid gesteckt. Ihr war heiß und unangenehm, aber sie gewöhnte sich rasch daran, genauso wie andere Ovaherero-Frauen vor ihr, die auch auf Farmen arbeiten mussten.

Dies war der Anfang einer neuen Ära im Leben von Mama Penee.

Manchmal tat mir die deutsche Frau leid. Sie rannte immer umher und stellte sicher, dass alles zu ihrer Zufriedenheit geputzt, gewaschen und gebügelt, der Garten instandgehalten und das Essen zubereitet wurde. Sie hatte fast nie Zeit sich auszuruhen, da sie den ganzen Tag ihren Untertanen Befehle zubrüllte. Ich konnte Frau Kirschner oder ihren Mann nie verstehen. Letzterer aß drei Mahlzeiten am Tag, und ein Lunchpaket wurde ihm immer zur Arbeit mitgeschickt. Wieso hatte er so viel Essen nötig? Es gab auch andere Dinge, die mich auf dem Hof faszinierten: die Pumpen beispielsweise, welche das Grundwasser hoch zu den Wassertanks transportierten. Es schien so einfach. Warum waren die Weißen immer so gestresst? Zu ihrer Verteidigung wirkten sie entspannter am Sonntag, aber nur bis sie am Abend Gäste erwarteten. So wie ich es verstand, konnte man sie nur am Wochenende lachen hören.

Je länger ich auf dem Hof arbeitete, desto mehr lernte ich über das Leben der Deutschen und welche Konsequenzen jener Lebensstil für uns weibliche Diener hatte. Die erschreckende Wahrheit war, dass Frauen auch in meinem Alter vergewaltigt und gezwungen wurden, die Kinder der deutschen Männer zu gebären. Ich schwor mir, dass kein deutscher Mann mich jemals anfassen würde. Ich ging jedoch noch weiter. Um zu verhindern, dass mein Körper missbraucht würde, schlich ich mich an einem Abend davon, um Brennnesseln zu suchen. Ich rieb diese wiederholt über die Haut meiner Arme, Beine und den Hals. Der Schmerz war fast unerträglich. Aber ich hörte erst auf, als sich auf meiner Haut Ausschlag bildete. Egal wie oft meine Freunde mich fragten, erzählte ich ihnen nie, warum meine Haut so geschwollen war. Ich wollte sie viel lieber glauben lassen, dass ich krank war und sie eventuell anstecken könnte, als dass ich mein Geheimnis verraten würde. Deswegen bekam ich den Namen Inaavinuise, was in Otjiherero so viel wie »Madenmutter« bedeutete. Das machte mir jedoch nichts aus. Die deutschen Männer rührten mich nie an.

Wenn sie mich nicht Inaavinuise nannten, nannten sie mich Petronella. Petronella bedeutet Fels. Ich bekam diesen Namen, weil ich angeblich so stumm wie ein Stein war. Ehrlich gesagt, passte dieser Name zu mir. Ich sprach nie freiwillig und erzählte den Anderen nie von mir selbst. Ich hatte mich dazu entschieden, meine Pflichten schweigend zu erledigen. Nach einer Weile änderte Frau Kirschner ihre Einstellung und wurde mir gegenüber freundlicher. Da unser Verhältnis besser wurde, vertraute sie mir immer mehr. Wenn die Familie Kirschner verreiste, bekamen Katrina und ich Anweisungen, wie wir die anderen Diener zu beaufsichtigen hatten.

Im Sommer 1907 verstarb ihr Onkel Katûnu plötzlich. Wieder war Mama Penee alleine. In diesem Jahr wurde sie 14. Das Volk der Herero folgt der Abstammung der Mutter und meint, dass kein Kind sich selber überlassen sein sollte. Jedes Kind wird von einer Mutter zur Welt gebracht und deswegen ist kein Mensch jemals allein. Das Sprichwort »*Kuariri njoko kevako*« bedeutet so viel wie: »Sei auf der Hut, wenn eine Mutter weint«, da gesagt wurde, dass ein jeder Todesfall von den Tränen einer Mutter vorhergesagt wird. Da die Tradition es verbot, dass ein Kind alleine war und die Abstammung der Mutter niemals enden sollte, wurden die beiden Schwestern von Katûnu, Katueumuna und Inaautepeho, eigentlich Tanten von Mama Penee, ihre neuen Mütter. Alle haben eine Mutter irgendwo, obwohl sie es vielleicht nicht wissen.

Jephta Nguherimo

Namibia und Deutschland: nichtRespektierte-unWürdige Erinnerung und Versöhnung

Nach der Unabhängigkeit Namibias von der südafrikanischen Apartheid-Regierung forderten die OvaHerero, repräsentiert durch Paramount Chief Kuaima Riruako und Professor Mburumba Kerina – beide sind inzwischen verstorben –, einen Dialog mit der deutschen Regierung, um über Reparationszahlungen für den Genozid zu verhandeln. Zu der Zeit rügte der erste Präsident Namibias Sam Nujoma den Paramount Chief, da Reparationsforderungen seine Politik der nationalen Versöhnung behindern würden. Diese Politik bestand im Prinzip daraus, dass das Land, das den OvaHerero und Nama mit Gewalt genommen worden war, in den Händen der Weißen bleibt, die mehrheitlich deutscher Abstammung sind.

Sogar der Präsident der Bundesrepublik Deutschland, Roman Herzog, der einer der hochrangigsten Würdenträger war, die Namibia 1998 besuchten, weigerte sich, die OvaHerero-Führung zu treffen. Daraufhin verklagte Paramount Chief Kuaima Riruako die deutsche Regierung vor US-amerikanischen Gerichten, um Reparationen und Restitution zu erwirken – doch ohne Erfolg. Nach vielen Jahren aktiver Demonstrationen und Petitionen für die internationale Anerkennung der Forderungen der OvaHerero entsandte die deutsche Regierung im August 2004 endlich ein hochrangiges Regierungsmitglied nach Namibia, um sich zu entschuldigen.

Als die damalige deutsche Ministerin für wirtschaftliche Zusammenarbeit und Entwicklung, Heidemarie Wieczorek-Zeul, diese Entschuldigung aussprach, fühlte ich mich ermutigt und gleichzeitig erwartungsvoll. Ich hatte die Hoffnung, dass ihre Worte ein neues Kapitel der Versöhnung öffnen und das Kapitel des Schmerzes und der Bitterkeit schließen würden. Direkt fragte ich mehrere Älteste, was diese Entschuldigung ihnen bedeute. Auch fragte ich meine nun verstorbene Großmutter Inaambepera, die mich aufzog und den Anstoß für mein Buch *unMarked-unBuried* gab, sowie ihre Schwester Inaavimaka und einen Cousin mittleren Alters, den nun auch verstorbenen Jim Jerry Ngavetene.

Ich stellte allen folgende Frage: Was sollen wir nun, da die Deutschen sich für den Genozid entschuldigt haben, tun? Ihre jeweiligen Antworten waren interessant, aber nicht überraschend.

Großmutter Inaambepera: »Wenn eine Person sich entschuldigt, was sollen wir dann tun, außer die Entschuldigung anzunehmen. Wir sind zu schwach, um etwas anderes zu tun.« Ihre Stimme wurde etwas schwächer und sie vermied Augenkontakt, als sie den letzten Satz sagte.

Großtante Inaavimaka: »Es gibt nicht viel, was wir tun können. Dennoch denke ich, dass sie das Land unserer Vorfahren zurückgeben sollten, das sie durch Gewalt genommen haben. Ich unterstütze keine finanzielle Kompensation, denn das wird nur zu Problemen unter uns führen. Wer wird das Geld verteilen?«

Cousin Jim Jerry: »Ich begrüße die Entschuldigung. Aber das Leiden, das unser Volk ertragen musste, die Tötungen, die Konzentrationslager und die Enteignungen können nicht nur durch eine Entschuldigung ohne Kompensation geheilt werden. Wenn die Entschuldigung also von Bedeutung sein soll, muss Deutschland Entschädigungen für den Genozid zahlen und das gestohlene Land zurückgeben.«

Ihre Antworten und die vielen Gespräche, die ich seither mit Menschen über dieses Thema führte, haben mir gezeigt, dass nicht-respektierte Erinnerung immer das zentrale Hindernis bei der Versöhnung zwischen den Deutschen und dem Volk der OvaHerero bleiben wird. Darüber hinaus hat diese nicht-respektierte Erinnerung das Potenzial, zukünftige Kriege und Instabilität in Namibia auszulösen. Bei der Antwort meiner Großmutter spürte ich eine widerwillige Akzeptanz der deutschen Entschuldigung und einen Wunsch, das alles hinter sich zu lassen. Allerdings veranlasste mich ihre rhetorische Frage, was man denn tun solle, da man zu schwach sei, zum Nachdenken. Hätte sie anders geantwortet, wenn sie den Eindruck gehabt hätte, dass die OvaHerero stärker wären? Oder wollte sie sagen, dass, wenn eine mächtige Nation sich entschuldigt, das schwächere Volk, die OvaHerero, damit zufrieden sein muss?

Großtante Inaavimaka, die nun 103 Jahre alt ist, sieht das Problem jedoch in einem anderen Licht. Hier ist es wichtig anzumerken, dass sie über 50 Jahre als Haushaltskraft für deutsche Arbeitgeber in Windhoek gearbeitet hatte. So konnte sie ihre Familie unterstützen und ihre Kinder zur Schule schicken. Da sie in der Stadt gelebt und die ungleiche Verteilung von Reichtum zwischen den verschiedenen Gruppen kennengelernt hatte, akzeptierte sie die Entschuldigung unter der Bedingung, dass Deutschland das gestohlene Land zurückgibt, das Weiße, hauptsächlich Deutsch-Namibier, besitzen.

Jim Jerry Ngavetenes Antwort war hingegen unmissverständlich und kompromisslos. Seine Ansicht wird mittlerweile von den meisten Menschen geteilt, die glauben, dass die ökonomische Ungleichheit durch den Genozid entstanden ist und durch finanzielle Entschädigung und der Rückgabe des gestohlenen Lands korrigiert werden muss. Zusätzlich zu seiner formalen Bildung, war er auch ein aufstrebender kommerzieller Farmer, der eine ganze Reihe an Hindernissen als schwarzer Farmer in Namibia hinnehmen musste, wenn es um Zugang zu Kapital oder um weitverbreitete, diskriminierende Kreditvergabemethoden der Banken ging.

Im Oktober 2004 hatte ich das Privileg, eine Ausstellung in Köln zu besuchen, nur wenige Monate nachdem die »Entschuldigung« überbracht worden war. Die Ausstellung trug den Titel *Namibia-Deutschland: Eine geteilte Geschichte; Widerstand, Gewalt und Erinnerung*. Dort befragte ich mehrere Menschen nach ihrer Erinnerung und Sicht auf den Genozid an den OvaHerero und Nama.

Hier sind ihre Antworten. Eine Frau mittleren Alters sagte: »Wir haben eine moralische und historische Verantwortung gegenüber Namibia. Aber diese Geschichte ist zu alt. Wir, als Deutsche, haben kein Bewusstsein dafür. Für uns ist Afrika zu weit weg.« Eine über 70-jährige pensionierte Lehrerin sagte: »Ja, Deutschland sollte finanzielle Entschädigungen als Hilfsleistung zahlen. Was werden die anderen ehemaligen Kolonialmächte tun? Diese Geschichte ist zu alt.« Und ein Mann mittleren Alters sagte: »Meiner Meinung nach ist das ein sehr schwieriges Thema. Wie kann man kompensieren für etwas, das so lange her ist? Es sollte eine Möglichkeit geben. Ich weiß nicht.« Leider habe ich das Notizheft mit den Namen der Interviewten verloren.

Diese Erfahrung brachte mich dazu, anders über deutsche Kultur und Menschen zu denken. Insbesondere darüber, was sie in den Schulen unterrichten. Und was ist mit Gedächtnis und Erinnerung im öffentlichen Raum? Selbstverständlich gibt es koloniale Gedenkorte in Deutschland, mit denen die Tapferkeit der Kolonialtruppen gepriesen wird, so etwa die ehemalige Lettow-Vorbeck Kaserne am Rande Hamburgs. Dieser Ort wurde 1933 von den Nazis während der Phase der deutschen Aufrüstung errichtet. Die Kaserne besteht heute aus einer Art Komplex von Apartments mit einem separaten Eingang, wobei jeder dieser verschiedenen Bereiche den Namen von Kolonialgenerälen trägt, die in Afrika kämpften.

Es gibt ein »Trotha-Haus«, benannt nach General von Trotha, der den Genozid an den OvaHerero verübt hat. Lettow-Vorbeck kämpfte dort ebenfalls und wurde verwundet. Als ich die Kaserne 2014 zum ersten Mal besuchte, gab es keine historische Kontextualisierung am Trotha-Haus. Die postkoloniale Bewegung in Hamburg versuchte, die Stadt dazu zu bringen, die Kaserne umzubenennen. Stattdessen wurde aber ein Kompromiss getroffen, der letztlich dazu führte, dass eine Tafel mit Erläuterungen zu von Trotha neben der Tür angebracht wurde.

Ich muss zugeben, dass ich nur sehr begrenzt persönliche Begegnungen mit Deutsch-Namibiern hatte. Das macht es schwierig, authentisch über ihre Ansichten zu unseren Forderungen nach finanzieller Entschädigung und der Rückgabe des Landes unserer Vorfahren zu schreiben. Allerdings fragen in letzter Zeit junge OvaHerero-Angehörige nach den Gründen der verdächtigen Stille der Deutsch-Namibier, wenn es um diese Themen geht. Mir ist bewusst, dass es da einen gewissen Dr. Hinrich Schneider gibt, der den Genozid bestreitet. Auch ist mir bewusst, dass es in Swakopmund von einer Frau angebotene Stadtführungen gibt, die den Genozid als kommunistische Propaganda von linken deutschen Akademikern und Politikern abtut. Dies wurde mir von einem deutschen Freund erzählt, der an solch einer Tour teilnahm. Meine schlimmste Begegnung war mit einer deutsch-namibischen Frau, deren Farm von der namibischen Regierung beschlagnahmt wurde. In meinem Buch habe ich ein Gedicht über die Arroganz der Sieger geschrieben: »Verlierer und Gewinner.« Das Gedicht erzählt von ihrem Gespräch mit mir beziehungsweise von ihrer Tirade.

There are losers and victors
You people must stop being bitter
That's the nature and fate of history
There is no mystery
War was fought
And your people lost
Get over it
Your people must submit

Es gibt Gewinner und Verlierer
Euer Volk muss aufhören verbittert zu sein
Das ist das Wesen und das Los der Geschichte
Da gibt es kein Mysterium
Ein Krieg wurde geführt

Und ihr habt verloren
Kommt drüber hinweg
Euer Volk muss sich fügen

An einem Punkt in dem Gespräch sagte sie, dass es in Ordnung gewesen wäre, wenn die Regierung das Land an die Maharero-Familie zurückgeben würde, von der ihr Urgroßvater es gekauft hatte. Da habe ich mich gefragt, ob ihr bewusst ist, dass es zu der Zeit kein Konzept von privatem Landbesitz in unserer Kultur gab. Ihre Gesichtszüge und Worte vermittelten Hass und Bitterkeit. Ich fragte mich, wie wohl in ihrer Kindheit das Narrativ über den Genozid gewesen sein mag, über die Landnahme und die Enteignung. Gibt sie dem Narrativ der OvaHerero und Nama über Anspruch auf das Land Raum? Oder sind jene und deren Geschichte ihr gänzlich gleichgültig? Was sind ihre Ansichten bezüglich der schwarzen Namibier? Sind es die gleichen unzivilisierten Menschen, die die ersten deutschen Kolonisten und vermutlich auch ihr Urgroßvater geschändet und verachtet haben? Diese Frau hinterließ bei mir einen unvorteilhaften Eindruck von den Deutsch-Namibiern. Ihre Überzeugung, einen Anspruch auf das Land zu haben, und ihre Selbstgefälligkeit verwundern mich noch bis heute.

Aber trotz all dieser negativen Erfahrungen habe ich bei der Rede eines jungen deutschen Farmers, der auf der Beerdigung meines Bruders gesprochen hatte, Hoffnung gefunden. Er sprach wohlwollend über ihre Beziehung, wie er zu ihm als einem Ältesten aufsah und empathisch die schwierige Geschichte zwischen OvaHerero und Deutsch-Namibiern anerkannte. Es ist nur fair, wenn ich anmerke, dass es auch progressive Deutsch-Namibier gibt, die in letzter Zeit versucht haben, mit den OvaHerero-Gruppen einen Kompromiss zu finden, um der Versöhnung einen Weg zu bahnen.

Vielleicht hätte die Ausstellung in Köln statt *Namibia-Deutschland: Eine geteilte Geschichte; Widerstand, Gewalt und Erinnerung* den Titel *Geteilte Landschaft, Widerstand, Genozid und geteilte Erinnerung* tragen sollen. Der Genozid an meinem Volk hat ein dauerhaftes psychisches Trauma auch bei den Folgegenerationen hinterlassen. Ihre Erinnerungen an den Genozid, die über Generationen dauernde Armut und das von Weißen besessene Farmland, das ihren Vorfahren mit Gewalt entrissen wurde, befeuern bis heute noch den Widerstand der OvaHerero.

Der Weg zur Versöhnung wird weiter verkompliziert durch die Rolle der deutschen Regierung. Sie schützt die deutsch-namibische Bevölkerung und ihre Interessen und weigert sich, den Genozid vollständig anzuerkennen und Reparationen zu zahlen. Die bilaterale Hilfe, die sie für Namibia bereitstellt, hat die namibische Regierung daran gehindert, sich für die Forderungen der OvaHerero- und Nama nach restaurativer Gerechtigkeit einzusetzen. Tatsächlich ist die namibische Regierung so etwas wie ein Vertreter der deutschen Regierung geworden, wenn es darum geht, die Stimmen des Widerstands zu unterdrücken.

Die Erinnerungen des Volkes der OvaHerero sind nicht Teil des deutschen Geschichtsnarrativs, und selbst wenn sie gehört werden, so werden sie nicht respektiert. »Afrika ist so weit weg und die Leute hier haben kein Bewusstsein für das, was in der Vergangenheit passiert ist.« Andere Deutsche, die ich interviewte, haben ähnliche Dinge erzählt, nur in anderen Worten – dass es ein tragisches Ereignis gewesen sei; es sei aber auch nicht wert, diesem Ereignis viel Aufmerksamkeit oder Erinnerung zu schenken. Daher denke ich, dass Deutsche es nicht für wichtig halten, dem Kolonialismus in Afrika zu gedenken und den Kindern in ihren Schulen etwas darüber und besonders über den Genozid an den OvaHerero und Nama von 1904 bis 1908 beizubringen. Die Angehörigen meines Volks sind keine Opfer, die es wert sind, an sie zu erinnern, und so wird ihr Andenken nicht respektiert.

Als Aktivist bleibe ich jedoch hoffnungsvoll, dass eine neue Generation sich um dieses Anliegen kümmern wird und einen friedlichen Weg zur Heilung und Versöhnung finden kann. Vielleicht können ihre Stimmen mit der des deutschen Farmers, der auf der Beerdigung meines Bruders sprach, ein Teil eines deutschen Narrativs werden, das das Leiden meines Volkes erkennt und seine Erinnerung als legitim und gedenkwürdig betrachtet. Eine Generation, die bereit ist, sich mit der Vergangenheit und der Gegenwart zu befassen und gleichzeitig die gegenseitige Erinnerung zu würdigen. Und hoffentlich kann am Ende der Traum von »*One Namibia, One Nation*« Realität werden.

Horst Kleinschmidt

Verstrickungen: eine Familie auf der Suche nach sich selbst

Wir waren keinesfalls was Besonderes in der »weißen« Gesellschaft. Hartnäckig und zäh verteidigten wir etwas, über das wir nie reden konnten. Wie Andere wurden wir als »Weiße« klassifiziert – während wir unsere Verwandten mit dunklerer Hautfarbe versteckten und verleugneten.

In weitaus größerer Zahl gibt es Nama, Ovaherero und Damara, die wahrscheinlich immer noch Mühe haben, ihre weißen Familienbande anzuerkennen. Leugnung gedeiht, wenn sie von Generation zu Generation flüsternd weitergegeben wird. Die deutschen »Schutztruppensoldaten« und andere Kolonialisten schwängerten unzählige Frauen und hinterließen Kinder, die nie ihre Väter kannten. Diese wuchsen im Dämmerlicht auf – manchmal galten sie als »weiß«, aber meist wurden sie auf den Status »nicht-weiß« herabgestuft. Die Verletzungen durch diese entwürdigende koloniale Praxis über Generationen hinweg kann kaum ermessen werden. (Herren-) Rasse und Vergewaltigungen hinterließen Narben und Wunden, die kaum auszuhalten sind.

Mein »Mischblut« stammt aus der Zeit vor dem kolonialen rassistischen Jahrhundert, das in Namibia offiziell 1884 begann. So viel mir bekannt ist, bin ich die Folge einer sorgenden und kulturell offenen Liebesbeziehung. Erst die Urenkel meiner Khoi-Vorfahren mütterlicherseits wurden gezwungen, sich ihrer Wurzeln zu schämen. Sie war nicht die einzige in unserer Familie, wegen derer wir uns schämen und die wir verachten sollten. Die koloniale Unterwerfung ab 1884 war der Beginn eines Jahrhunderts der Dunkelheit, das tiefe Spuren hinterlassen hat.

In Komaggas in der nördlichen Kapprovinz 2014 und erneut 2016 in Fransfontein in der Kunene-Region – dem unter der Apartheid geschaffenen Damaraland – im Nordwesten Namibias begannen wir, den Kreis der geflüsterten Geheimnisse über unsere Verwandten auf der anderen Seite der Eisenbahnschienen zu durchbrechen. Ungefähr 150 von uns trafen sich, um im Gestrüpp zwischen Tatsachen und Erfindungen, Schmerz und emotionalen Schäden einen neuen Weg zu suchen. Familienangehörige fanden sich aus Finnland, Deutschland, Südafrika und anderswo zusammen. Bei dem Zusammentreffen gestanden wir uns ein, dass nur wenige von uns »ganz« Weiß oder Schwarz sind. Durch einen DNA-Test weiß ich, dass ich zu einem 64sten Teil Nama-Khoi bin. Ich habe Damara-Verwandte. Dies verbindet mich auch mit einer viel größeren Familie von Oshivambo- und Otjiherero-Sprechenden. Diese Familienbindungen reichen bis zur Schwester von Samuel Maharero zurück.

Unsere Familientreffen haben uns von tiefersitzenden Spannungen befreit. Über vier Tage lang haben wir uns gegenseitig zugehört. Wir haben die »Wahrheits- und Versöhnungskommission« von einer staatlichen, nationalen Ebene auf die unserer Familie verlagert. Wir durchbrachen die Schranken, in von der Hautfarbe bestimmten Ghettos sozialisiert zu werden, und fühlen uns dadurch bereichert. Wir ermutigen Andere mit ähnlichen Geschichten, auch zu solchen Reisen aufzubrechen und damit die Distanz zwischen uns zu überwinden. Die Wahrheit zu erzählen und zu leben, eröffnete uns die Möglichkeit einen Weg zu beschreiten, auf dem die Schatten der Vergangenheit, die uns bis in die Gegenwart begleiten, gelüftet werden.

Es ging uns ein wenig wie im Umgang mit dem *Wag 'n Bietjie* Dornenbusch:[1] Erst einmal mussten wir einen Schritt zurück machen, um uns von den Dornenhaken zu befreien, bevor wir es wagen konnten, vorwärtszugehen. Dieser Schritt zurück muss nicht mehr sein, als sein Bedauern und die Scham einzugestehen, nichts getan zu haben, als »die Anderen« ihrer Rechte und Würde beraubt wurden.

Familientreffen der Nachfahren von Hinrich Schmelen und seiner Ehefrau Zara (geborene //Gaixas/) in Komaggas 2014.

1 Afrikaanse Alltagsbezeichnung (»Warte etwas«) für ein typisches lokales Gewächs. Siehe dazu https://de.wikipedia.org/wiki/Ziziphus_mucronata.

Wie sind wir dahin gekommen?

Achzig Jahre bevor die ersten Deutschen in das heutige Namibia kamen, hatte Napoleon Hannover besetzt. Mein Ur-Ur-Ur-Großvater, 1804 ein junger Mann, der nicht in Napoleons Armee dienen wollte, floh aus dem nahegelegenen Kassebruch nach London. Von der Londoner Missionsgesellschaft rekrutiert und ausgebildet, entsandte ihn diese erst in das Kleine und dann das Große Namaqualand. Sein Name war Hinrich Schmelen. Irgendwo da, wo die Trockengebiete der Kalahari und der Namib sich treffen, heiratete Missionar Hinrich Schmelen Zara. Erst vor einigen Jahren erfuhr ich, dass der volle Name meiner Ur-Ur-Ur-Großmutter Zara //Gaixas/ war. Sie war die Tochter eines Khoi-Führers, dessen Gemeinschaft entlang des Großen Gariep Flusses lebte. Während der gewaltsamen Kolonisierungsprozesse des 18. und 19. Jahrhunderts galt es als umsichtig, den Nachnamen durch Hendriks zu ersetzen.

In der Missionsgeschichte werden alle Verdienste nur Hinrich Schmelen zugebilligt. Dies bedarf der Richtigstellung. Seine Missionsberichte und Tagebucheintragungen dokumentieren, wie er zusammen mit seiner Frau die erste geschriebene Namaqua-Grammatik schuf. Gemeinsam erfanden sie die Schreibweise für die Klicklaute dieser Sprache, übersetzten die Heilige Schrift und ließen 1831 in Kapstadt die erste Nama-Bibel drucken. Der Gouverneur der Kapprovinz dankte beiden für deren Errungenschaften.

Ihre mittlere Tochter Johanna heiratete 1842 Missionar Franz Heinrich Kleinschmidt. Auf Einladung des damals einflussreichen Orlam-Nama-Führers Jonker Afrikaner versuchten sie, eine Missionsstation in Klein Windhoek zu begründen, scheiterten aber. Ein ähnlicher Versuch unter den Ovaherero in Groß Barmen ging ebenfalls schief. Schließlich gründeten und benannten sie Rehoboth unter den Damara. Als diese den Tribut an Rindern an Jonker Afrikaner nicht entrichten konnten, überfiel dieser Rehoboth und vertrieb die Ansässigen. Nach einer dramatischen Flucht mit Angehörigen seiner Gemeinde nach Otjimbingwe, starb Franz Heinrich 1864. Er wusste nicht um das, was seine Kinder erwarten sollte. Versuchung und Ablehnung wechselten in deren Leben, nachdem 1884 die deutsche koloniale Denkweise und Macht etabliert wurden.

Einer seiner Söhne, ein Händler der Rheinischen Missionsgesellschaft, wurde mit der Aufgabe betraut, die Missions-Handelsgesellschaft zur Eigenständigkeit zu entwickeln, damit diese den Händlern aus dem Kap und deren Handel mit Alkohol die Stirn bieten konnte. Er versuchte, dies zum Vorteil für sich und seine Familie zu nutzen. Aber der entstehende Sozialdarwinismus führte dazu, dass er isoliert und ausgeschlossen wurde. An Reichskommissar Heinrich Göring – als Leiter der Kolonialverwaltung neuer Herrscher im Lande – schrieb er bittere und verbitterte Briefe. Dieser hatte ihn benutzt, um Verträge mit den lokalen Häuptlingen auszuhandeln, dann aber sein Versprechen gebrochen, ihm dafür Anteile an der westlich vom heutigen Windhoek gelegenen Matchless Mine zu übertragen.[2]

Ein Jahrhundert sollte unsere geteilte Familiengeschichte vom Gegensatz zwischen der Aufnahme in die Kolonialgesellschaft und dem Ausschluss von und der Unterwerfung durch diese geprägt werden. Franz Heinrich Junior wusste seinerzeit noch nicht, dass seine Hautfarbe oder das krause Haar ein Fluch für ihn und seine Familie waren. Der deutsche Rassismus und danach die Apartheid waren die Saat für ein Erbe von Generationen an Abscheu, Verachtung, Teilung und Ungerechtigkeit, die durch deutsche »Entwicklungshilfe« nicht mehr rückgängig gemacht oder korrigiert werden können.

Die Kleinschmidts am Scheideweg

2 Heinrich Göring war Vater von Hermann Göring, der sich während der Nürnberger Prozesse 1946 das Leben nahm. Die Matchless-Kupfermine datiert bis in die Mitte des 19. Jahrhunderts zurück und zeugt von den lokalen wirtschaftlichen Aktivitäten der einheimischen Bevölkerung vor der Kolonisierung, die eine über vierhundertjährige Bergbaugeschichte umfassen. 1983 geschlossen, wurde sie 2012 wieder in Betrieb genommen.

Karibib um 1912. Abgelichtet sind (von links nach rechts) die Geschwister Mathilde, Heinrich, mein Großvater Gerhard und Helene. Alle wurden in dem Land geboren, das heute Namibia ist.

Mathilde und Fritz Ewald (der sie auf Besuch aus Ostafrika kennenlernte) wollten 1913 heiraten. Die neu erlassenen Kolonialgesetze erklärten Mathilde jedoch zur »Nicht-Weißen« und disqualifizierten sie deshalb für die Ehe mit einem »weißen« Mann. Auf deren Einspruch hin erteilte das Gericht in Windhoek die Genehmigung für die Eheschließung. Dies geschah aufgrund der auf der Aussage eines Pfarrers (keinem Missionar) in Karibib basierenden Beweisführung, dass Mathilde vielleicht nicht »weiß« sei, sich aber wie alle Weißen benehmen würde. Das Ehepaar reiste kurz vor Ausbruch des Ersten Weltkriegs nach Deutschland aus. Den Familienunterlagen zufolge starb Fritz am 11. Dezember 1916 im Krieg. Dessen Familie – die in Deutsch-Ostafrika eine Farm hatte – war gegen die Heirat mit Mathilde. Angeblich nahm er sich an diesem Tag das Leben. Gründe dafür sind Spekulation geblieben. Die tragische Geschichte blieb lange Zeit eines der gut gehüteten Familiengeheimnisse.

Heinrich trug im Bild eine Schutztruppenuniform. Er war zu jener Zeit noch keine 30 Jahre alt. War er am Völkermord an den Ovaherero und Nama beteiligt gewesen? Seine Mutter war halbe Nama. Wir wissen nichts weiter über ihn, außer dass er nach Deutschland ging und am 1. August 1915 bei Kriegshandlungen in der Nähe von Warschau getötet wurde.

Mein Großvater Gerhard war, wie geschildert, zu jener Zeit ein Farmer im Dienst der Rheinischen Missionsgesellschaft. Seine Schwester Helene heiratete in Deutschland. Weitere Informationen über sie finden sich nicht im Familienarchiv.

Opa Gerhard musste erfahren, was es bedeutete, es gerade noch so in die »weiße« Gesellschaft zu schaffen. Als ein Farmgehilfe der Rheinischen Missionsgesellschaft wurde er 1914 für die »Schutztruppe« eingezogen, als Südafrika den Deutschen den Krieg erklärte. Die »Schutztruppe« ergab sich 1915, nachdem sie eine Schlacht bei Ghaub verloren hatte – genau jener Missionsfarm, auf der meine Großeltern gelebt hatten. Bald darauf wurde Opa als Kriegsgefangener unter Kriegsrecht angeklagt, weil er Trümmerteile von Kriegsgerät auf der Farm verwendete, um neue Eingrenzungen für die Rinder und Schafe zu bauen. Der Prozess zog sich hin. 1921 wurden die Anklagen fallengelassen, nachdem eine zivile Verwaltung unter einer vom Völkerbund beauftragten südafrikanischen Mandatsherrschaft etabliert wurde. Opas Zukunft sah trostlos aus. Seit seiner Anklage war er von der deutschen Missionsgesellschaft in Wuppertal-Barmen entlassen worden, die wegen Finanznöten die Entlohnung einstellte. Ohne Zukunft zog die Familie nach Karibib um. Sein Versuch, dort eine Wagenmacherei zur Reparatur von Ochsenwagen aufzubauen, scheiterte. 1930 mussten Vati und sein älterer Bruder den Schulbesuch in Swakopmund abbrechen, weil die Schulgebühren nicht mehr länger bezahlt werden konnten. Opas Geschäfte gingen schlecht.

Ohne Schulabschluss schauten sich Vati und sein Bruder nach Arbeit um. Vati bekam eine Anstellung als Assistent von Heinz Beckurts, eines reisenden Vertreters des Handelshauses Täuber & Corssen in Windhoek. Beckurts ermunterte Vati 1933 zur Mitgliedschaft bei den Nazis. Beim Ausfüllen des Antragformulars musste er auch Fragen nach seiner arischen Abstammung beantworten. Hätte er gegenüber der NSDAP zum ersten Mal schriftlich zugegeben, dass er eine Nama als Ur-Ur-Großmutter hatte, wäre er wohl nicht in die Partei aufgenommen worden und hätte mit noch schlimmeren Folgen rechnen müssen: Er wäre möglicherweise als »Mischling« eingestuft worden und hätte damit den Status der Familie gemindert. Da, wo der Familienname seiner Ahnin stehen sollte, schrieb er: Maria Bam. Das klang deutsch genug.

Die jetzt schriftlich fixierte Kardinallüge diente der Sicherung und dem Erhalt unseres Status. Als Vati 1972 mit noch nicht einmal 58 Jahren starb, hatte er sein ganzes Leben unter der Apartheid damit verbracht, dass es keinen Zweifel am »Weiß-Sein« geben dürfe. Das Nazi-Diktum, keinen Tropfen »fremdes« Blut zu tolerieren, wurde in unserem Fall in die Familienregel überführt, dass eine Reinigung der Generationen nötig war, um sicher zu stellen, dass kein Tropfen »schwarzes« Blut in unseren Adern fließt. Dies erforderte strikte Segregation. In unseren Testosteron-gesteuerten Teenager-Fantasien konnten »coloured« oder schwarze Frauen niemals anziehend sein. Die erzieherische Botschaft war eindeutig: Wagt es ja nicht, eine »Coloured«, geschweige denn eine Schwarze nach Hause zu bringen. Die Vorstellung, ein weißes Mädchen könne sich mit einem Mischling oder Schwarzen einlassen, war undenkbar. War ein Schwarzer Mann mit einer Weißen Frau zusammen, konnte es sich nur um Vergewaltigung handeln, für die er die Todesstrafe bekommen konnte. Kein Schwarzer sollte so jemals wagen, Lust für eine Weiße zu empfinden. Mein Vater schimpfte weiße Mädchen und selbst meine Mutter aus, wenn sie »anzügliche« Kleidung zum Beispiel in Sichtweite des schwarzen Gärtners trugen, der altersunabhängig im alltäglichen Sprachgebrauch nur »Gartenjunge« hieß.

In der sechsten Generation nach Zara sprachen wir zuhause immer noch Deutsch, trugen Lederhosen und hatten einen Schäferhund. Wir sangen das nostalgisch geprägte volle Repertoire nationalistischer Volks-, Nazi- und Wanderlieder und die Südwester-Hymne.[3] Ohne mit der Wimper zu zucken, diskriminierten wir alle anderen, die nicht wie wir waren. Wir machten Schwarze und Mischlinge in herabwürdigender Weise lächerlich. Auch mochten wir keine Afrikaans-sprachigen Weißen (»Afrikaaner« oder Buren), da diese uns im Ersten Weltkrieg »unser Land« weggenommen hatten. Auch die Engländer konnten wir nicht leiden, denn sie hatten »uns besiegt«. Hinzu kamen in keiner geordneten Reihenfolge Juden, Katholiken, Adlige, der (frühere) Kaiser und die unliebsamen »Neu-Deutschen« (auch »Dscherries« genannt). Die letzteren, Einwanderer aus der Bundesrepublik Deutschland, verdienten nichts Besseres, weil sie nach dem Ende der Nazi-Ära keine echten Deutschen mehr waren.

Die erfolgreiche Behauptung, »weiß« zu sein, ergab Sinn. Es war deutlich besser, am unteren sozialen Ende der weißen Leiter zu sein als auf der oberen Stufe der »Schwarzen«. Um unsere soziale Errungenschaft abzusichern und zu konsolidieren, hatten wir uns dem weißen Überlegenheitsanspruch und -denken überangepasst. Die Wahrheit wurde ebenso wie die Empathie mit den »Anderen« über Bord geworfen – besonders auch was Verwandte betrifft, die das hätten verderben können.

Wir waren stolz darauf, Nachfahren reiner Pioniergenerationen von Missionaren zu sein, ohne jemals zur Kirche zu gehen. Eines Tages versammelte uns mein Vater, um sich, um uns – wie er dachte – »unsere« Geschichte vorzulesen. Er schlug die »Geschichte des Schutzgebietes Deutsch-Süd-West-Afrika« von Otto von Weber auf. Weit kam er nicht. Auf Seite drei las mein Vater: »Schmelen war gesund und bedürfnis-

3 Der Text für das *Südwesterlied* wurde 1937 für die deutschen Pfadfinder im Land geschrieben und auf die Melodie des »Panzerlieds« gesungen: »Hart wie Kameldornholz ist unser Land, und trocken sind seine Reviere« – mit dem Refrain: »Und sollte man uns fragen, was hält uns denn hier fest, wir könnten nur sagen, wir lieben Südwest.« Wenn auch heutzutage etwas »aus der Mode gekommen«, erfreut es sich immer noch großer Beliebtheit, um »Heimatverbundenheit« auszudrücken. Auch Heino nahm sich des Liedes an. Siehe dazu https://de.wikipedia.org/wiki/S%C3%BCdwesterlied.

los. Er heiratete ein Namamädchen und lebte wie ein Nama.« Mein Vater schlug das Buch zu und es verschwand. Als junge Erwachsene, während der 1960er Jahre, nahmen wir jetzt unsere Eltern auf den Arm. Waren wir Nama, Mischlinge, oder was? Das aus Versehen Vorgelesene muss meinen Vater sehr getroffen haben. Er reagierte auf unsere Frotzelei mit stoischer Ruhe. Dagegen versuchte meine Mutter, die Behauptung mit dem Hinweis anzuzweifeln: »Aber Genaues weiß man ja nicht.«

Wahrnehmung wird leicht Opfer der Unwahrheit. Wenn solche Wahrnehmung nicht korrigiert wird, verfestigt sie sich zu einer schwärenden Wunde. Erst durch jüngere Begegnungen erfuhr ich von den Wahrnehmungen über die Weißen in Namibia – diejenigen, aus deren Mitte ich komme. Deren mürrische Zurückhaltung wird als Zögerlichkeit empfunden, eine Mehrheitsherrschaft seit der Unabhängigkeit zu akzeptieren. Ihre Nicht-Beteiligung daran kommt der Verweigerung gleich, sich einzugestehen, dass die mit Unterdrückung einhergehende rassistische Teilung ein Verbrechen gegen die Menschlichkeit gewesen ist. Sie werden mehr als stolze Deutsche, denn als Namibier und Namibierinnen wahrgenommen. Sie suchen keine soziale Gemeinschaft außerhalb ihrer eigenen Gruppe – und haben es auch nie getan.

Diejenigen, die wir lächerlich gemacht, erniedrigt, diskriminiert, entrechtet und besitzlos gemacht haben, haben ein kollektives Trauma erlitten. Es durchdringt die Seele der Opfer. Aber umgekehrt manifestiert sich dies auch als Trauma unter den Nachfahren der Täter. Es verursacht Verleugnung, Unwahrheit oder eine verharmlosende Scheinverpackung der Untaten, die von den Vätern oder Großvätern begangen wurden. All diese Nachkommen müssen reden. Ihnen muss geholfen werden, sich auszuhalten. Zu wissen und zu lernen, was sie zugeben und einsehen müssen, um in Wort und Tat ihre eigene Menschlichkeit zurückzugewinnen. Schweigen und Verdruss sind keine Optionen. Wir schulden es uns und unseren Nachkommen, sich in ein zeitgemäßes Namibia einzufügen.

Wenn Deutschland denkt, mit Geld und ein paar zurechtgeschneiderten politischen Worten sei alles vergessen und vergeben, täuscht es sich. Dies erreicht wenig bis nichts in der Bewältigung rassistischer Ungerechtigkeit, dem Raub des materiellen Reichtums und der Landnahme. Es bedarf viel mehr, sich der Wahrheit und dem Trauma zu stellen, das der Horror kolonialer Ideologie und Gewalt verursachte.

Dag Henrichsen

Ovandoitji – Geteilte und gespaltene Archive

Das Familienarchiv

Der Ausbruch des Deutsch-Herero-Krieges in Okahandja am 12. Januar 1904 überraschte meine Urgroßeltern Wilhelmine und Emil Henrichsen in der Hafenstadt Swakopmund. »Ohne Gnad und Barmherzigkeit«, so Wilhelmine eine Woche später in einem Brief an ihre in Stuttgart lebenden Eltern, wurden »Frauen und Kinder« – nur europäische? – aus Angst vor einem Überfall an Bord der auf Reede liegenden Schiffe gebracht: »Ich habe … die eine Nacht derart durchgemacht an Angst um meinem Mann und an Seekrankheit, [dass ich] … am anderen Morgen bat, mich an Land zu bringen, ich wäre wahnsinnig geworden.« Obgleich sie ihre Eltern dahingehend beruhigt, dass »wir in Swakopmund … am sichersten vom ganzen Schutzgebiet [sind], da wir im Notfalle doch immer noch die Flucht auf das Wasser haben«, wurde zu Hause »das Arbeitszimmer … als Kriegszimmer eingerichtet, die Möbel an die Wand gerückt, geladenes Gewehr, Pistole und Munition liegt parat«. Offenkundig wurde ein Fotograf bestellt, um die Szene festzuhalten: Inmitten afrikanischer Waffen und Weinflaschen posierte Wilhelmine mit einer Pistole in der Hand neben einem Soldaten und ihrem ein Gewehr umklammernden Ehemann.

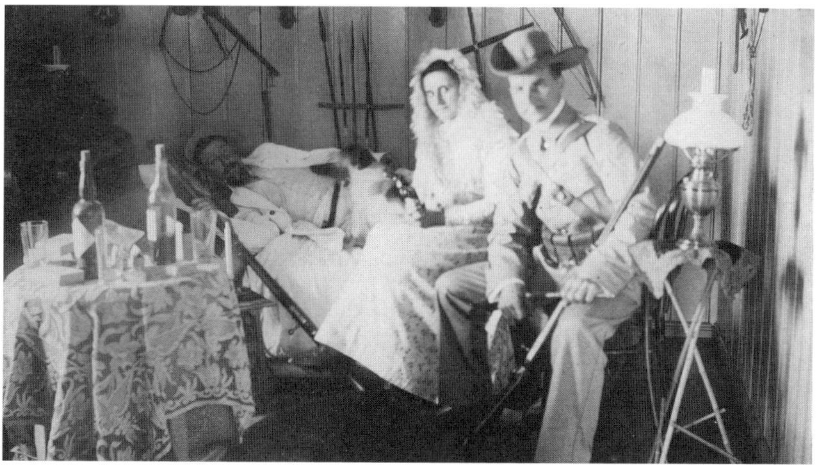

Im nächsten Brief nach Stuttgart verdichteten sich die Ankunft der erste Truppen aus Deutschland und die Schilderungen von aus dem Inland nach Swakopmund geflüchteten Siedlern zu einer aggressiven Bildersprache, wie sie für die Artikulation der Ängste der bedrohten Siedlergesellschaft typisch war:

»Jetzt [im Februar 1904] haben wir ja Gottlob Militair [sic], … alles lauter stramme Kerls, wie ausgesucht für hier. Ich denke, die werden fertig mit den Herero. … Gefangene sollen so wenig wie möglich gemacht werden, alle, welche in unsere Hände fallen, werden einfach erhängt, für die schwarzen Teufel ist selbst die Munition zu schade. Ihr werdet ja durch die Zeitungen die Greueltaten erfahren, die die Bestien an den in ihre Hände gefallenen Opfern ausübten …, den Männer schneiden die Weiber oft gewisse Teile ab, dann stellen sie sich vor sie hin und sagen: Du sollst keinen Herero mehr berühren … Mit den Frauen gehen sie noch bestialischer um, schneiden ihnen die Brüste ab etc. etc. … Solche Greueltaten erfährt man alle Tage und ist eine solch unbegrenzte Wut unter den Soldaten, dass die ihre Menschenmöglichstes [sic] thun, die Bande zu verderben, es wird aber wohl eine Zeitlang dauern.«

Echo

Prägt das Echo dieser Bilder bis heute meine lange, multigenerationale (post-) koloniale Familiengeschichte? Zumindest mein Selbstverständnis als namibischer Historiker hat es geprägt, als ich die Briefe und Fotografien meiner Urgroßeltern Mitte der 1980er Jahre als Student der afrikanischen Geschichte in Westeuropa erstmals in den Händen hielt. Sorgsam gehütet, waren die Dokumente in Deutschland in der Familie des 1904 in Swakopmund geborenen Walter als erstem Sohn von Wilhelmine und Emil verblieben. Walter, seine Eltern und sein 1905 in Stuttgart geborener Bruder Emil junior waren 1912 aus Swakopmund nach Deutschland zurückgekehrt, nach dem Verkauf einer durch den Kriegsboom in der Hafenstadt und dem kolonialen ›Aufschwung‹ erfolgreichen mittelständischen Handelsfirma. Die Swakopmunder Kaufmannsfamilie transferierte mit ihrer Übersiedlung nach Berlin in der Kolonie erworbenes Kapital, finanziell und symbolisch, in die Kolonialmetropole. Walter sah seine Geburtsstadt erst als Pensionär in den 1960er Jahren wieder, dann zu Besuch bei seinem Bruder Emil, der 1927 durch Vermittlung weiterhin bestehender sozialer kolonialer Netzwerke erneut nach Namibia auswanderte und blieb. Emil Henrichsen war mein Großvater. Das Familienarchiv zu Namibia gleicht seitdem einem transkontinental geteilten Archiv, mit einem in den folgenden Generationen stets neu ausgehandelten Transfer von Dokumenten, aber auch von in Swakopmund vor 1912 erworbenen kolonialen Gemälden und manchen ›Ethnografica‹ aus dem sog. Kriegszimmer.

Das Echo der Bilder aus der deutschen Kolonialzeit prägte die transkontinentale Familiengeschichte unterschiedlich. In meinem Fall als in Swakopmund aufgewachsenem Enkel von Emil junior wurde es seit 1927 von den Bildern der Apartheidzeit überlagert. Die spezifischen Bilder meiner Urgroßmutter von 1904 waren in meiner Jugendzeit unbekannt und die deutsche Familienkolonialzeit blieb vage, noch nicht einmal nostalgisch, letztlich unreflektiert. Umso mehr überraschten mich diese Bilder und Briefe und verstärkten mein Interesse, mich wissenschaftlich mit der vorkolonialen afrikanischen Geschichte Zentralnamibias, just der Geschichte von Herero vor der deutschen Kolonialzeit, auseinanderzusetzen. Das tue ich bis heute, mit kritischem Blick, auch auf die jahrzehntelange Apartheidzeit und damit nicht nur mit Bezug auf das Archiv meines Großvaters, sondern auch die dichten Archive meines Vaters Jörg, einem Sohn von Emil junior, und der 1929 nach Namibia ausgewanderten, deutsch-dänischen Gabriele von Bernstorff und meiner Mutter Resi Weckmann aus Köln. Nachdem sie in Stuttgart meinen zur Ausbildung in Deutschland weilenden Vater kennengelernt hatte, zog sie 1961 nach Swakopmund und lebt dort weiterhin.

Alle Väter und Mütter meiner Familie schrieben und fotografierten zum Teil ausführlich, manche deutsche und dänische Verwandte ebenso – Historiker:innen könnten meinen, dass »alles da« ist. Wirklich? Das beständige Aushandeln von Teilen eines immer wieder geteilten, verwobenen Familienarchivs über nunmehr mehrere Generationen in Namibia und Europa hinweg bestätigt zumindest eines: das der steten, transkontinental ausgeloteten und jeweils neu verankerten Spurensuche und Spurensicherung. Die koloniale, just auch die Apartheidvergangenheit spielt hierbei eine wesentliche Rolle wie auch, nach dem Zweiten Weltkrieg, die vielen, oft jährlich stattfindenden Reisen zwischen Namibia und Deutschland sowie manche Migration. Während ich inzwischen in Frankreich und in der Schweiz lebe, wohnen meine Brüder in Namibia und Deutschland, Cousinen und Cousins auch in Südafrika und diversen westeuropäischen Staaten.

Was fehlt in dem Archiv? Warum ist das Portrait von Gabriele von Bernstorff, das es gegeben hat, nach ihrem frühen Tod 1937 in Windhoek verschollen, nicht jedoch das von ihrem Ehemann Emil? Wieso ist in einem autobiografischen Bericht meines Großvaters der Name der Frau, in die er sich 1927 auf dem Ausreiseschiff verliebte, ausradiert worden, und von wem? Natürlich fehlt in einem Archiv stets vieles, sonst wäre es kein Archiv, und ist stets eine geschichtete Sammlung mit Auslassungen. Ein Archiv entwickelt erst dann eine Dynamik, wenn nach dem, was nicht (mehr) vorhanden ist, was nicht angesprochen und nicht antizipiert wird, gefragt wird – und damit nach sogenannten alternativen Geschichten, Handlungen oder einfach fehlenden Namen. Angesichts des kolonialen Kontextes ist es z. B. sehr naheliegend zu fragen: Wo sind die vollen Namen oder Erinnerungen, vielleicht sogar mancher Brief der afrikanischen Dienstbotengesellschaft, die jede meiner namibischen Familiengeneration umgab und von der sie sehr offenkundig geprägt wurde, oft festgehalten in Fotografien, gestreift in einem Brief, seit den 1960er Jahren auch in Familienfilmen mit Aufschriften wie »Wir 1970« abgebildet?

Schon Wilhelmine ging in ihren Briefen auf ihren Dienstbotenhaushalt ein: 1906 berichtete sie ihren Eltern, dass es im Swakopmunder Haushalt »4 Jungens« gab, einen »›Agra Boy‹ als Waschjungen, meinen Hans (Kaffer) als Zimmerjungen und zum servieren, einen Ovambo als Küchenjungen, einen 6-jährigen Hererojungen als Spielgefährten für Walter, somit hat Frl. Frieda morgens nur Stubenwischen und dann die Kinder, ich das Kochen und die Oberaufsicht, so geht es ganz gut, ohne sich übermäßig anzustrengen.«

Manches Echo dieses Bildes hielt sich bezeichnenderweise lange just in der Familie von Walter in Deutschland. Ich frage längst: Wer waren zumal die afrikanischen Kinder im Haushalt von Wilhelmine und Emil? War etwa der 6-jährige »Hererojunge« einer der vielen Kinder, die aus den großen Gefangenenlagern der Stadt (bis 1908), wie es im Rahmen des Zwangsarbeitssystems üblich war, an deutsche Haushalte »verteilt« wurden? Wie hieß jener »Junge«, der auf einem Foto, das die Henrichsenfamilie mit drei Dienstbot:innen um 1906 posierend und repräsentierend zeigt? Just dieses Foto fand sich erst 2019 und, wie in einem schlechten Film, zuunterst in einer arg verschmutzten Fotoschachtel auf dem Dachboden von Walter Henrichsens Nachkommen in Deutschland, unter einem zerbrochenen Bilderrahmen und mit der Bildseite nach unten gekehrt. Bislang haben meine Recherchen zu gefangenen Kindern und Familien in Swakopmund und ihr Schicksal in deutschen Familien in den Akten namibischer Archive keine Hinweise ergeben. Wie es auch keine umfassende Studie zu diesen Kindern gibt, geschweige denn zur Dienstbotengesellschaft in Namibia im 20. Jahrhundert überhaupt, zu den Wäscherinnen, Köchinnen, Kinder- und Putzfrauen in Siedlerhaushalten, ganz im Unterschied zur Geschichte von Farm- und Minenarbeitern.

Die *Ovandoitji*

Zwischen 1989 und 1992 führte ich in Zentralnamibia unzählige Gespräche und Interviews mit älteren, Otjiherero sprechenden Frauen und Männern über die Geschichte Zentralnamibias im 19. Jahrhundert. Durch sie lernte ich die *Ovandoitji*, »die Deutschen«, kennen. Meine Tagebuch- und Interviewaufzeichnungen geben viele dieser für mich sehr berührenden, überraschenden wie auch schwierigen, zumeist von großzügiger Gastfreundschaft geprägten Gespräche, die ich in der Regel mit Dolmetscher:innen durchführte, wieder.

»Es wird höchste Zeit«, erklärte mir 1990 kurz und bündig die um 1914 geborene Blendine Katjiteo in Epako, dem *township* von Gobabis. Als die Hüterin des sog. Heiligen Feuers der Familie Nguvauva, deren *omuhona* (Führer oder »Häuptling«) Kahimemua 1896 vom deutschen Militär in Okahandja hingerichtet wurde, hatte ich sie um ein Gespräch gebeten. In der Tat: Es war höchste Zeit, denn die postgenozidale Generation von Ovaherero, die ich in diesen Jahren zumeist kennenlernte, hatte in dieser Umbruchszeit Namibias, also während der Unabhängigkeitzeit 1989/90, ein großes Interesse, mit einem *Omundoitji* – just auch noch einem namibischen – über ihre Geschichte, gerade auch über ihre vorkoloniale Geschichte, zu sprechen. Diese Gespräche, so erscheint es mir rückblickend, prägten mein Verständnis als namibischer Historiker wohl mehr als alle Wissensbestände in Archiven.

Cecilie Kahimunu

Die 76-jährige Cecilie Kahimunu im sogenannten Omatjette-Reservat erklärte mir wenig später, dass sie mir »alles« erzählen würde. Nach einem langen Gespräch über ihre vorkoloniale Familiengeschichte fragte ich sie nach ihrer eigenen Lebensgeschichte, schon wissend, dass sie wohl bis in die 1970er Jahre als Hausangestellte auf Farmen gearbeitet hatte. Während unser bisheriges Gespräch zumeist in Afrikaans und Otjiherero stattgefunden hatte, schwenkte sie nun in die deutsche Sprache, genauer: die deutsche Dienstbotensprache, über.

»Da war der zu Fürstenfeld [gewesen], meine *omuhona* [Herr] … Ich war Koch gewesen, das zweite Weib wie ich war im Haus … Dreckarbeit gewesen, Mann!«

Jeden Morgen musste sie früh in der Küche mit der Arbeit beginnen:

»Kaffeewasser aufsetzen, die andere [Frau] macht die Esszimmer sauber, und Tisch decken und alles. Wenn große *baas* [Herr] rauskommen, ist alles schon fertig.«

Nach dem Frühstück:

»Tisch abräumen, Geschirr abwaschen, Blumen auf den Tisch machen.«

Mit hoher Stimme und gespielter deutscher Hausfrauenmiene fügte sie lachend hinzu:

»Ohne Blumen sieht doch die Esszimmer nicht richtig [aus]!«

Lebhaft schilderte sie anschließend die Zubereitung und das Servieren des Mittagessens, das die Hausfrau mit dem Befehl beendete:

»Cecilie, kannst Du Deine Sachen abräumen, wir sind fertig. Nachmittag setzt nur ein dicken Kuchen dahin und bringst dein Kaffee hin und Milch. Fertig. Der Mann [kann] selber da essen.«

Als ich sie nach dem Lohn fragte, wurde sie wieder ernst und verstummte schließlich. Auf meine letzte Frage nach einem *omutango*, einem sog. Preislied, zu »den Deutschen«, drehte sie sich zu zwei weiteren Frauen um, die an dem Gespräch zumeist schweigend teilnahmen, kicherte kurz und antwortete knapp: »*Hinaku tjiwa.*« – »Ich kenne keines.«

Stephanus Karutjindo

In diesen Jahren des forschenden Hinhörens lernte ich auch Personen kennen, die den Krieg und Genozid, die Flucht und überhaupt die Folgen der deutschen Kolonialzeit unmittelbar erlebt hatten, so 1990 den 100-jährigen Stephanus Karutjindo im sog. Otjohorongo-Reservat. Seine Verwandten hatten mir erklärt, dass der hochbetagte Mann »nichts wissen« würde, oft *mal* (Afrikaans für verwirrt oder verrückt) sei. Wir durften ihn trotzdem besuchen. Auf seine Familiengeschichte angesprochen, rezitierte er ein Preislied über den im vorkolonialen Namibia bedeutsamen Ort Otjimbingue und fragte dann mich, ob ich Hamburg kennen würde. Als ich nickte, erklärte er auf Deutsch:

»Ich war da.« Dann schaute er unseren Dolmetscher Dan an und erläuterte in Otjiherero:

»Hier verlief ein Drahtzaun. Auf der einen Seite gingen die *Ovandoitji*, auf der anderen Seite wir.«

Mit einem Finger zeichnete er ein Rechteck auf die Tischplatte.

»In der Mitte war ein Haus. Hier wohnten wir. Tagsüber waren wir angekettet, um den Bauch herum; nur nachts wurden uns die Ketten abgenommen.«

Angekettete Herero in Hamburg? Das Haus sei kein Gefängnis gewesen, so Karatjindo.

»Da waren Nashörner gewesen und andere Tiere mit langen Hörnern – ›weiß-bunt‹ waren sie.«

Die *Ovandoitji* hätten ihnen durch den Zaun Süßigkeiten zugesteckt, fotografiert und gefragt, wer sie seien.

»Ich bin ein Herero. Ich bin ein Klippkaffer [Damara]. Ich bin eine Hottentotte [Nama]«, gab Karutjindo auf Deutsch die damaligen Phrasen wieder. Er wäre damals ein *omunatje*, ein Kind, gewesen, vielleicht 10 Jahre alt, und Teil einer Gruppe von Jugendlichen, die »Herr Meier« nach Deutschland gebracht hätte. Meier sei von Hamburg aus nach Berlin weitergereist.

»Zweite Kaiser Willem«, fügte Karutjindo hinzu und stimmte dann mit brüchiger Stimme die Liedzeile »Deutschland, Deutschland über alles« an.

»Iss doch so?«

Ich antwortete einsilbig: »Ja, es ist so…«

»Was, um Himmels willen, habt Ihr denn alles mit uns getan?«, fragte mich Dan nach dem Gespräch. Ihm und den Verwandten erläutere ich die sogenannten Völkerschauen, ausgestellte Menschen in Zoos und auf Jahrmärkten in Europa, aber auch in kolonialen Metropolen. Herr Karutjindo »ist nicht verrückt«, erklärte ich schließlich und schwieg dann bedrückt. Zu einem zweiten Gespräch, ein paar Monate später, empfing er uns in der Uniform der *Otjiserandu*, jener sogenannten Truppenspielerbewegung, welche die Rekonstruktion der zerschlagenen Ovaherero-Gesellschaft nach dem Ersten Weltkrieg maßgeblich prägte. Er marschierte vor uns auf und ab, gab Befehle in Otjiherero wieder und setzt sich dann zu uns, um uns sein Leben nach der Hamburger Zeit als sogenannter Bambuse, als Diener eines deutschen Offiziers nach 1904, zu schildern. Bambusen stellten für die Überlebenden von Genozid und Flucht in der Nachkriegszeit wesentliche soziale Verankerungen her, boten ein minimales Einkommen und entwickelten dezidiert neue (männliche) Identitätsmuster. Viele führende *Otjiserandu*-Mitglieder der 1920er und 1930er Jahre waren vor dem Ersten Weltkrieg Bambusen.

Das Archiv der Preislieder

> Über *Ovandoitji* in *Omitango* (pl. *für sog.* Preislieder):
>
> *Menschen mit Foxterriern. Sie schlagen dich mit einem Laib Brot, den du essen wirst, bist du genug hast.*
>
> *Leute, die einen Hund lieben und einen Menschen hassen.*

Einige *Ovandoitji* der deutschen Kolonialzeit sind bis heute Figuren der reichen Preisliederkultur von Ovaherero, ob Siedler, Beamte oder Militärs. So auch der erste Gouverneur von Deutsch-Südwestafrika, Theodor Leutwein:

> »Der Mann von Kambe, der Bulle, dessen Hoden nicht gegessen werden.«

Typisch für das Genre wird auch ein *Omundoitji* wie Leutwein mit einem Rind, in diesem Falle einem Bullen, in Beziehung gesetzt. Tierhoden wurden in der Rinderhaltergesellschaft nur von jungen Tieren und nur von jungen Männern gegessen. Was immer das Preislied zu Leutwein ausdrückt(e): Er, wie einige andere Europäer, wurden – und werden – auf diese poetische Weise als Teil der Ovaherero-Gesellschaft sozusagen dingfest gemacht, auch politisch.

Die mannigfaltige Preisliederkultur speist bis heute wesentliche Geschichtsdebatten unter Herero. Durch die vielen Gespräche mit Frauen und Männern lernte ich diese Kultur als essentielles Archiv und Bühne von Reflexion, Geschichte und Politik kennen. Im vorkolonialen Namibia waren Preislieder wesentlich. Sie verankerten Land- und Ortsansprüche genealogisch, mit den Namen von Ahnen, um Siedlungsrechte abzustecken und gegen konträre Ansprüche zu verteidigen. Ich lernte, diese Texte als bis heute eminent politische, wie auch rechtlich kodifizierte Siedlungsansprüche zu lesen.

Preislieder evozieren und schärfen zumal in ihrer öffentlichen Tradierung durch Radiosendungen oder schaustückartigen Rezitationen während der sog. Heldengedenkfeiern an den Gräbern von Führungspersönlichkeiten und Familienmitgliedern, das historische – und aktuelle – Verständnis von Herero zu ihrem *ehir Ovaherero*, dem »Land der Ovaherero«, als wohlhabende Rinderhaltergesellschaft in der zweiten Hälfte des 19. Jahrhunderts. Dieses Archiv existiert vor allem in den Erinnerungen einer jeden Generation von Frauen und Männern. *Ovandoitji*, ob Namibier oder Deutsche, haben sich bislang kaum dafür interessiert; die namibischen *Ovandoitji* verharren in einem sehr selektiv gelesenen und heute tendenziell nostalgisch vermarkteten kolonialen Archiv, nicht einmal ahnend, wie sehr sie Teil eines Otjiherero-sprachigen Archivs auch über ihre Dienstbotengesellschaft hinaus sind. Gespaltene Archive, selbst nostalgische, sind diskursiv miteinander verflochtene, vermeintlich nebeneinander bestehende Archive, darin liegt ihre poetische und politische Wirkungskraft. Sie sind es, welche die *Ovandoitji* prägen.

Naita Hishoono

Ein Platz unter der Sonne

Meine afrikanische Schwester Chimamanda Ngozi Adichie hat zur Eröffnung des Humboldt Forums im Berliner Schloss im Oktober 2021 eine ehrliche Diskussion auf gleicher Augenhöhe und die Bereitschaft gefordert, andere Denkweisen zu verstehen.[1] Sie machte aus ihrem Herzen keine Mördergrube – und sprach mir zugleich aus dem Herzen.

Ich bin in einem Schloss in Bellin aufgewachsen, drei Stunden Zugfahrt von Berlin. Bellin liegt nahe der Ostsee. Es hatte politische Gründe, weshalb ich als Afrikanerin während meiner Kindheit und Jugend in Europa groß geworden bin. Bei einem Angriff der südafrikanischen Armee auf ein Lager der SWAPO in Cassinga im Mai 1978 wurden Hunderte namibische Flüchtlinge auf südangolanischem Gebiet brutal massakriert. Es waren allesamt Zivilisten, die ihre Heimat auf der Suche nach Schutz und um sich dem Kampf für die Freiheit ihres Landes anzuschließen verlassen hatten. Die Führung der SWAPO appellierte an die internationale Solidarität, sich medizinisch um die Verwundeten zu kümmern und die Kinder vor weiteren Angriffen zu schützen. Neben anderen Ländern reagierte auch Ostdeutschland mit Hilfe. Im Dezember 1979 reisten 80 Kinder und deren Erzieherinnen nach Ostdeutschland, wo wir in einem sicheren und fördernden Umfeld Obhut fanden. So begann meine deutsche Odyssee.[2]

Namibias deutsche Odyssee begann allerdings viel früher – zu einer Zeit, als Deutschland noch ein imperiales Kaiserreich gewesen ist. Mehr als ein Jahrhundert bevor ich nach Deutschland kam, kamen Deutsche und andere Europäer nach Namibia und andere afrikanische Länder, um diese zu erforschen, ihre Religion zu verbreiten und einen Platz unter der Sonne zu finden, um die nötigen Ressourcen für den Auf- und Ausbau der Industrien und des Wohlstands in Europa zu sichern. Viele Europäer blieben in Afrika, weil sie dort fanden, was sie

1 Zu verfolgen auf https://www.youtube.com/watch?v=gMRv5xhMCo4.

2 Seither sind wir – oft als »Ossis« oder »DDR-Kids« – zu einem Gegenstand meist wohlmeinender Artikel und Bücher geworden, die dennoch oft nicht ganz uneigennützig und frei von einer »Beuteperspektive« geblieben sind und der Forderung meiner Schwester Chimamanda Adichie keinesfalls immer entsprechen. Siehe dazu u. a. die Literaturhinweise auf https://de.wikipedia.org/wiki/DDR-Kinder_von_Namibia#Literatur.

gesucht hatten – und mehr. Bis heute sind afrikanische Sprachen, das Kulturerbe, Flüsse, Berge und Personennamen von europäischer Benennung geprägt geblieben. Wir beherrschen und reden Portugiesisch, Französisch, Englisch – und auch noch Deutsch. Wir heißen Maria, Peter, Thomas und Paul. Der Viktoria-See heißt trotz zahlreicher Initiativen zu dessen Umbenennung noch immer so.

Europäer richteten sich in Afrika mit ihrer speziellen kulturellen und politischen Ausprägung ein. Dank ihres technologischen und waffentechnischen Vorteils sowie der Unterstützung ihres »Mutterlandes« errichteten sie Systeme, die auf ihren Lebensstil und nicht auf afrikanische Gesellschaftsordnungen zugeschnitten waren. In Namibia akzeptieren wir heute die früheren Kolonisatoren als unsere afrikanischen Mitbürgerinnen und Mitbürger. Ich habe aber keine reziproke Behandlung erfahren, als ich versuchte, meinen Aufenthalt in Europa zu formalisieren. Mir wurde gesagt, dass ich eine Ausländerin sei und nach Hause gehen solle.

Ich kehrte 1990 nach Namibia zurück, als die Winde des Wandels durch Europa und Afrika wehten. Sie markierten das Ende des jahrzehntelangen Kalten Krieges. Sie beendeten auch die südafrikanische Okkupation Namibias. Südafrika folgte als zweite Kolonialmacht der deutschen Kolonisierung. Die Niederlage im Ersten Weltkrieg besiegelte auch das Ende der deutschen Kolonialherrschaft. Mit Beschluss des Völkerbunds verteilte Europa die deutschen Kolonien neu als Trophäen an die Siegermächte. Namibia wurde offiziell ein britisches Treuhandgebiet, dessen Verwaltung die englische Krone an die Union von Südafrika übertrug.

Die Nachkommen der Europäer, die Deutschen, Engländer, Franzosen, Portugiesen und Holländer (in Südafrika Afrikaaner genannt), wurden in Ländern Afrikas zu Bürgerinnen und Bürgern. Namibiadeutsche können bei Nachweis der deutschen Abstammung neben ihrer namibischen Staatsbürgerschaft auch die deutsche erwerben. In Europa aufgewachsen, wurde ich zu einem europäischen Kind. Ich lernte Deutsch, ging auf eine deutsche Schule, gewöhnte mich an deutsches Essen, deutsche Sitten und übernahm deutsche Denkweisen. Wer mich am Telefon hört, käme nicht auf die Idee, dass ich ursprünglich aus Afrika stamme. 2001 beantragte ich eine Daueraufenthaltsgenehmigung. Naiv wie ich war, glaubte ich, dass ich alle Voraussetzungen oder Kriterien erfüllen würde, um mir in Deutschland einen Platz im Schnee zu sichern. Wie wenig wusste ich, wie deutsche und internationale Politik in der Praxis aussieht. Man kann nur mit deutschem Blut in den Adern deutsch werden, oder wenn man einen Deutschen heiratet, oder aus besonderen Gründen eine Aufenthaltsgenehmigung bekommen. Obwohl Deutschland und Namibia durch eine gemeinsame Geschichte miteinander verbunden sind, gab es nie eine Vereinbarung, dass Menschen aus Namibia deutsch werden könnten, wenn sie keinen Nachweis erbringen, dass sie dank der Vorfahren auch deutsches Blut haben.[3]

Während der deutschen Teilung von 1949 bis 1989 legte die Bundesrepublik Deutschland in der Verfassung fest, dass die Deutsche Demokratische Republik ein integraler Bestandteil Deutschlands ist. Im Zuge der Perestroika und deren Folgen für Europa flüchteten Menschen aus Ostdeutschland in Scharen nach Westdeutschland. Kanzler Helmut Kohl versprach allen Deutschen bei der Einreise hundert Mark. Familien fanden zusammen und die Menschen feierten Freudenfeste. Eine gemeinsame Nationalmannschaft gewann sogar die Fußballweltmeisterschaft 1990. Es war eine Zeit vieler Möglichkeiten.

Ich wagte anzunehmen, dass ich wie viele Namibiadeutsche eine doppelte Staatsbürgerschaft haben könnte (viele unter diesen haben noch die südafrikanische dazu). Oder wenigstens die Aufenthaltsberechtigung in beiden Ländern, die meine Heimat sind. Das Urteil wurde über mich nach einer jahrelangen Antragsprozedur gefällt: ein klares NEIN. Wie mir die Ausländerbehörde in Berlin erklärte, sei ich als Flüchtling nach Ostdeutschland gekommen. Dies gab mir keine Berechtigung, in Deutschland dauerhaft zu leben.

Man stelle sich meine Enttäuschung und Frustration vor bei dem Gedanken an die vielen Namibiadeutschen, die einen ungehinderten Zugang zu beiden Staaten haben. Man stelle sich die Frustration so vieler einst von Europäern kolonisierter Menschen in Afrika und in anderen Teilen der Erde vor, denen jetzt gesagt wird, sie haben keinen Zugang zu den ehemaligen Kolonialstaaten, um das zu genießen, was mit deren – unseren! – Ressourcen aufgebaut wurde. Europa wollte unsere Reichtümer, unsere Geschichten, unsere Kunst und Kultur auch für sich haben. Aber es will nicht UNS. – Ertrinkt im Mittelmeer...

Darum wissend, dass die Zeit Wunden heilt, lebte ich weiter mit der Gewissheit, dass sich auch das ändert. Menschen können sich ändern und erkennen, dass das, was sie trennt, sie auch verbindet. Heute legen wir das an Diskriminierungen offen auf den Tisch, über das früher kaum gesprochen wurde. Das Internet, die sozialen Medien haben die

3 Das »deutsche Blut«, das durch Vergewaltigungen oder nichteheliche Verbindungen an namibische Mütter übertragen wurde, zählte nicht dazu. Diese Nachkommen deutscher Väter hatten keinen Anspruch auf die deutsche Staatsbürgerschaft.

Welt näher zusammengebracht und weltweite Diskussionen befördert. So zum Beispiel Enthüllungen geschlechtsspezifischer Diskriminierung durch *MeToo*, Diskussionen um die Einbeziehung von Menschen mit verschiedenen Fähigkeiten, die Benachteiligung von Kindern und älteren Menschen, ein wachsendes Bewusstsein dafür, dass *Black Lives Matter*, Demonstrationen, die für den Schutz der Umwelt vor drastischen Klimaveränderungen mobilisieren, sowie die Debatten um Reparationen für Völkermord und die Restitution gestohlener Kulturgüter – all dies und mehr führte zu einer globalen Allianz. Und da, wo dies ohne Wirkung blieb, trug Corona zur Intensivierung der Diskussionen bei. Wer bin ich ohne meine Titel, Reisen, Verbindungen, ohne Arbeit und Geld usw.? Die Covid-Zäsur half, mehr Fragen zu stellen und mehr Antworten zu suchen.

Chimamanda fragt: Wie will Europa die Menschen Afrikas und die ehemaligen Kolonien kennenlernen, wenn der Zugang zu solchem Austausch, zu Dialog und Diskussionen erschwert wird? – Denkt über die Visa- und Zugangspolitik nach, fordert sie. Wie lassen sich glaubhaft Werte von Freiheit predigen, wenn ein Zugang zu der reklamierten Wertegemeinschaft nur für einen selbst, aber nicht für Andere gilt? Und ich füge dem hinzu: Wann werdet ihr verstehen, dass wir alle Bürgerinnen und Bürger der Welt sind und das Recht haben, auf diesem Planeten zu leben. Wo immer das sein mag, sollte keine Frage von Ökonomie, Politik oder dem Impfstatus sein, sondern eine Angelegenheit von Humanismus und Aufrichtigkeit. Schließlich: Seht doch, wie zufrieden meine bamibiadeutschen Mitbürgerinnen und -bürger bei uns in Namibia sind. Sie haben ihren Platz unter der Sonne gefunden.

Rakkel Andreas

Die emotionale Intelligenz verhandelten Friedens

Das erste Mal habe ich in der Oberschule von dem Genozid an den Ovaherero gehört. Die Ereignisse wurden im Kontext der namibischen Kolonialgeschichte erzählt und zu der Zeit dachte ich, dass es nur ein kleines Manöver war, das die Rebellion der Ovaherero- und Nama-Gemeinschaften gegen die überlegenen deutschen Kolonisten unterdrücken sollte.

Später, als Studentin der Politikwissenschaften an der Universität, war ich in der Lage, das Genozidnarrativ kritisch zu hinterfragen und als das zu erkennen, was es eigentlich war. Und als Oshiwambo-sprechende Namibierin konnte ich es endlich verstehen und so mit meinen namibischen Nama- und Ovaherero-sprechenden Mitbürger:innen mitfühlen.

Meine Empathie mit den betroffenen Gemeinschaften wurde durch drei Überzeugungen beeinflusst. Die erste ist meine patriotische Selbstwahrnehmung als Namibierin. Denn es ist so, dass ein Unrecht auf namibischem Boden gegen Namibier:innen verübt wurde und es meine patriotische Pflicht ist, solidarisch für Gerechtigkeit für meine namibischen Mitbürger:innen einzustehen. Zweitens bin ich davon überzeugt, dass das Streben nach ausgleichender Gerechtigkeit für meine Brüder und Schwestern aus den Ovaherero- und Nama-Gemeinschaften zentral für das *Nation-Building*-Projekt Namibias ist. Meine dritte Überzeugung ist der dringende Wunsch, die Bundesrepublik Deutschland für ihre Sünden büßen zu sehen, so wie sie es für die Shoa tun.

Auch glaube ich daran, dass ich, da ich Empathie empfinde und diese Überzeugungen trage, mit emotionaler Intelligenz handeln sollte. Emotionale Intelligenz, oder auch der *Emotionale Quotient* (EQ), wird definiert als die Fähigkeit eines Menschen, Emotionen in einer positiven Art und Weise zu verstehen, zu nutzen und einzusetzen, um Stress abzubauen, effizient zu kommunizieren, mit anderen mitzufühlen, Herausforderungen zu meistern und Konflikte zu entschärfen. Allein nach dieser Definition ist es offensichtlich, dass die folgenden EQ-Indikatoren in den aktuellen Verhandlungen um den Ovaherero- und Nama-Genozid fehlen:

Als eine Namibierin kann ich mit den betroffenen Gemeinschaften mitfühlen, aber ich sollte dies respektvoll tun, indem ich ihrer Not zuhöre und mich ihrem Streben nach ausgleichender Gerechtigkeit – nach ihrer Definition – anschließe. Wenn wir uns das aktuelle Abkommen zwischen der deutschen und der namibischen Regierung anschauen, dann können wir sehen, dass sie bei dieser sehr wichtigen Sache versagt haben. Daher sollte dieses Abkommen nicht ohne Berücksichtigung dieses Aspektes verabschiedet werden!

Die namibische Regierung ist in der Verantwortung sicherzustellen, dass alle namibischen Stimmen aus den verschiedenen ethnischen Gruppen zum Wohle des *Nation-Building* gehört werden. Dies baut auf dem ersten Punkt auf und die Fehler liegen hier bei der namibischen Regierung. Entweder wird das Abkommen mit Vertretern *aller* betroffenen Gemeinschaften geschlossen oder gar nicht! Wenn das Abkommen ohne Lösung dieses Punktes geschlossen wird, werden daraus langanhaltende Folgen für die Bemühungen um ein *Nation-Building* in Namibia entstehen. Manch einer wird sich fragen, ob derselbe Ansatz gewählt worden wäre, wenn der Genozid gegen die Mehrheit der Aawambo-Sprecher:innen verübt worden wäre. Ein kurzer Blick auf diese in Namibia durchaus verbreitete Version der Geschichte zeigt, dass es unvorstellbar ist, dass ein Genozid an den Aawambo so verhandelt worden wäre wie die Genozide an den Ovaherero und Nama. Wenn es etwas zeigt, dann dass das Fundament der namibischen Nation von ethnischer Uneinigkeit zerrüttet ist. Eine Zeitbombe!

Die deutsche Regierung hat die direkte juristische und moralische Pflicht zu erfüllen, für Gerechtigkeit gegenüber den Ovaherero- und Nama-Gemeinschaften zu sorgen. Im Umgang mit den jüdischen Opfern des Holocaust wurde ein Präzedenzfall dafür geschaffen, wie ausgleichende Gerechtigkeit verwirklicht werden kann. Es ist nur angemessen, den Ovaherero- und Nama-Gemeinschaften dieselbe Verbindlichkeit entgegenzubringen. Es ist eine juristische Pflicht, weil die Ereignisse, die stattgefunden haben, unbestreitbar ein Genozid sind; und es ist eine moralische Pflicht, da es in Namibia immer noch einen kleinen deutschsprachigen Bevölkerungsteil gibt, der weiterhin in Reichtum lebt, der aus dem Genozid resultiert.

Während meines kurzzeitigen Aufenthalts in Deutschland als Studentin war ich oftmals darüber erschrocken, wie gering das Wissen unter deutschen Studierenden, mit denen ich mich unterhielt, über die

Genozide an den Ovaherero und Nama war. Die Komplexität der für die betroffenen Gemeinschaften hoffentlich Frieden bringenden Verhandlungen, verlangen einen hohen EQ und eine vollständige Konzentration auf die Tatsachen des Falls. Ein Raum, in dem die Bestrebungen nach ausgleichender Gerechtigkeit konzentriert werden sollten, ist der Bereich der Bildung. Es ist schwierig, jemanden davon zu überzeugen, einen hohen Grad an EQ aufzubringen, wenn die Tatsachen des Geschehenen entweder nicht bekannt oder stark verzerrt worden sind. Daher muss sichergestellt werden, dass namibische und deutsche Kinder Zugang zu den gleichen historischen Narrativen haben, um die zukünftigen Generationen in eine bessere Ausgangsposition zu versetzen, über den dringend benötigten Frieden zu verhandeln. Ich bin überzeugt, dass die aktuelle Vereinbarung in ihrer jetzigen Form die Zwietracht zwischen allen beteiligten Parteien verstärken wird, weil sie nur sehr wenige Zeichen von EQ zeigt. Wenn wir jedoch das Richtige tun, indem wir die künftige Generation zu diesem Thema aufklären, dann können wir sicherlich auf ein besseres Ergebnis hoffen.

Stephan Mühr

Wer im Schatten sitzt...

Auch ich sitze im Schatten des Waterbergs.

Das literarische Genre der *Bekenntnisse* geht auf Augustinus zurück. Dabei handelt es sich nicht um ein persönliches Schuldbekenntnis wie in der Beichte oder um ein Geständnis im juristischen Sinn, sondern darum, eine allgemeine Verantwortung oder Betroffenheit am Kasus des Persönlichen, des Eigenen anzuerkennen. In dieser Anerkennung möchte ich mich wiederfinden und mich vielleicht neu kennenlernen. Ich frage mich also, wie ich mich als Nachfolger einer weitgehend entindividualisierten Tätergeneration zur Tat verantworte. Zum Genozid, an dem ich nicht persönlich teilgenommen habe, auch nicht meine Eltern oder Großeltern, aber dessen direkte Konsequenzen mein Leben vorteilhaft – um nicht zu sagen: gewinnbringend – beeinflusst haben, und zwar ob ich das wollte oder nicht.

Die Deutschnamibier[1] sind die wohlhabendste Sprachgruppe in einem Staat mit extremer ökonomischer Ungleichheit, darauf ist schon oft hingewiesen worden. Ihre Geschichte – auch das ist ein bekanntes Narrativ ihres Selbstverständnisses – war nicht immer leicht. Zweifellos. Der Kolonialismus (als politischer Begriff) hat die einstigen Pioniere im Übrigen kaum interessiert, denn sie waren meist Abenteurer auf der Suche nach einem besseren Leben, nach einer der europäischen Moderne abgewandten, vorindustriellen Sozialidylle. Und war es nicht immer gleich das *Traumland Südwest*,[2] so doch meistens schon nach relativ kurzer Zeit. Meistens ja! Und die der deutschen Kolonialzeit folgende südafrikanischen Annexions- und Apartheidpolitik verfestigte, trotz der zunächst harten oder ›schweren Zeit‹ zwischen den Kriegen und insbesondere der Internierung, diesen fundamentalen ökonomi-

1 Im Südafrikanischen Germanistikverband (SAGV) diskutierten wir jüngst, ob es »Deutschnamibier« oder »Namibiadeutsche« heißen müsste. Ausgang und Vergleich war der Begriff »Deutschtürke« und die damit einhergehenden Konnotationen. Wichtig ist zunächst, dass solche Gruppenbezeichnungen emisch erfolgen sollten, also von der Gruppe beziehungsweise dem Betroffenen selbst. Wir entschieden uns dazu, in erster Linie Namibier zu bezeichnen, die als Unterkategorie deutschsprachig sind.

2 Meissner, Hans-Otto: *Traumland Südwest. Südwest-Afrika: Tiere, Farmen, Diamanten*, Stuttgart 1968.

schen Vorteil. Damit ist der heutige Wohlstand vieler Deutschnamibier tatsächlich eine Folge des Völkermords von 1904–1907/8.

So wundert es auch nicht, dass stolzes Waterberg-Heldengedenken lange Zeit ein memorialer Höhepunkt im historischen Bewusstsein der »Südwester« war. Ein Schulausflug ist mir in Erinnerung, bei dem wir, in zwei Gruppen geteilt, an den Hängen des Waterbergs Krieg spielten, mehr oder weniger unbewusst der historischen Vorlage folgend. Es war mehr als nur eine Schnitzeljagd. Bewusst ist mir ganz deutlich, dass ich damals kein schlechtes Gewissen hatte, oder auch nur ein Gefühl dafür, dass wir dieses jugendliche Kampfspiel an einem Ort vollführten, an dem 1904 etwas Schreckliches seinen Anfang genommen hatte. So war das halt. Punkt. Ich bin Jahrgang 1967. In der Grundschule lasen wir naiv das von der Arbeitsgemeinschaft der deutschen Schulvereine (AGDS) zusammengestellte Lesebuch *Heimat Südwest*.[3] Wir hatten – und es gab damals keinen anderen ethischen Referenzrahmen – nur diese historischen Geschichten als Vorbilder zur eigenen Identität und den Status als »Südwester«: Helden, Heldengräber, Heldengeschichte. Der Südwester-Reiter, direkt neben der Christuskirche, war oft die Kulisse für Familienfotos nach der Konfirmation oder Hochzeit. Es ist wichtig, dies festzuhalten, zu bekennen – und zu erkennen, was das bedeutete. Nicht als Unschuldsbekenntnis, sondern als späte Erkenntnis des damaligen diskursiven Nichtthemas. Es war keine Nicht-Erinnerung, auch keine verdrängte Erinnerung, sondern Pioniererinnerung. Es war unser völlig unproblematisches Selbstverständnis!

Morenga, das erste literarische Buch, das aus diesem Schattentraum aufwecken wollte (und konnte!), erschien 1978.[4] Die stetige Politisierung in der Folgezeit schaffte auch ein politisches Bewusstsein bei uns Schülerinnen und Schülern, obwohl der Roman natürlich in Namibia verboten war. (Natürlich verboten: Wer kennt das noch?) Einige von uns Abiturienten besuchten 1986 die erste erlaubte öffentliche SWAPO-Veranstaltung. Die einzigen jungen Weißen. Wir wollten wissen, wir wussten so wenig! Das Wort »Namibia« hatte damals einen faszinierenden Klang!

Viele von uns studierten in Europa, nicht zuletzt um dem Kriegsdienst unter südafrikanischer Flagge zu entgehen. Einige mehr, andere weniger bewusste Deserteure, die sich bei der SWAPO im Exil oder bei

3 *Heimat Südwest. Ein Lesebuch für Südwestafrika*, hrsg. von der Arbeitsgemeinschaft der Deutschen Schulvereine in Südwestafrika in Zusammenarbeit mit Tilla Kellner, Hannover 1969.

4 Timm, Uwe: *Morenga*, Königstein 1978.

Anti-Apartheidbewegungen engagierten. Ein Seitenwechsel? – Zumindest ein Perspektivwechsel. Kein Grund, darauf stolz zu sein.

Dass dann nach der Unabhängigkeit die SWAPO die Deutschsprachigen als eine unter elf namibischen Sprachgruppen anerkannte, mit allen bildungs- und medienpolitischen Konsequenzen, empfand wohl die Mehrheit der Deutschnamibier als Erleichterung und nahm diese Anerkennung mit tiefem Dank auf. Ein Bekenntnis zu diesem »Namibia« (s. o.) fiel ihnen nun ähnlich leicht, wie ihren Eltern das Bekenntnis zum neuen Südafrika leichtfiel, als Premierminister D. F. Malan 1948 nach Windhoek reiste und den »Deutschen« (sic) eine neue staatspolitische Identität gewährte.

Die politische und moralische Diskussion um den Völkermord wurde nach der Unabhängigkeit zwar registriert, aber weitgehend verdrängt. Es störte die Regierungspolitik des *nationbuilding* und es störte die reichste Sprachgruppe Namibias, die nicht an einer Verständigung interessiert war. Trittbrettfahrer auf beiden Seiten.

Und der erwähnte ökonomische Vorteil warf weiter Zinsen ab, was durch den aufblühenden Tourismus aus Deutschland verstärkt wurde. Da konnte man – mit Ausnahme einiger Ewiggestrigen – auf Waterberg-Gedenken leicht verzichten. Das neue namibische Selbstbewusstsein wurde in einer neuen Form von afrikanischem Exotismus bewusst inszeniert.[5] Verandas wurden zu Lapas umgebaut, man erzählte mit Stolz, Mopanemaden gegessen zu haben, und man fand Gefallen an Musik von Jackson Kaujeua. Wir sind Afrikaner, »yes, ja«! Das meine ich durchaus ambivalent. Zumindest in den frühen 2000er Jahren hatten viele Deutschnamibier den Glauben und die Hoffnung, gemeinsame kulturelle Praktiken, Orte und Sozialformen gefunden zu haben, bei denen sie sich mit afrikanisch-sprachigen Namibiern nicht nur ›begegnen‹, sondern sich auch kennenlernen und wirkliche Freundschaften schließen könnten. Das Projekt der *Namibisch-Deutschen Stiftung für kulturelle Zusammenarbeit* (NaDS) sah genau darin seine Bestimmung.

Doch je mehr die Regierungspartei ihr historisches Bewusstsein auf die Erinnerung des eigenen Befreiungskampfs reduzierte, desto mehr schienen die politisch eher marginalisierten Gruppen der Herero ihrem Kolonialkrieg Gewicht verleihen zu wollen. Zum hundertjährigen Gedenken 2004 waren jedenfalls das Engagement der Regierung als

5 Siehe dazu Mühr, Stephan: Die deutschen Namibier heute. Auswanderung, Musealisierung oder Integration?, in: *Namibia – Deutschland. Eine geteilte Geschichte. Widerstand – Gewalt – Erinnerung*, hrsg. von Larissa Förster, Dag Henrichsen und Michael Bollig, Köln 2004, S. 244–255.

auch das der Namibiadeutschen gering; die Versuche der NaDS, durch Diskussionsveranstaltungen und Veröffentlichungen in den Zeitungen eine deutschsprachige, verantwortungsvolle Erinnerungskultur ins Leben zu rufen, stießen nur auf ein verhaltenes Echo. Dagegen setzte aus Deutschland eine neue Erinnerungskultur zum Holocaust ein, die die bekannte Gedächtnisforscherin Aleida Assmann als Wandel von einem Täterbewusstsein über eine Opferidentifizierung hin zu einer opferorientierten, aber anamnetischen Solidarität beschrieb.[6] Dementsprechend gab es auch eine zunehmende Beschäftigung aus Deutschland mit dem Völkermord in Namibia, kaum aber von Deutschnamibiern. Dabei können auch die wissenschaftliche Bearbeitungen als Formen der Erinnerungskultur verstanden werden.[7]

Die Reparationsforderungen einiger Herero-Gruppierungen in amerikanischen und internationalen Gerichten empfanden viele Deutschnamibier als Opportunismus. Tatsächlich geht es aber sehr wohl auch um ökonomischen Ausgleich! Nun ist zweifelsohne Entwicklungshilfe eine problematische Politik der Bilateralität, auch wenn sie in der neueren deutschen Außenpolitik »Zusammenarbeit« genannt wird. Oft hat sie gegenteilige Wirkungen. Dieselbe Skepsis hege ich daher gegenüber dem aktuellen Entschädigungsvertrag. Sicherlich sind Infrastrukturmaßnahmen sinnvoll. Idealerweise schaffen sie Arbeitsplätze als eine friedliche Möglichkeit, einem ökonomischen Ausgleich näherzukommen, ohne dass direkt umverteilt wird – sofern die Aufträge oder Kapitalinstanzen für die Infrastrukturmaßnahmen nicht an China vergeben werden. Aber Zusammenarbeit oder gar Verständigung ist dies nicht. Bestenfalls auf diplomatischer Ebene. Und eine Form von opferorientierter Erinnerungs*kultur* kann ich darin auch nicht erkennen, weil ihr jegliche Empathie fehlt. Wir scheinen in Namibia von einer kulturellen Verständigung weiter entfernt zu sein denn je: Wuchsen Farmkinder früher oft zusammen mit den Arbeiterkindern auf und lernten ihre Sprache, so ist das heute kaum mehr der Fall.

Vielleicht waren herero- und deutschsprachige Namibier der Versöhnung in den 1980er Jahren näher als heute. Die *Demokratische Turnhallen-Allianz* (DTA) und deren 1978 ermordeter Präsident und Herero-Führer Clemens Kapuuo mögen dafür stehen. Sie nur als Marionetten des südafrikanischen Apartheidregimes zu verstehen, ist zwar makro-

6 Assmann, Aleida: *Das neue Unbehagen an der Erinnerungskultur. Eine Intervention.* München 2013.

7 Mühr, Stephan: Wissenschaftliches Gedächtnis als Erinnerungskultur. Zwei Fallstudien zum Kolonialkrieg in Namibia, in: *Acta Germanica, Jg. 46*, 2018, S. 29–46.

historisch korrekt; auf ihre individuellen Ansichten und Arbeiten (sic) in dem damals ganz anderen politischen und ethischen Klima trifft es nicht zu. Und ich war überrascht, unlängst nachzulesen, dass bei der Begräbniszeremonie des im Exil in Betschuanaland verstorbenen *Paramount Chief* Samuel Maharero 1926 in Okahandja die Messe vom Missionar der Rheinischen Missionsgesellschaft Heinrich Vedder zelebriert worden war, der in den 1950er Jahren die Südwestafrikaner im Senat Südafrikas repräsentierte.

Opportunismus und Rassismus blockieren heute die Versöhnungsmöglichkeiten. Vielleicht nicht so krass wie in Südafrika, wo viele die Meinung vertreten, dass der Regenbogen zersprungen ist.[8] Kriminalität (insbesondere Farmmorde) und Korruption mit umgekehrtem Rassismus, der immer unverhohlener die Vergangenheit als Rechtfertigung instrumentalisiert, gibt Weißen geringe Gelegenheit zu einem kooperativen Miteinander. Phrasen wie *economic freedom* oder *radical economic transformation* müssen ganz wörtlich verstanden werden! Die Frustrationen vor allem der armen Bevölkerungsschichten über das Versagen einer Verbesserung ihrer Lage über 30 Jahre nach der politischen Wende führen zur Suche nach einem möglichst anderen Schuldigen als in den eigenen Reihen... und zu einem Stolz, dessen Anspruchsdenken als *Entitlement*-Syndrom beschrieben wird. Gleichzeitig scheint auf der Seite der meisten Weißen an einer Zusammenarbeit auch wenig Interesse zu bestehen. Die »Zeitbombe« des ökonomischen Ungleichgewichts tickt dadurch nur schneller.[9] Verschärfend findet inzwischen eine ökologische Ausbeutung Namibias statt, die nicht nur katastrophale Folgen hat, sondern die Spirale der Zerstörung des Landes und seiner Ressourcen zugunsten einer immer kleineren Elite in einem bisher ungeahnten Ausmaß beschleunigt. Lange wird dies nicht mehr gutgehen können.

Vielleicht bin ich zynisch. Ich habe mich nicht an der Gründung des *Forum deutschsprachiger Namibier* beteiligt. Den Gedanken an eine neuerliche Ethnisierung der Deutschnamibier kann ich nur im Kontext des globalen ethnonationalistischen Rechtsrucks verstehen, auch wenn dieser oftmals mit ehemals ›linken‹ Parolen operiert. Handelt es sich hierbei nicht um eine kulturelle Selbstabschottung, weil sie eine konsequente Interrelation oder einen transkulturellen Auftrag gera-

8 Siehe zum Beispiel: Breytenbach, Breyten: The Rainbow is a Smashed Mirror, in: *Aus Politik und Zeitgeschichte, Jg. 58 (1)*, 2010, S. 3–6.

9 Dazu Mühr, Stephan: Als Menschen, die in Namibia zu Hause sind..., in: *Allgemeine Zeitung* vom 17.10.2003.

de nicht in das Zentrum ihres Selbstverständnisses stellt? Der Titel *Namibisch-Deutsche Stiftung für kulturelle Zusammenarbeit* trägt dieser interkulturellen Verortung Rechnung; der – übrigens merkwürdig antikisierende – Titel *Forum Deutschsprachiger Namibier* nicht. Andererseits mag es dem Forum ja vielleicht gelingen, eine wechselseitige Verständigung in die Wege zu leiten, die zu einem neuen deutschnamibischen Eigenbewusstsein im Austausch, in Zusammenarbeit mit anderssprachigen Namibiern führt: Schüleraustausch, gemeinsame Lebensformen, Ehen womöglich, um die »geteilte Geschichte« wieder zu vereinen.

Die *Interessengemeinschaft deutschsprachiger Südwester* (IG) war damals ideologisch nicht homogen, sondern dominiert von pragmatischen Geschäftsleuten, die – allerdings – sich mit Namibia identifizierten. Das ist doch eine Basis! Wir brauchen nicht dieselben Ansichten zu teilen, sondern der entscheidende gemeinsame Nenner muss eine ökonomisch ausgleichende Zukunft für Namibia sein: im Eigeninteresse, denn die Alternative ist Bürgerkrieg, ist Krieg, wieder Krieg.

Vielleicht sollten Deutschnamibier, wenn sie schon ein *Forum* gegründet haben, auch eine ›Bundestagsdebatte‹ wagen über ihre Verantwortung am Genozid. Wir lesen *Der Vorleser*, er ist auch in Namibia Schullektüre. Warum sollte die zweite oder dritte Generation in Namibia sich nicht auch der Frage nach ihrer Verantwortung stellen? Und an einer opferorientierten Erinnerungskultur mit den Herero, den Nama und anderen Gruppen im Lande arbeiten (ja, Erinnerung ist Arbeit!), anstatt in einem memorialen Analphabetismus zu verharren?

Eine geschichtsignorante Perspektive des *forgive and forget* könnte argumentieren, dass Erinnerungen des Völkermords in Namibia nicht zur zukünftigen Entwicklung Namibias beitragen, weil sie die Geschichte polarisierten. Das Gegenteil ist der Fall: Die Geschichte ist bereits polarisiert, und die Bildung einer gemeinsam geteilten Zukunft hängt davon ab, inwiefern wir die so polarisierten Positionen auf *eine* Zukunftsvision vereinigen können. Zughörigkeit muss dabei über die Sprache hinausgehen; das Gemeinschaftsempfinden darf nicht in Gemütlichkeit verharren. Es geht darum zu teilen! Wiedergutmachung im Eigeninteresse. Teilung (*sharing*) als ethische, aber auch mentale oder spirituelle Selbstfindung, als »Begleichung« einer offenen Rechnung. Diese buchhalterische Bedeutung liegt ja auch dem englischen Begriff *Reconciliation* zugrunde.

Bedauerlicherweise ist Geld die einzig verbleibende Währung im globalen Spätkapitalismus, ein Fetisch. Dies führt dazu, dass die Schere sich immer weiter öffnet. In »entwickelten« Ländern wird diese Dramatik teilweise durch Sozialpolitik verdeckt; in »postkolonialen« Ländern, und allen voran Südafrika, Namibia und Brasilien, zeigt sich das Desaster dieser globalen Entwicklung besonders offensichtlich. Die Plünderungen in Teilen Südafrikas im Juli 2021 sind ein Beispiel dafür, wie leicht die Blase zerplatzen kann, sind Warnung für etwas viel Größeres, das nicht nur auf Namibia zukommen kann.

Erika von Wietersheim

Im Schatten des Genozids

Gedanken einer deutschsprachigen Namibierin

Ich bin eine Namibierin mit deutschem Migrationshintergrund. Meine Urgroßmutter mütterlicherseits wanderte 1893 aus Schlesien ins südliche Afrika aus, mein Vater 1935 aus Sachsen. Ich bin in Namibia geboren und aufgewachsen, meine Kinder leben hier sowie meine Enkelkinder, sie sind Afrikaner in der fünften Generation. Namibia ist unser Heimatland, wir haben kein anderes.

Weniger als ein Prozent aller namibischen Einwohner ist deutschsprachig. Einige leben schon seit Generationen in diesem Land, sind Nachfahren der Siedler, Missionare und Schutztruppensoldaten, die vor und während der Kolonialzeit nach Südwestafrika eingewandert sind, andere kamen nach den Weltkriegen oder noch später ins Land. Alle lieben Namibia auf ihre Weise, fühlen sich diesem Land stark verbunden.

So wie einem als Deutscher in Israel, als Amerikaner in Vietnam oder als Japaner in Korea die Last seiner Nation ungefragt aufgebürdet wird, so tragen die Deutschsprachigen in Namibia, ob sie es wollen oder nicht, eine dreifache Last der Geschichte: an der Geschichte des deutschen Kolonialismus in ihrem Heimatland, an der anschließenden Geschichte der Apartheid, die bis zur Unabhängigkeit Namibias 1990 das Leben aller Namibier bestimmt hat und – als Namibier mit deutschen Wurzeln – auch an der deutschen Geschichte des Nationalsozialismus. Es sind Lasten, die im Augenblick, da Deutschland und Namibia um ein sogenanntes Versöhnungsabkommen ringen, nicht leichter, sondern schwerer zu tragen sind.

Keine Aufarbeitung der Vergangenheit

Im Gegensatz zu Deutschland gab es in Namibia nie den Versuch, die Vergangenheit aufzuarbeiten. Als Namibia 1990 unabhängig wurde, beschloss die neu gewählte Regierung die Vergangenheit ruhen zu lassen. Das schloss den Umgang mit der Apartheid, der kolonialen Vergangenheit und den Menschenrechtsverletzungen während des

Befreiungskriegs ein. Man sprach von »nationaler Versöhnung«, sie wurde zum Schlagwort der nächsten Jahre. Und zum großen Teil mit Erfolg. Tribalismus und Rassismus sollten nicht mehr Thema sein, zu lange hatte die südafrikanische Apartheidregierung nach dem bewährten Prinzip des *Divide et Impera* die ethnischen Gruppen in Namibia in verschiedenen ›Homelands‹ geographisch voneinander getrennt und somit politisch geschwächt. Nach der lang erkämpften Unabhängigkeit im Jahr 1990 wollte man dieser Trennung ein Ende setzen, selbst von Schwarz und Weiß wollte man nicht mehr sprechen und führte Begriffe wie ›historisch benachteiligt‹ für alle schwarzen Namibier ein.

Es gab keine *Truth and Reconciliation Commission* wie in Südafrika und erst recht keine gründliche Aufarbeitung der Geschichte wie nach dem Nationalsozialismus in Deutschland. Über Jahrzehnte gab es im Nachkriegsdeutschland einen gezielten »Entnazifizierungsprozess« mit zahlreichen Gerichtsprozessen und Verurteilungen, Filmen, Ausstellungen, Büchern, Gedenkstätten und neu geschriebenen Geschichtslehrplänen in den Schulen. Der deutsche Kolonialismus wurde zwar auch viele Jahre lang ignoriert und ist auch noch immer ein eher wenig beachtetes historisches Thema, denn nach dem Zweiten Weltkrieg stand das Verbrechen gegen die jüdische Bevölkerung wie ein riesiger Berg vor den Augen der Deutschen, der den Blick weiter zurück in die deutsche Vergangenheit verhinderte. Doch ab etwa 2004, als sich der Kolonialkrieg gegen die Nama und Herero im ehemaligen Deutsch-Südwestafrika zum 100. Mal jährte, wurden die Verbrechen gegen die kolonialisierten Gruppen sichtbarer und es entstand die Forderung, sich den Verbrechen des Kolonialismus zu stellen. Die Erfahrungen mit der Aufarbeitung des Holocaust waren sicher ausschlaggebend dafür, dass Deutschland heute als erste frühere Kolonialmacht gegenüber einer ehemaligen Kolonie einen Völkermord eingesteht und bereit ist, sich offiziell zu entschuldigen und, wenn auch keine Reparationen, so doch Wiedergutmachungszahlungen zu leisten.

Die deutschsprachigen Namibier hatten keinen Anteil an der Aufarbeitung der Nazi-Vergangenheit, wie sie in Deutschland stattfand, denn sie lebten weit entfernt in ihrem neuen Heimatland im südlichen Afrika in einer Zeit, als es weder Fernsehen noch internationale Kommunikation gab. Noch weniger erlebten sie eine Aufarbeitung der Vergangenheit nach dem Ende der deutschen Kolonialzeit. Als die Südafrikaner nach dem Ersten Weltkrieg die Verwaltung Südwestafrikas übernahmen, genoss die deutschsprachige Bevölkerung schon bald alle Privilegien als Weiße in einem rassistischen Apartheidstaat. Nach der Unabhängigkeit profitierten sie von der »nationalen Versöhnung« und konnten weiterhin friedlich und wirtschaftlich erfolgreich in Namibia leben. Und nachdem Präsident Pohamba sie zu einem von vielen »*Namibian tribes*« in Namibia erklärt hatte, fühlten sie sich akzeptiert als ein Teil einer namibischen Regenbogennation.

Bis vor Kurzem wussten die deutschsprachigen Namibier daher nur wenig über die deutsche Kolonialzeit in ihrem Heimatland. In den Lehrplänen der Schulen war sie nur mit wenigen Sätzen erwähnt worden und das, was sie wussten, hatten sie von ihren Vorfahren erfahren. Sie sahen die deutsche Kolonialzeit meist als eine Zeit des Aufbaus des Landes und rechtfertigten den militärischen Kampf gegen die Herero und Nama als eine Reaktion auf deren »Aufstand« und die Ermordung weißer Farmer.

Doch im kollektiven Gedächtnis der Herero und Nama blieb die dunkle Vergangenheit über all die Jahre präsent. Wie ein nie gelöschtes Feuer schwelte die Kolonialgeschichte in ihren Köpfen, Herzen und Traditionen weiter, wenn sie täglich sehen mussten, wie weiße Farmer auf ihrem ehemaligen Farmland gut lebten, während sie selbst in Armut nur an den Rändern ihrer ehemaligen Gebiete existieren konnten.

Eine neue Situation

Als Namibia und Deutschland ab 2015 mit bilateralen Verhandlungen begannen, um ein Versöhnungsabkommen zu erreichen, entstand eine neue Situation. Die Kolonialzeit wurde von Jahr zu Jahr intensiver diskutiert und als das Abkommen schließlich im Mai 2021 dem namibischen Parlament vorgelegt wurde, war sie präsent wie nie zuvor.

Ob sie wollten oder nicht, die deutschsprachigen Namibier waren nun gezwungen, sich mit der deutschen Kolonialzeit in Namibia auseinanderzusetzen. Das Abkommen selbst zu akzeptieren, fiel ihnen nicht schwer, denn sie waren nicht direkt davon betroffen und konnten letztendlich als namibische Bürger nur davon profitieren, wenn die Bundesrepublik ihr Heimatland über die nächsten 30 Jahre, zusätzlich zu beträchtlichen Entwicklungsgeldern, mit hohen Summen unterstützen würde. Aber es fiel vielen schwer, angesichts der Informationsflut, die nun über alle Medien bis in den letzten Winkel Namibias drang, zu realisieren, dass die Kolonialzeit in Südwestafrika für die Mehrheit der damaligen Bewohner eine Zeit des Terrors und des Schreckens war und dass der sogenannte Kolonialkrieg nach der Definition der UN-Konvention sogar als Genozid bezeichnet wurde.

Der deutsche Historiker Joachim Zeller, zitiert von dem Afrikakorrespondenten Bartholomäus Grill, erklärt richtig: Der Vorwurf des Völkermords verletze das Selbstbild der Namibia-Deutschen. »Sie sehen ihre Vorfahren als Pioniere, die einst eine *Terra nullius* übernommen haben, ein Land, das angeblich niemandem gehörte. Sie sind stolz auf die Zivilisationsleistungen ihrer Großväter und Großmütter, auf die Städte, Straßen, Eisenbahntrassen, Bergwerke, Dämme, Schulen, Krankenhäuser und Kirchen, die sie gebaut haben.«[1]

Letztendlich musste und muss deswegen auch bei den Nachfahren der deutschen Siedler im heutigen Namibia ein Zustand überwunden werden, der dem ähnlich ist, den man in Deutschland nach der Nazi-Zeit fand: eine langanhaltende Abwehrhaltung gegenüber Mitschuld an den Verbrechen der Nazi-Zeit und den Unwillen, deren Opfer anzuerkennen. Auch in Deutschland benötigte es mehrere Jahrzehnte, um zu begreifen, dass sie auch als Nachfahren akzeptieren mussten, dass sie Verantwortung für die entsetzliche und einmalige deutsche Geschichte des Holocaust dauerhaft tragen müssen.

Die Erfahrung, dass der Begriff »Genozid« gerade in den letzten Monaten immer leichtfertiger und unschärfer in Namibia gebraucht wird, auf immer mehr Verbrechen angewandt und von immer mehr Gruppen reklamiert wird, trägt allerdings dazu bei, diesen Begriff nur zögerlich oder gar nicht zu akzeptieren. Damit wiederholt sich, was auch in Deutschland geschah, als der Zwang zur Verarbeitung der Nazi-Vergangenheit für viele als »zu viel« empfunden wurde. Kritik kam von Politologen und Schriftstellern, wie zum Beispiel Martin Walser, der sagte:

> »Wenn mir aber jeden Tag in den Medien diese Vergangenheit vorgehalten wird, merke ich, daß sich in mir etwas gegen diese Dauerpräsentation unserer Schande wehrt. Anstatt dankbar zu sein für die unaufhörliche Präsentation unserer Schande, fange ich an wegzuschauen.«[2]

1 Grill, Bartholomäus: *Wir Herrenmenschen. Unser rassistisches Erbe. Eine Reise in die deutsche Kolonialgeschichte*, München 2019, S. 194.

2 Walser, Martin: Dankesrede zur Verleihung des Friedenspreises des Deutschen Buchhandels in der Frankfurter Paulskirche am 11. Oktober 1998. Erfahrungen beim Verfassen einer Sonntagsrede, bsz-bw.de, https://hdms.bsz-bw.de/frontdoor/deliver/index/docId/440/file/walserRede.pdf, abgedruckt in: *Friedenspreis des Deutschen Buchhandels 1998. Martin Walser. Ansprachen aus Anlaß der Verleihung, hrsg. vom Börsenverein des Deutschen Buchhandels*, Frankfurt am Main 1998, S. 9–14.

Diese Überlegungen sollen nichts entschuldigen oder rechtfertigen; sie zeigen jedoch, dass die Aufarbeitung der Schuld sowohl in Deutschland als auch in Namibia schwierig und langwierig war und ist und es gerade deshalb eher Hilfestellung und Verständnis geben sollte anstatt Überheblichkeit oder Häme, wie man sie oft in Berichten deutscher Historiker und Journalisten findet.

Eine neue Gesprächsbereitschaft

Dass sich gerade in dieser Zeit (2021) aus zwei Gesprächskreisen das *Forum Deutschsprachiger Namibier* gegründet hat, ist vielleicht kein Zufall. Dieses Forum hat ausdrücklich nicht zum Ziel, vornehmlich die Interessen der Deutschsprachigen zu vertreten, sondern unter anderem dem Aufruf aus Regierungskreisen zu folgen, sich einzubringen, ins Gespräch mit anderen zu treten und einen aktiven Beitrag zur wirtschaftlichen, sozialen und politischen Entwicklung des Landes zu leisten. Eine Ausgangsposition für das Engagement des Forums ist die strukturbedingte Ungleichheit. In einem Interview erklärte der Vorsitzende Harald Hecht:

> »Namibia ist eines der Länder mit den größten Einkommensgefällen. Als deutschsprachige Namibier haben wir eine besondere Verantwortung, uns diesem Problem zu stellen. Statistiken bescheinigen uns den größten materiellen Wohlstand und die höchste Lebensqualität. Wir müssen uns nun fragen: Was können wir tun, um das Einkommensgefälle abzubauen?«[3]

Mit dieser Haltung ist eine zukunftsorientierte Aufarbeitung der Vergangenheit von Seiten der deutschsprachigen Gemeinschaft zumindest im Ansatz möglich. Auch wenn das Forum nicht repräsentativ für die diverse deutschsprachige Gemeinschaft ist, hat es sich schon mit den unterschiedlichen Gruppierungen der Herero und Nama getroffen und sowohl mit denen gesprochen, die das bilaterale deutsch-namibische Abkommen mehr oder weniger akzeptieren und bei den Verhandlungen vertreten waren, als auch mit denen, die das Abkommen vehement und radikal ablehnen, da es unter anderem Reparationszahlungen ausschließt; sie fordern trilaterale Gespräche, die die Herero- und Nama-

3 ntv, 8. August 2021, Genozidgespräche mit Namibia »Aussöhnung ist uns Deutschnamibiern wichtig«, https://www.n-tv.de/politik/Aussoehnung-ist-uns-Deutschnamibiern-wichtig-article22728469.html.

behörden als gleichberechtigten Partner einschließen. Diese Gespräche sind wichtig, um Vertrauen zu schaffen. Man dürfe die offenen Wunden des Völkermords nicht ignorieren, sagte Harald Hecht, denn sie beeinflussen einen Versöhnungsprozess zwischen den Bevölkerungsgruppen und damit das Leben und den Frieden in Namibia.

> »Ein Anfang wäre der offene Dialog – wir hören gern zu, wollen aber auch gehört werden. Wir müssen dringend lernen, uns gegenseitig an die Hand zu nehmen und geschlossen im Sinne Namibias zu handeln.«[4]

Rückkehr zu trennendem Gruppenbewusstsein

Doch das sogenannte Versöhnungsabkommen zwischen Deutschland und Namibia, das nach langen Verhandlungen den Regierungen Namibias und Deutschlands zur Ratifizierung vorliegt, hat, zumindest im Augenblick, zum Gegenteil von Versöhnung geführt. Noch nie wurde die Bundesrepublik Deutschland in Namibia so beschimpft, beleidigt und abgelehnt wie seit diesem Abkommen, vor allem von den Oppositionsparteien im namibischen Parlament und in den sozialen Medien; es sei lächerlich, rassistisch, menschenverachtend und sogar eine Fortsetzung des Genozids. Und trotz diverser direkter Gespräche zwischen Deutschsprachigen, Herero und Nama wurden die Deutschsprachigen in Namibia noch nie so eindeutig bedroht, gewarnt oder zumindest als eine gesonderte Gruppe gesehen, der das Recht abgesprochen wird, hier zu leben, Land zu besitzen und wirtschaftlich erfolgreich zu sein. Es gibt laute Stimmen der Herero und Nama, die die Rückgabe ihres von der Kolonialregierung enteigneten Ahnenlandes fordern: »Wenn die Verhandlungen in unserem Sinn scheitern, dann holen wir uns das, was uns zusteht, von den deutschsprachigen Namibiern – zur Not gewaltsam.«[5] Diese und ähnliche Drohungen schüren Angst und Aggression. Dabei gehörten, so die verstorbene Historikerin Brigitte Lau, gegen Ende der Kolonialzeit (1914) deutschen Siedlern nur zwanzig Prozent der Farmen, die zur Zeit der Unabhängigkeit in den Händen von Weißen waren.[6] Der Rest wurde über die nächsten Jahrzehnte von der südafrikanischen

4 Ebd.

5 Mündliche Aussage während eines Gesprächs.

6 Brigitte Lau in einem Brief an die Zeitung *The Namibian*: »The History of Land Possession.« Mai 1996 (siehe Wietersheim, Erika von: This Land is My Land! Motions and emotions around land reform in Namibia, Windhoek 2021, S. 68).

Besatzungsmacht an arme weiße Südafrikaner und an weiße ehemalige Soldaten der Union Südafrika vergeben. Obwohl es keine genauen Statistiken gibt, gehört heute von den 4.500 kommerziellen Farmen, die noch in weißer Hand sind, der kleinere Teil deutschsprachigen Farmern.

Anstatt die deutschsprachigen Namibier als namibische Bürger wie alle anderen der dreizehn Bevölkerungsgruppen des Landes als namibische Staatsbürger zu akzeptieren, sieht man sie nur noch als Nutznießer der Folgen des Kolonialismus. Dies wurde besonders deutlich, als sich der namibische Landwirtschaftsminister Calle Schlettwein im Oktober zu dem Abkommen im Parlament äußerte.[7] Er ist namibischer Staatsbürger, gewählter Abgeordneter, hatte sich schon lange vor der Unabhängigkeit der SWAPO angeschlossen und für die namibische Unabhängigkeit gekämpft, doch das zählte alles nicht. Von den Abgeordneten der Opposition wurde er als Handlanger Deutschlands und als Rassist beschimpft und in den Kommentaren auf Facebook seine namibische Staatsbürgerschaft geschmälert als *»citizenship by colonization«*.

Aber es geht nicht nur um die Deutschsprachigen. In Namibia gab es auch seit der Unabhängigkeit noch immer tribalistische Tendenzen unter der schwarzen Bevölkerung, auch weil die Mehrheit der regierenden SWAPO aus Ovambo und die Minderheit der Oppositionsparteien aus Herero, Nama, Damara und anderen Gruppierungen besteht. Dass diese Tendenzen sich in den letzten Jahren verstärkt haben, lag auch an zahlreichen Fehlern der regierenden Partei. Doch seit der Präsentation des Genozid-Abkommens vor dem namibischen Parlament ist Namibia ein gespaltenes Land wie nie zuvor und die Zugehörigkeit zu einer bestimmten ethnischen Gruppe spielt plötzlich bei jeder Stellungnahme eine entscheidende Rolle – im Parlament, in den zahlreichen sozialen Medien, in der Zeitung und in Gesprächen.

Der Begriff Genozid steht dabei im Zentrum. In seinem Buch *Rückkehr nach Lemberg*[8] stößt der Autor und Jurist Philippe Sands bei seinen Familienrecherchen auf die beiden Männer, die das moderne Völkerrecht prägten: Hersch Lauterpacht und Raphael Lemkin. Sie waren beide Juristen und konzipierten nebeneinander, und zum Teil gegeneinander, während der Nürnberger Prozesse die Begriffe »Verbrechen

7 Rede des Landwirtschaftsministers Calle Schlettwein vor der Nationalversammlung am 14. Oktober 2021.

8 Sands, Philippe: *Rückkehr nach Lemberg. Über die Ursprünge von Genozid und Verbrechen gegen die Menschlichkeit. Eine persönliche Geschichte*, Frankfurt am Main 2019 (zuerst engl. 2016).

gegen die Menschlichkeit« und »Genozid«. Obwohl in den Nürnberger Prozessen über die Nazi-Verbrechen alle Angeklagten auf der Basis der »Verbrechen gegen die Menschlichkeit« verurteilt wurden, gewann der Begriff »Genozid«, der sich auf den Schutz von Gruppen im Gegensatz zum Schutz einzelner Individuen bezieht, mit der Zeit größere Bedeutung. Lauterpacht kritisierte den Begriff Genozid, denn er fürchtete, dass die Betonung des Genozids eine »latente Gruppenmentalität stärken, möglicherweise das Gefühl von *wir* und *die anderen* verfestigen und eine Gruppe gegen die andere ausspielen könnte«.[9] Der Jurist Sands schreibt dazu:

> »Der Zwang, den Vorsatz zu beweisen, eine Gruppe ganz oder teilweise zu vernichten, wie es die Genozidkonvention verlangt, [kann] unglückliche psychologische Folgen haben. Er fördert das Solidaritätsgefühl unter den Mitgliedern der Opfergruppe, während er negative Gefühle gegenüber der Tätergruppe verstärkt. Der Begriff ›Genozid‹ mit seiner Konzentration auf die Gruppe hat die Tendenz, ein Gefühl von ›denen‹ und ›uns‹ zu steigern, verfestigt Gefühle der Gruppenidentität und kann so unabsichtlich genau die Zustände entstehen lassen, die er bekämpfen will. Mit dem Ausspielen einer Gruppe gegen die andere verringert man die Wahrscheinlichkeit einer Versöhnung.«[10]

In Namibia hat die Einführung des Begriffs »Genozid« bisher tatsächlich nicht zur Versöhnung geführt, sondern bestehende Gräben vertieft. Ein Teil der Parlamentarier und Namibier im Allgemeinen, darunter auch Vertreter von Nama und Herero, sehen den Kolonialkrieg durchaus als eine gesamtnamibische Angelegenheit. In der namibischen Tageszeitung *The Namibian* vom 8. Oktober 2021 sprechen die Medienkommentatoren Shaun Whittaker und Harry Boesak bewusst nicht von *tribes*, sondern von den *African people of Namibia* und sagen: »Es war nie ein reiner Herero-Deutscher Krieg, sondern eine regionale Realität und die Vorstellung von homogenen sozialen Gruppen war in Wirklichkeit eine absichtliche *divide et impera*-Strategie der Kolonialisten.«[11] Auch die Ovambo wären beteiligt gewesen, indem sie sofort das deutsche Fort in Namutoni angegriffen hätten, während andere verhindert hätten, dass die portugiesischen Kolonialisten in Angola den Deutschen zu Hilfe eilen konnten. Ebenso hätten die nördlichen Gruppen eine Zufuhr an

9 Ebd., S. 372.

10 Ebd., S. 496.

11 Whittaker, Shaun / Boesak, Harry: »Lessons of the Namibian War 1904–1907«, in: *The Namibian* vom 8. Oktober 2021, S. 10.

Waffen und Munition an die Herero ermöglicht und Herero-Flüchtlinge aufgenommen, während die Truppe des Widerstandskämpfers Jakob Marengo im Süden des Landes aus vielen Sprachgruppen bestand.

Doch lauter und vehementer sind die Stimmen, die den Begriff »Genozid« im deutsch-namibischen Abkommen spezifisch auf die Nama und Herero beziehen. »You hear everyone in Namibia was affected, but the extermination order was to kill the Nama and Herero«, sagte die Herero sprechende Vize-Gesundheitsministerin Dr. Esther Utjiua Muinjangue während einer Video-Konferenz. »The intent was not to kill all, but to kill the Nama and Herero.«

Fazit und Hoffnung

Die Genozid-Debatte hat daher einen hohen Preis. Auch in Namibia entsteht zur Zeit ein immer stärkeres Gefühl von »denen« und »uns«, verfestigt eine Gruppenidentität und bedroht den politischen und sozialen Frieden. Dabei hat das Thema Versöhnung und Vergebung auch eine religiöse Dimension. Es ist unverständlich, dass die Kirchen in Namibia, das sich immer wieder ein zutiefst christliches Land nennt, kaum Stellung dazu nehmen. Im Jahr 2004, als sich der Kolonialkrieg zum 100. Mal jährte, waren es ja gerade die Kirchen, die einen Versöhnungsprozess eingeleitet hatten. Im März 2004 sagte der damalige Bischof Dr. Zephania Kameeta anlässlich eines ökumenischen Gedenkgottesdienstes: »In der Tat ist es ein Wunder Gottes, dass wir heute gemeinsam zurückschauen können auf die schrecklichen Dinge, die vor 100 Jahren geschehen sind, und dass wir dabei einander bei der Hand fassen und als Schwestern und Brüder der Zukunft entgegenblicken.«[12]

Von dieser Situation sind wir wieder weit entfernt. Als deutschsprachige Namibierin versuche ich, zu verstehen, zu sprechen, zu fragen. Die Fragen sind: Kann der sehnliche und auch nachvollziehbare Wunsch der Nama und Herero nach Anerkennung des Genozids nur auf Kosten der Spaltung der namibischen Gesellschaft erfüllt werden? Und was würde es für ein Land wie Namibia in Zukunft bedeuten, wenn die Herero und Nama tatsächlich ihre Forderungen nach immens hohen Reparationszahlungen ausschließlich für ihre Gruppen durchsetzen würden? Wie kann es zu einem akzeptablen Abkommen

12 Wietersheim, Erika von: *Lutherische Bischöfe erinnern an blutige Niederschlagung des Hereroaufstandes vor 100 Jahren. Namibia. Gemeinsam der trennenden Vergangenheit gedenken*, Windhoek (Namibia), 7. März 2004 (Lutheran World Information, Genf).

zwischen Deutschland und Namibia kommen, wenn das ausgehandelte Abkommen von einem Teil der betroffenen Gruppen vehement und ohne Kompromissbereitschaft abgelehnt wird? Wie kann es zu Versöhnung und Vergebung kommen, wenn die Interpretationen der Vergangenheit so weit auseinanderklaffen? Wie kann man den tiefen Wunsch nach Anerkennung des Genozids zu einer gemeinsamen namibischen Aufgabe machen, auch wenn dabei die Nama und Herero besonders berücksichtigt werden müssen?

Wir müssen Antworten finden, denn ohne Versöhnung und ein nationales Zusammengehörigkeitsgefühl kann eine Demokratie auf Dauer nicht bestehen.

Sylvia Schlettwein

Das Schweigen der Ahnen

Ich gebe es zu: Ich wünsche mir oft, dass es endlich vorbei ist. – Dass wir Vergangenes ruhen lassen und gemeinsam nach vorne schauen können, dass Begegnungen mit meinen Mitbürgern nicht mehr von Genozid und Kolonialismus überschattet sind. Ich habe mir sogar schon gewünscht, schwarz, am besten Herero oder Nama, zu sein, frei von Privilegien und berechtigt in meiner Wut und meinen Forderungen nach Vergeltung, mit Rückendeckung von meinen Ahnen. – Ich gestehe, dass ich neidisch bin auf das Verhältnis, das die Herero zu ihren Ahnen haben. Sie besprechen sich mit ihnen und bekommen Antworten und Unterstützung. Meine Ahnen dagegen schweigen beharrlich.

Ich bin oft wütend auf meine deutschen Vorfahren, die in ihrer neuen Heimat unbedingt herrschen und besitzen wollten, anstatt sich zu arrangieren und zu teilen. Manchmal rede ich mit meinen Ahnen: »Ihr habt mich hierhergebracht und jetzt bin ich hier und kann nicht anders und muss mich rechtfertigen. Wo seid ihr jetzt, da wir eure alles andere als saubere Hinterlassenschaft aufarbeiten müssen?« Sie haben mir bisher nicht geantwortet und werden das wohl auch nie tun. Ich glaube ehrlich gesagt auch nicht an sie.

Zugleich bin ich mir bewusst, dass es diese Vorfahren sind, denen ich es zu verdanken habe, dass ich in diesem besonderen Teil der Erde lebe. Ich will nicht weg hier. Namibia ist mein Zuhause und meine Heimat. Ich will und kann nicht »zurück« nach Deutschland; ich gehöre da nicht hin und habe abgesehen davon keinen deutschen Pass. Und eines muss man den deutschen Behörden lassen: Weder in der Visumsabteilung der Deutschen Botschaft noch auf dem Ausländeramt in Deutschland wird diskriminiert. Dort werden deutschstämmige Namibier mit namibischer Staatsangehörigkeit kein bisschen freundlicher oder besser als andere Namibier behandelt. Das Beantragen eines Touristenvisums und einer Aufenthaltsbewilligung für Deutschland haben einen festen Platz auf meiner persönlichen *Top Ten* der zehn unangenehmsten Erfahrungen meines Lebens.

Auf viele meiner namibiadeutschen Zeitgenossen bin ich allerdings auch oft wütend. Vor allem dann, wenn sie das Lied derer singen, die »immer an allem schuld sind« und so genau wissen, was »die« eigentlich wirklich wollen. Das geht ungefähr so: »Ich war doch nicht dabei, das ist doch schon so lange her. Warum sind wir Deutschen immer schuld an allem? Was wollen die eigentlich noch von mir? – Die wollen doch nur unser Land und Geld.« Ist es denn wirklich so schwierig, sich vorzustellen, wie man sich fühlen würde, wenn die Schädel der eigenen Großeltern oder Urgroßeltern in einem Museum auf der anderen Seite der Erde herumliegen? Wenn man sich fragen muss, ob die Hellhäutigen und Glatthaarigen in der Familie das Ergebnis einer Vergewaltigung oder einer nicht anerkannten Vaterschaft sind? Auch der Aufruf zur Besinnung auf die »gemeinsame Geschichte« ist meiner Meinung nach nicht wirklich hilfreich. Was 1904–1907 passiert ist, hat uns in keiner Weise in unseren (durchaus vorhandenen) Gemeinsamkeiten bestärkt oder gar zu Leidensgenossen gemacht, sondern diese Gemeinsamkeiten zum Gegenstand eines blutigen Krieges, zu einem Genozid, gemacht.

Was kann uns denn heute, in einem demokratischen Namibia, einem Vielvölkerstaat, in dem außer Herero, Nama und Deutschstämmigen noch mindestens neun andere Ethnien leben und weder Herero, Nama noch Deutsche die Bevölkerungsmehrheit stellen, zu einer konstruktiven Herangehensweise an die Gemeinsamkeiten führen? Abkommen zwischen der namibischen und deutschen Regierung? Reparationszahlungen an die Nachkommen der betroffenen Gemeinschaften? Sind wir als Namibier mittlerweile nicht alle betroffen? Können wir den Schaden des deutschen Kolonialismus und des Genozids noch klar von dem Schaden unterscheiden, den die Apartheid danach angerichtet hat?

Wenn mein Vater, der gerade Minister für Landwirtschaft, Wasser und Landreform Namibias ist, im Parlament sagt, dass das Zahlen und Verhandeln von Reparationen in einem demokratischen Namibia unmöglich nur für und mit gewissen ethnischen Gruppen geschehen kann, da das den Tribalismus und das Teile-und-herrsche-Prinzip der Apartheid weiterführen würde, so stimme ich ihm zu. Genauso unmöglich ist es aber, dass Versöhnung im Parlament beschlossen oder über ein Regierungsabkommen ausgehandelt werden kann. Noch unmöglicher ist es, den Preis des persönlichen und kollektiven Traumas des Genozids mit Geld zu belegen. Versöhnung kann man nicht kaufen, und sie wird auch nicht von Politikern, Regierungen oder traditionellen Führern beschlossen, vereinbart oder untersagt. Versöhnung und die daraus resultierende Entschuldigung, der progressive Abbau der Schuld und der Schuldzuweisung, ist ein Prozess, das Ergebnis zwischenmenschlicher Begegnung und des Dialogs.

Für mich geschieht Versöhnung, wenn mein Poetenfreund Prince Kamaazengi mir sein Gedicht über seine Wut angesichts des Genozids schickt und davon ausgeht, dass ich etwas damit anfangen kann. Ich erfahre, dass eine Generation heranwächst, die meine Sprache und meine Hautfarbe nicht mit feindlichen Herrschern assoziiert, wenn mein Schüler Unotjari* mich bittet, ob ich mal mit Frau Meier* über etwas reden kann, womit er Schwierigkeiten hat. Ich erweitere mein Verständnis und meine Empathie, wenn ich Geschichten wie die von *Mama Penee* von Ewald Katjivena lese und etwas für die Verbreitung und das Teilen solcher Geschichten tue. Denn nur so können wir wirklich Geschichte teilen – wenn wir uns unsere Geschichten, die unserer Vorfahren und unsere eigenen, erzählen und uns zuhören, auch dann, wenn es unbequem wird.

**Namen geändert.*

Calle Schlettwein

Lasst uns zusammenstehen!

Als erstes möchte ich mich dazu bekennen, dass ich ein Nachfahre der kolonisierenden Nation bin, dem imperialen Deutschland. Eine Nation, die einen Völkermord verübte und den Menschen Namibias unermessliches Leid zufügte. Ich persönlich habe relativ früh in meinem Leben erkannt, dass ein System der Rassentrennung und rassistischen Unterdrückung höchst ungerecht ist und sich nicht mit einem freien und menschenwürdigen Leben für alle vereinbaren lässt. Deshalb schloss ich mich der SWAPO im Kampf für Unabhängigkeit, Freiheit und Gerechtigkeit an. Dass die SWAPO mich aufgenommen hat, ohne sich um Rasse, Stamm oder Glaube zu kümmern, hat mich zu einem gemacht, der dazugehört. Es gab mir die Hoffnung und den Mut, mich in meiner Heimat dem Kampf um Freiheit und gleiche Rechte für alle anzuschließen. Diese uneingeschränkte Aufnahme in die SWAPO ermöglichte es mir, stets als Namibier fühlen, denken und handeln zu können.

Wir waren beflügelt von unserem Sieg über das Apartheid-Regime, das die Herrschaft einer ethnischen Gruppe und die Unterdrückung aller anderen für rechtens erklärt hatte. Wir feierten, weil wir die Apartheid beendet hatten. Aber auch, weil wir den Weg einer liberalen Demokratie jenseits des Tribalismus beschritten hatten. Nur in einem Staat der Einheit, frei von Rassismus und Tribalismus, können wir die sehr große Herausforderung in Angriff nehmen, eine auf Wohlstand gegründete Nation zu schaffen.

Wir haben uns von einer durch Rasse und Ethnizität geteilten Gesellschaft zu einem demokratischen Staat der Einheit gewandelt. Die Erfahrungen des Völkermords, den die Menschen Namibias während der deutschen Kolonialherrschaft erlitten, sind ein wesentlicher und schmerzlicher Bestandteil unserer Geschichte. Es ist deshalb sehr wichtig, dass wir damit einen Umgang finden und dieses Kapitel schließen können.

Die bisherigen Reden und Diskussionen hier im Parlament haben eindeutig bestätigt, dass die Menschen Namibias bis heute unter den Folgen des Völkermords von damals leiden. Er hatte zahlreiche gravierende Auswirkungen auf die davon am meisten betroffenen Gruppen und Individuen, aber auch auf andere Gruppen und Individuen als die

Nama und Ovaherero. Auch war dieser Völkermord nicht der einzige Akt der Unterdrückung, durch den Namibier und Namibierinnen getötet, enteignet und ihres Wohlstands und der Möglichkeiten eigenständigen Wirtschaftens beraubt wurden.

Heute ist Namibia ein freies Land. Die von allen für alle demokratisch gewählte Regierung hat deshalb ganz im Sinne der Grundprinzipien unserer Verfassung gehandelt, als sie sich stellvertretend für alle Menschen des Landes mit der Regierung der Bundesrepublik Deutschland auf Verhandlungen eingelassen hat.

Ich bin völlig davon überzeugt, dass in einer Gesellschaft, die so divers ist wie die namibische, in der die Mehrheit der Menschen sich mehr als hundert Jahre gegen Unterdrückung gewehrt und für Gleichheit und Freiheit jenseits von jeglicher Exklusivität gekämpft haben, eine demokratisch gewählte Regierung nur innerhalb des rechtlichen Rahmens der Verfassung als eine Regierung für alle handeln kann. Wir können nur eine Nation bilden, wenn wir anerkennen, dass Namibia uns allen gehört. Wir alle müssen den Kampf gegen Ungleichheit gemeinsam führen. Es ist wesentlich, dass wir inklusiv vorgehen und sicherstellen, dass niemand ausgeschlossen wird. Die Strategie des Teile-und-herrsche-Prinzips schürt nur Konflikte und Uneinigkeit. Wir wissen dies aus eigener Erfahrung. Wir haben ein Regime bekämpft, das sich dieser Methode bediente. Ich stehe deshalb ganz entschieden an der Seite der Regierung. Ich bin Teil derer, die entschlossenen hinter der Beibehaltung der verfassungsrechtlich verankerten Prinzipien der Gleichheit stehen – mittels der Aushandlung eines Vertrags für alle Menschen des Landes, wenn auch unter Berücksichtigung der damals am meisten betroffenen Bevölkerungsgruppen. Entwicklungsorientierte Entschädigungsleistungen, wie sie in der paraphierten Erklärung vereinbart wurden, sind ein Gewinn und bieten wirtschaftliche Möglichkeiten für alle Menschen Namibias. Dabei zielen bestimmte Aktivitäten nur auf die Gebiete ab, in denen die vom damaligen Völkermord am meisten betroffenen Menschen leben. Damit wird zurecht eine starke Orientierung zugunsten der Ovaherero und Nama befördert. Das ist ein korrekter Ansatz, von dem wir nicht abweichen sollten.

Die Wichtigkeit und Bedeutung der noch immer lebendigen Emotionen darf nicht geleugnet oder ignoriert werden. Ich verstehe auch, weshalb die Nachfahren der am meisten vom damaligen Völkermord betroffenen Menschen die Dinge in ihre eigenen Hände nehmen und sich direkt mit der deutschen Regierung auseinandersetzen wollen. Traditionelle Führer müssen diesen Prozess unterstützen, ihr Rat muss sichtbar und sie müssen am Aushandlungsprozess beteiligt sein. Aber die Verhandlungsführung obliegt der Regierungsverantwortung. Nur eine von der Regierung geführte Verhandlung kann Aussicht auf Erfolg haben. Ich weiß, dass dies eine sehr bittere Pille ist. Aber so funktionieren Demokratien nun einmal.

Lassen wir uns nicht von Hass, sondern von wechselseitigem Respekt leiten. Lassen wir uns nicht von kurzfristigen materiellen Vorteilen verblenden. Lasst uns für dauerhaften Frieden eintreten, denn ohne den bleibt jeder Traum von Wohlstand Wunschdenken.

Ich beobachte eine Regression zu tribalistischen Partikularismen, die das Fühlen, Denken und Handeln zugunsten einer einzelnen Bevölkerungsgruppe über das Fühlen, Denken und Handeln für alle Namibierinnen und Namibier stellen. Tatsächlich unterminiert dies unsere Aussichten, uns zu einer friedlichen und wohlhabenden Nation zu entwickeln. Es gefährdet unsere noch junge Demokratie und all die Errungenschaften, die wir auf dem Weg zu einer im Wachstum befindlichen Nation gemacht haben.

(Auszüge einer am 13. Oktober 2021 im Parlament gehaltenen Rede.)

Tom K. Alweendo

Deutschland kann mehr anbieten

Ich spreche heute hier, um etwas zu der wichtigen Debatte um die Gemeinsame Erklärung der Republik Namibia und der Bundesrepublik Deutschland zum Genozid beizutragen. Zweifelsohne diskutieren wir hier eine der wichtigsten nationalen Fragen in der Geschichte des unabhängigen Namibia.

Im 19. Jahrhundert war es eine gängige Praxis der Europäer, schamlos zu erklären, dass ein bestimmtes geografisches Gebiet auf dem afrikanischen Kontinent nun ihnen gehöre. Daher war es keine Überraschung, dass bei der »Kongo-Konferenz« 1884 das heutige Namibia dem Deutschen Reich zugesprochen wurde. Die Deutschen begannen umgehend damit, drakonische Verordnungen und Maßnahmen durchzusetzen, wie Landenteignung der lokalen Bewohner, oder Gesetze zu verabschieden, um die Bevölkerung zu schwächen und zu unterdrücken.

Nach und nach wurden die Deutschen und ihre Unterdrückung immer brutaler. Wie es zu erwarten war, nahmen die Ovaherero und die Nama diese Unterdrückung nicht einfach so hin. Sie fingen an, sich dagegen zu wehren und ihre Kulturen und ihre Menschenwürde zu verteidigen. Am 2. Oktober 1904, bei *Ozombu zo Vindimba*, verabschiedete Lothar von Trotha seinen Vernichtungsbefehl gegen die Ovaherero. Er erklärte: »Innerhalb der deutschen Grenze wird jeder Herero mit oder ohne Gewehr, mit oder ohne Vieh erschossen. Ich nehme keine Weiber und Kinder mehr auf, treibe sie zu ihrem Volk zurück oder lasse auf sie schießen.«

Ein weiterer, ähnlicher Vernichtungsbefehl wurde von ihm bei *Gibeon* am 23. April 1905 gegen die Nama ausgesprochen: »Ich verkünde euch dies nun und füge hinzu, dass die, die es verweigern sich zu ergeben, das gleiche Schicksal wie die Herero erleiden werden.« Diese beiden Vernichtungsbefehle hatten zur Folge, dass bis März 1907 die meisten der bis dato existierenden Gemeinschaften der Ovaherero und Nama zerstört worden waren. Ungefähr 80 Prozent der Ovaherero und circa 60 Prozent der Nama wurden durch die deutschen Kolonialtruppen vernichtet. Es waren wirklich niederträchtige Taten.

Diese Barbarei wurde vor mehr als 100 Jahren verübt. Aber ihre Folgen sind bis heute nicht nur bei den Ovaherero und Nama zu spüren, sondern im gesamten Namibia. Es ist somit unser Auftrag und unsere Verantwortung, dass Gerechtigkeit Einzug hält und dass Deutschland für das aufkommt, was seine Vorfahren getan haben. In dieser Hinsicht ist es nur angebracht, dass wir den Söhnen und Töchtern Namibias Tribut zollen, die sich erhoben haben und von Deutschland Rechenschaft für die damals verübten Gräueltaten fordern. Besonders erwähnen möchte ich dabei Hon. Chief Kuaima Riruako – möge seine Seele in Frieden ruhen –, der unnachgiebig war und hier in diesem ehrwürdigen Parlament im Jahr 2006 einen Antrag vorgelegt hat. Dieser Antrag forderte, dass Deutschland anerkennt, dass es einen Genozid in Namibia verübt hat und Reparationen zahlt. In der Folge gab es noch weitere Versuche, Deutschland an den Verhandlungstisch zu bringen.

Obwohl von Trothas Vernichtungsbefehl den Ovaherero und Nama galt, ist dies eine Angelegenheit von nationalem Interesse, die unsere kollektive Aufmerksamkeit verdient. Als Namibier müssen wir als Gemeinschaft handeln und beachten, dass wir moralische Rechte und Pflichten untereinander haben. In der namibischen Geschichte – im Zeitraum des kolonialen Projekts und der Versklavung unseres Volkes – ist es unvermeidbar, dass wir alle verschiedene Erfahrungen haben, die uns immensen Schmerz sowie tiefe Wunden und Narben zugefügt haben. Man sagt, dass die schlimmsten Wunden jene sind, die man nicht sehen kann. Es sind die unsichtbaren Wunden, die zu inneren Blutungen führen. Daher wissen wir, dass, obwohl die Wunden und Narben des Genozids vielleicht nicht mehr sichtbar sind, der Schmerz weiter besteht. Deshalb möchten wir den Nachkommen des Genozids sagen, dass ihr nicht allein seid, euer Schmerz ist auch der unsere. Wir stehen zusammen. Doch ich für meinen Teil bin aufgrund des bisherigen Gesprächsverlaufs sehr besorgt. Es ist mittlerweile sehr offensichtlich, dass die Debatte spaltend verläuft und manchmal in einer Schlammschlacht endet. Wir beschimpfen uns gegenseitig. Wir bezeichnen uns als Marionetten und *sell-outs*.

Ich befürchte, dass das Erbe der »Teile-und-herrsche«-Philosophie erblühen wird. Das »Wir« und »Die« wird gedeihen, wenn wir so weitermachen. Als Nation hatten wir bereits schwierige Konversationen und werden sie auch in Zukunft haben. Das, was wir heute haben, ist eine dieser schwierigen Konversationen. Lasst uns diese Möglichkeit nutzen, starke Bündnisse zu schließen, die über unsere Stammesgrenzen hinausgehen. Lasst uns diese traurige Realität nutzen, unser Bestreben nach Einigkeit und nationaler Geschlossenheit zu beleben.

Was also fordern wir von Deutschland in diesen Verhandlungen? Wir fordern drei Sachen: dass Deutschland akzeptiert, dass es einen

Genozid begangen hat; dass es sich entschuldigt; und dass es Reparationen zahlt. Unser Verhandlungsteam, kompetent geführt von Botschafter Zed Ngavirue – möge seine Seele in Frieden ruhen –, hat all diese drei Punkte erreicht. Die deutsche Regierung akzeptierte, dass das, was 1904 passierte, tatsächlich ein Genozid war; sie stimmte zu, sich zu entschuldigen; und sie stimmte zu, Reparationen zu zahlen.

Als jemand, der die Debatte in unserem ehrwürdigen Parlament verfolgt hat, ist es mein Eindruck, dass unsere ersten beiden Forderungen einigermaßen zufriedenstellend erfüllt wurden. Allerdings sind die meisten, wenn nicht gar alle von uns nicht zufrieden mit der Erfüllung unserer dritten Forderung – der nach Reparationen. Niemand ist zufrieden mit der Summe an Reparationen, die Deutschland bereit ist zu zahlen. Wir glauben, auch wenn Geld selbstverständlich nie eine vollständige Kompensation für die verlorenen Leben sein kann, dass 1,1 Milliarden Euro herzlich wenig und nicht verhältnismäßig sind für die Tat eines Genozids.

Nicht nur ist das angebotene Geld unverhältnismäßig wenig für die begangenen Taten, auch soll es über einen übermäßig langen Zeitraum von 30 Jahren ausgezahlt werden – ohne Hinblick auf den Zeitwert des Geldes. Wir sind der Ansicht, dass Deutschland mehr anbieten kann. Wir denken, dass Deutschland uns in dieser Hinsicht geringschätzig behandelt hat. Wenn dies der Fall ist, sehr geehrter Herr Parlamentspräsident, dann ist die Frage, was wir als nächstes tun sollen? Wie fahren wir fort? Es gibt ein Lager, das der Überzeugung ist, die Erklärung müsse komplett zurückgewiesen werden, um die Verhandlungen mit Deutschland neu zu starten. Die Aufrichtigkeit und Integrität derer, die für eine Zurückweisung plädieren, ist mir bewusst. Doch auch wenn eine Zurückweisung der Erklärung vielleicht unsere aktuelle Wut stillen mag, so manövrieren wir uns eventuell in eine schlechtere Ausgangsposition, statt einen besseren Deal für unser Volk zu erreichen.

Deswegen möchte ich dafür plädieren, dass wir, anstatt die Erklärung komplett zurückzuweisen, mit Deutschland ins Gespräch kommen, um es dazu zu bewegen, die Summe der Reparationen zu überdenken. Lasst uns diesen Weg pragmatisch gehen und daran denken, dass manchmal das Versprechen von Etwas besser ist als die Möglichkeit, eventuell mehr zu bekommen.

Aufgrund der Bedeutung der Debatte wäre es naiv von mir zu denken, dass wir bei jedem Punkt übereinstimmen werden. Es ist unvermeidbar, dass wir verschiedene Ansichten haben werden, zum Beispiel, wie wir fortfahren sollen. Doch können wir uns deshalb als Parlamentarier dieses ehrwürdigen Hauses nicht als Gegner sehen; wir sind hier keine Antagonisten. Unser gemeinsamer Gegner ist Deutschland. Es ist Deutschland, das sühnen muss. Daher muss es unser Bestreben sein, aus dieser Debatte als Namibier hervorzugehen und nicht als betroffene und nicht-betroffene *Communities.* Welche Position auch immer ich oder andere haben, wie fortzufahren sei – diese darf nicht davon beeinflusst werden, ob man nun ein Nachkomme eines Genozidopfers ist oder nicht. Die Position, die ich habe, muss davon beeinflusst sein, was ich für das bestmögliche Ergebnis halte, insbesondere in Hinblick auf die Situation, die uns vorliegt. Denn am Ende sind wir als Nation viel stärker, wenn wir zusammen handeln.

United we stand, divided we fall.

(Text einer am 27. Oktober 2021 im Parlament gehaltenen Rede.)

Bernadus Swartbooi

Warum wir nicht eine Nation sind

Die *Gemeinsame Erklärung* ist ein schreckliches Dokument ohne Substanz und ohne Bezug zu Reparationen. In ihrer Einleitung nimmt sie Bezug auf eine Bundestagsresolution aus dem Jahr 1989 – eine Resolution, die sich selbst-moralisierend konzeptionell und historisch von Reparationen und Genozid hin zu Entwicklungshilfe und einer besonderen Beziehung bewegt, der aber eine wirkliche Definition fehlt. Im Jahr 2004 versuchte der Bundestag, diese besondere Beziehung zu definieren; doch noch immer fehlt Klarheit. Wer definierte diese besondere Beziehung? Es ist immer noch die Kolonialmacht! Die asymmetrischen Machtverhältnisse sind offensichtlich. Die Resolution der Nationalversammlung aus dem Jahre 2006, die unmissverständlich beschreibt, wie der Prozess der Reparation umgesetzt werden soll, wird von beide Parteien anerkannt, aber zugleich vollständig ignoriert. Das Abkommen berücksichtigt die starken und herzlichen Beziehungen zwischen den beiden Ländern. Wäre dies auch jenseits der Beziehungen zwischen den beiden Regierungen untereinander der Fall gewesen, würde Deutschland das wahre Leiden sowie die politische und ökonomische Marginalisierung der betroffenen Gemeinschaften erkennen.

Die besondere Beziehung dient dazu, die Interessen der Namibia-Deutschen zu schützen. Sie hat nichts mit den Überlebenden des Genozids zu tun. Was für eine besondere Beziehung liegt denn hier vor, dass die Bundesregierung nicht einmal direkt mit den Opfern zu sprechen wünscht? Sie haben die Opfer daran gehindert, am Verhandlungstisch zu sitzen, und haben sich trotz der besonderen Beziehung nicht für sie eingesetzt. Wenn die lokale deutschsprachige Gemeinschaft genauso betroffen gewesen wäre wie die schwarzen Überlebenden, wäre die namibische Landschaft überschüttet worden mit deutschen Investitionen und Entwicklungsprogrammen. Hat die deutsche Regierung jemals die Lebenssituation der *Communities* untersucht, auf der die vom Bundestag beschworene »besondere Beziehung« basiert? An wen können sich die betroffenen Gemeinschaften wenden, wenn sie diese besondere Beziehung, auf die die Deutschen verweisen, spüren und erleben möchten?

Diese Erklärung gibt sich nicht einmal die Ehre, zu benennen, wie viele Ovaherero, Mbanderu, Nama, Damara und San vernichtet wurden: große Teile, eine signifikante Anzahl der indigenen Menschen, viele Tausende – das ist die Sprache, die sie benutzen. Sie benutzen nicht einmal das Wort »Gefangene«, sie reden nur abgeschwächt von »Internierten«. Die nach Togo und Kamerun verbannten Nama-Kämpfer und ihre Familien werden nicht einmal im Kontext der Rückführung ihrer Toten oder in irgendwelchen anderen Kontexten, die ihr Leid adressieren würden, erwähnt. Viele dieser Kämpfer waren in Wirklichkeit Swartboois, die gewaltsam nach Spitzkoppe geschickt und deren Nachnamen zu »Stuurmann« geändert wurden, um ihre Identität zu zerstören, und die später nach Togo und Kamerun verbracht wurden. Nicht alle kehrten zurück und von vielen hörte man nie wieder.

Die Ovaherero, Mbanderu und Nama aus Botswana und Südafrika werden gar nicht explizit erwähnt. Den Damara, von deren Bevölkerung bis zu 30 Prozent vernichtet wurde, wurde überhaupt kein Recht zugesprochen, Anspruch auf Land zu erheben! Sie wurden entwurzelt – aber auch davon wird nicht gesprochen. Die San, zum Freizeitvergnügen gejagt und von ihrem Land vertrieben, vor allem in den Gebieten Grootfontein, Tsumeb, Otavi und Outjo, werden nicht näher erwähnt. In Sektion II, Paragraf 10 exkulpiert sich Deutschland de facto von jeglichem Fehlverhalten – mit den Worten »aus heutiger Perspektive«, um jeder rechtlichen Pflicht und Haftung aus dem Weg zu gehen. Es vermeidet jeden objektiven Standard und übernimmt nur eine moralische, historische und politische Pflicht; eine Pflicht, die nur durch ihren eigenen guten Willen auch zu einer solchen wird. Niemand zwingt sie zur Erfüllung dieser moralischen und politischen Pflicht, das behalten sie sich selbst vor – und darum beruht die gesamte Erklärung auf der Bereitschaft Deutschlands, irgendetwas zu tun. Wenn sie nicht bereit sind, in irgendeiner Form zu handeln, dann gibt es auch keine rechtlichen Verpflichtungen oder Konsequenzen für sie. Deshalb wird sich Deutschland entschuldigen und entscheiden, dass es etwas Geld für Versöhnung und Wiederaufbau bereitstellen wird: aber keine Reparationen!

Laut Paragraf 14 soll die Erklärung »das schmerzhafte Kapitel schließen«. Aber aus wessen Perspektive soll dies geschehen? Aus der des Täters, aus der des Opfers oder aus der von beiden als Überlebenden? In Paragraf 20 stimmen beide Regierungen darin überein, dass diese Erklärung als Lösung aller finanziellen Aspekte der Fragen im Zusammenhang mit dem Völkermord gilt. Es heißt nur, Deutschland »erklärt sich bereit«, doch hätte es eher heißen müssen, es »verpflichtet sich«, und somit hat Deutschland mittels seines Protegés SWAPO auch die bisher beste Erklärung mit seiner Kolonie unterzeichnet. »*Let bygones be bygones*« [Lasst Vergangenes vergangen sein / Lasst die Vergangenheit ruhen], ist deshalb Deutschlands Herangehensweise mit dieser Erklärung,[1] da nach dem genozidalen Krieg eine »Privilegiengesellschaft« etabliert wurde.

Vielen von uns geht es nicht darum, die Toten zu rächen, sondern darum, den Lebenden und denen, die noch geboren werden, eine Chance zu geben, zusammen als Überlebende zu leben. Bei der Unabhängigkeit hätte sich eine neue politische Gemeinschaft formieren sollen, eine, die inklusiv ist. Aber das postkoloniale Afrika hat das nicht getan, und die erste neue Frage ist: Wer gehört der politischen Gemeinschaft des neuen Nationalstaats an? Und nicht, wie wir Wohlstand verteilen. In seinem neusten Werk postuliert Mahmood Mamdani,[2] dass Dekolonisation politisch ein Prozess mit zwei Richtungen sei: extern die Verwirklichung der politischen Unabhängigkeit von der Kolonialmacht und die Mitgliedschaft in der internationalen Gemeinschaft der Nationen und intern die Neudefinierung und Neuentwicklung der politischen Gemeinschaft. Daher sei, so folgert er, das Politische mit dem Epistemologischen verflochten und die politische Dekolonisation hinterfrage fortan die Bedeutung von Staatsbürgerschaft auf Grundlage von verschiedenen Rechten, vor allem den Bürgerrechten, aber auch den politischen und sozialen Rechten in einem Nationalstaat: Wer hat diese Rechte inne?, ist die Frage. Und ist die Staatsbürgerschaft gleichwertig? Und welcher Nation gehört der Nationalstaat? Mamdani argumentiert, dass in Südafrika der Apartheidstaat den Buren gehört habe, den diese dann für eine neue politische Gemeinschaft aufgegeben hätten, die demokratisch und nicht-rassisch geprägt sei. In Namibia gehörte der Staat zuerst den Deutschen, dann den Buren und heute ist es der Staat der Eliten des Nordens.

Das hat direkte Folgen für die Staatsbürgerschaft. Die Frage ist: Gehören die Opfer des Genozids zur politischen Gemeinschaft Namibias oder ist ihre Identität ein Hindernis dafür, den vollen Status der Staatsbürgerschaft zu genießen? Die Gam und Eiseb-Herero sowie die Mbanderu – sind sie vollständige Staatsbürger der politischen Gemeinschaft? Ganz bestimmt nicht. Und so zeigt diese Erklärung, dass dieser Nationalstaat nicht allen gehört. Sie zeigt, dass Namibia ein Zwei-Staa-

1 Siehe dazu: Kößler, Reinhart: *Namibia and Germany. Negotiating the past*, Windhoek 2015.

2 Mamdani, Mahmood: *Neither Settler nor Native. The making and unmaking of permanent minorities*, Cambridge/London 2020.

ten-System ist: Ein Staat, aber nicht für die, die nicht Teil der Nation sind, die dem Staat und der diesen gehört. Deshalb ist die Beobachtung richtig, dass wir unsere Befreiung überhaupt nicht gewonnen haben. Stammesidentität wird ein Hindernis bleiben auf dem Weg zur vollständigen Staatsbürgerschaft und zum gemeinsamen Besitz des Staates.

(Auszüge einer am 29. September 2021 im Parlament gehaltenen Rede.)

McHenry Venaani

Für ein Abkommen, das unseres Volkes würdig ist

Wir erkennen an, dass die erste europäische Kolonialmacht endlich zugegeben hat, dass die historischen Ungerechtigkeiten und Gräueltaten, die sie begangen haben, das Verbrechen eines Genozids konstituieren. Allerdings lässt die Aufrichtigkeit, die mit diesem sogenannten »Versöhnungsabkommen« einhergeht, viel zu wünschen übrig. Wenn die deutsche Regierung entschlossen wäre in ihrem Bestreben nach Versöhnung, dann würde sie sich nicht so scheuen, den betroffenen *Communities* entgegenzukommen. Dann würde das finale Abkommen auch die Narrative und Wünsche der relevanten Parteien der Betroffenen, der Opfer und Interessierten widerspiegeln, denn ohne deren Zufriedenheit kann es auch keine Lösung geben. Auch ist uns bewusst, dass das deutsche Team in seiner Verhandlungstaktik den Begriff Völkermord in Schach zu halten suchte und das Abkommen nur ohne rechtliche Verpflichtungen akzeptierte.

Das hier vorgeschlagene Abkommen thematisiert nicht den inhärenten, generationsübergreifenden Schaden, den die Ovaherero und Nama in den Jahren 1904–1908 erlitten haben. Dieser generationsübergreifende Schaden umfasst den Verlust von Menschenleben, den Verlust von Besitz (wie Land und Nutztiere) und selbstverständlich die andauernde Entwurzelung von Familien, zerstreut über die Region und den Kontinent. Noch wichtiger ist es, zu erwähnen, dass das Abkommen nicht die Würde derer wiederherstellt, deren Leben fundamental erschüttert wurde. Tausende Menschen, die direkte oder indirekte Nachkommen sind, leben immer noch mit tiefen Narben, die aus diesem Genozid resultieren. Zudem ist das Wort »Reparationen« nirgends zu finden.

Eine Sache, die glasklar wurde, ist, dass sowohl die deutsche als auch die namibische Regierung versagt haben, wenn es darum geht, den durch die Gräueltaten der Jahre 1904–1908 angerichteten Schaden zu verstehen und anzuerkennen; von den daraus resultierenden Langzeitleiden unter den überlebenden Ovaherero und Nama, wie Staaten- und Obdachlosigkeit, müssen wir gar nicht erst reden. Dieses Fehlen jeglicher Empathie beider Regierungen mit den Betroffenen hat dazu geführt, dass aus deren Sicht das Abkommen nicht einmal das Papier wert ist, auf dem es geschrieben wurde. Und das alles, obwohl Bundespräsident Richard von Weizsäcker 1985 den Aspekt der generationsübergreifenden Verantwortung betont hatte. In seiner Rede sagte er: »Die große Mehrheit der heutigen Bevölkerung waren damals Kinder oder nicht geboren, aber ihre Vorväter haben ihnen ein schwerwiegendes Erbe hinterlassen. Wir alle, ob nun schuldig oder nicht, jung oder alt, müssen die Vergangenheit akzeptieren. Wir alle sind von ihren Konsequenzen betroffen und für diese verantwortlich.«

In der gleichen Art und Weise muss die Regierung mit Vertretern der Betroffenen, zu Hause und in der Diaspora, in Kontakt treten. Es ist ihr Geburtsrecht, an diesen Verhandlungen beteiligt zu sein. Daher auch jener Ruf, der bei den aktuellen Demonstrationen gegen dieses Abkommen zu hören war: *»Nothing About Us, Without Us!«* [Nichts über uns, ohne uns!] Das ist besonders für die Ovaherero und Nama in der Diaspora zutreffend. Sie müssen Teil dieser Geschichte sein, denn sie waren Teil der schmerzhaften Vergangenheit.

Ein Gedenktag dient der Erinnerung an das, was geschehen ist, damit wir es nie vergessen. Solch ein Tag würde auch dazu dienen, Aufmerksamkeit in der Nation zu steigern. Solch ein Tag kann dazu da sein, politische und rechtliche Entwicklungen zu befördern, mit denen wiederum eine mit der Macht einhergehende Straffreiheit bekämpft werden könnte. Der 9. Dezember 2020 ist der »Internationale Tag des Gedenkens an die Opfer des Verbrechens des Völkermordes und ihrer Würde und der Verhütung dieses Verbrechens« und gleichzeitig der 72. Jahrestag der »Konvention über die Verhütung und Bestrafung des Völkermordes« (»UN-Völkermordkonvention«). Dies ist das erste Menschenrechtsabkommen, das von der Generalversammlung der Vereinten Nationen verabschiedet wurde. Ebenfalls wird jedes Jahr am 27. Januar der »Internationale Tag des Gedenkens an die Opfer des Holocaust« begangen. Viele Länder auf der ganzen Welt, die die verheerenden Folgen eines Genozids erlebt haben, haben in ihren Kalendern einen Tag im Gedenken an diese Ereignisse. So auch die Armenier und die Tamilen sowie viele andere.

Vor der Invasion Polens soll Adolf Hitler mit Blick auf die Vernichtung von über einer Million christlicher Armenier durch das Osmanische Reich zu Beginn des 20. Jahrhunderts gesagt haben: »Wer spricht denn heute noch von den Armeniern?« Doch das Versagen, jemanden für die Gräueltaten, die an einem Volk verübt wurden, zur Rechenschaft zu ziehen oder sich nicht an sie zu erinnern, ist nicht nur für die betroffenen Communities schädlich, sondern für das ganze Land. Das sollte uns eine wichtige und ernste Lehre sein. Dieses Versagen entwertet die Geschichte. Chief Fredericks, Chief Samuel Maherero, Chief Hendrik Witbooi, Chief Jakob Marenga und viele andere mutige Söhne und Töchter unseres Kampfes werden sich im Grab umdrehen, wenn die heutige Generation ein solches Abkommen ratifiziert, welches ihre Tapferkeit und ihren Kampf entehrt. Lasst uns dies nicht tun und stattdessen eine Neuverhandlung eines Abkommens anstreben, das unseres Volkes würdig ist.

(Auszüge einer am 28. September 2021 im Parlament gehaltenen Rede.)

Henning Melber / Kristin Platt

Epilog und Ausblick

Am 1. Dezember 2021 wurde nicht nur die Sitzungsperiode des namibischen Parlaments für das Jahr beendet. Zugleich wurde die am 21. September eröffnete Aussprache zum »Versöhnungsabkommen« offiziell abgeschlossen. Vier der Beiträge von Vertretern der drei größten Parteien haben wir in Auszügen dokumentiert. Jenseits der regierenden ehemaligen Befreiungsbewegung SWAPO, die fast zwei Drittel der Sitze hält, wurde die zwischen den beiden Staaten im Mai 2021 paraphierte Vereinbarung einhellig abgelehnt. In der die Auseinandersetzungen abschließenden Rede versicherte Verteidigungsminister Frans Kapofi, der im September namens der Regierung die Aussprache eröffnet hatte, dass die während der zehnwöchigen Auseinandersetzungen vorgetragenen Positionen zur Kenntnis genommen würden. Viele der vorgebrachten Kritikpunkte wies er zurück, würdigte hingegen das mit dem vereinbarten Abkommen Erreichte als Erfolg der Regierung. Zugleich räumte er jedoch weiteren Verhandlungsbedarf für Nachbesserungen hinsichtlich der vereinbarten materiellen Kompensationsleistungen ein, um für eine größere Akzeptanz zu werben. Dabei warnte er davor, die Verhandlungen abzubrechen. Es gäbe keine Garantie, so Kapofi, dass die deutsche Seite bereit und willens sei, neue Verhandlungen zu beginnen. Auch wies er darauf hin, dass die Debatte keine Abstimmung über die Annahme des Abkommens bzw. dessen Ablehnung zum Ziel gehabt hatte. Vielmehr sei sie ein konsultativer Akt der Regierung gewesen, andere Meinungen zu Wort kommen zu lassen. Diese würden Berücksichtigung finden. Des Weiteren bekräftigte Kapofi die parlamentarische Erklärung der Premierministerin vom 30. November, dass die Regierung weitere Gespräche mit der deutschen Seite führen würde. Im Falle einer Einigung würde die unterzeichnete gemeinsame Erklärung im Parlament zum Zwecke der Ratifizierung diskutiert.[1]

Hier zeichnet sich eine Diskrepanz nicht nur hinsichtlich der gravierenden Unterschiede in der Beurteilung des paraphierten Abkommens innerhalb der namibischen Gesellschaft ab. »Die Verhandlungen

1 Republic of Namibia, *Reply to the Discussion on Genocide by Honourable Frans Kapofi*, 01.12.2021, National Assembly.

sind abgeschlossen«, erklärt der deutsche Sonderbeauftragte Ruprecht Polenz in seinem Beitrag zu diesem Band kategorisch. Nachbesserungen welcher Art auch immer an dem paraphierten Text schließt dies aus. Doch die Regierung Namibias scheint mit der Maxime in das Jahr 2022 zu gehen, dass es solche Nachbesserungen geben könnte. Es stellt sich somit die Frage, ob unter der neuen Koalitionsregierung in Deutschland mit einer Neubesetzung der Ressorts (zumal in der Außen- und Kulturpolitik) eine flexiblere Haltung greifen wird – eine Frage, die sich mit Abschluss dieses Buches zum Beginn des Jahres 2022 nicht beantworten lässt. Aber es lässt sich mit großer Wahrscheinlichkeit prognostizieren, dass selbst im Falle solcher Nachbesserungen viele der tiefsitzenden Ressentiments in Teilen der Bevölkerung Namibias nicht überwunden werden und sich die Akzeptanz des Ausgehandelten nicht entscheidend verbessern wird.

Dies verweist erneut auf die schon in den einleitenden Bemerkungen vorgebrachte Überlegung, dass eine tiefgreifende Völkerverständigung im eigentlichen Wortsinn eben die Verständigung zwischen und auch innerhalb von Völkern erfordert. Es verlangt eine wechselseitige Einlassung auf unterschiedlich erfahrene und (wenn überhaupt) erinnerte Geschichte und deren Auswirkungen in der Gegenwart; das betrifft sowohl den direkten Austausch zwischen den Menschen in Deutschland und Namibia, aber auch den Austausch innerhalb Deutschlands und innerhalb Namibias über die Folgen des deutschen Kolonialismus in den beiden Gesellschaften. Dass Rassismus und andere Formen heutiger Ausgrenzungen und Diskriminierungen ihre Wurzeln auch in der Kolonialgeschichte haben, muss deshalb weiterhin betont werden. Dass es gleichermaßen des intensiven Gesprächs auf der Suche nach Verständigung zwischen den Nachkommen einer kolonialen Tätergesellschaft und den Nachfahren der von physischer Vernichtung und Beraubung ihrer herkömmlichen Lebensformen und Existenzgrundlagen kolonisierten Gemeinschaften bedarf, steht ebenso außer Frage.

Verhandlungen und Vereinbarungen auf Regierungsebene können dafür eine wichtige Rolle und Funktion als Katalysator erfüllen, ja notwendige Voraussetzung sein. Aber sie genügen nicht. Auch die deutsch-französische, die deutsch-polnische und andere Begegnungen zur Schaffung und Vertiefung freundschaftlicher Beziehungen zwischen Völkern waren auf die alltägliche Interaktion der Menschen aus und in diesen Ländern angewiesen. Mit der Existenz einer namibisch-deutschen Bevölkerungsgruppe in Namibia wird diese Notwendigkeit besonders augenscheinlich. Dass es in diesem Band (selbst-) kritische

Reflektionen zu dieser gemeinsamen Geschichte gibt, zeigt, dass es möglich ist, sich um Verständigung zu bemühen. Aber wie andere Beiträge ebenfalls dokumentieren, erfordert dies mehr als nur Lippenbekenntnisse und wohlfeile Worte. Insofern ist dem Schlusssatz des Beitrags von Ruprecht Polenz zuzustimmen: »Einen Anspruch auf Versöhnung haben wir nicht.«

Die Autorinnen und Autoren

Tom K. Alweendo wurde 1958 in Omusheshe in der nördlichen Region Oshana geboren. Er studierte an der Universität des Witwatersrand in Johannesburg Handelswirtschaft (Bachelor 1985) und an der Universität Wales Wirtschaftsverwaltung (Master 1990). Er war stellvertretender Leiter (1993–1996) und Leiter (1997–2010) der namibischen Zentralbank und von 2010 bis 2015 Leiter der nationalen Planungskommission. Ab 2015 für die SWAPO im Parlament blieb er bis 2018 Minister für nationale Planung im Büro des Präsidenten, danach wurde er Minister für Bergbau und Energie.

Rakkel Andreas gehört zu einer neuen Generation jüngerer namibischer politischer Sozialwissenschaftlerinnen, die sich für wirkliche Gerechtigkeit für die Nachfahren der Ovaherero und Nama engagiert. Ihre Schwerpunkte umfassen innen- und außenpolitische Analysen, u. a. als Research Associate für das *Institute for Public Policy Research* (IPPR) in Windhoek. Sie hat einen MA mit dem Schwerpunkt Entwicklung und Regierungsführung der Universität Duisburg-Essen sowie einen MA in Advanced European and International Studies des *Centre International de Formation Européenne* (CIFE) in Nizza.

Julia Böcker ist als wissenschaftliche Referentin am Zentrum für ethische Bildung in den Streitkräften (zebis) in Hamburg tätig. Sie studierte in Freiburg und Basel Neuere und Neueste Geschichte, Medienwissenschaften und Öffentliches Recht (MA). Für ein Auslandsjahr war sie in Jerusalem und kehrte für eine Forschungsreise nach Israel zurück. Sie bildete sich praktisch zur Mediatorin weiter und konnte darin Erfahrungen sammeln, als sie lange in den USA lebte. Ein Studium in Friedensforschung und Sicherheitspolitik (MPS) absolvierte sie in Hamburg; ihre Abschlussarbeit wurde mit dem *EUROisme Award for the Best Thesis in Military Ethics* ausgezeichnet. Der juristische, politische und gesellschaftliche Umgang mit der Vergangenheit ist für sie ein Kernthema.

Medardus Brehl, promovierter Literaturwissenschaftler und Historiker, ist wissenschaftlicher Mitarbeiter am Institut für Diaspora- und Genozidforschung der Ruhr-Universität Bochum und verantwortlicher

Redakteur der *Zeitschrift für Genozidforschung*. Seine Arbeits- und Publikationsschwerpunkte sind Kolonialismus und Völkermord, Kolonialdiskurs- und Kolonialliteratur, politische Literatur, Literatur und Bellizismus, völkisch-nationale und nationalsozialistische Weltanschauung.

Sevim Dağdelen ist seit 2005 Mitglied des Deutschen Bundestages. 2017 bis 2019 war sie stellvertretende Vorsitzende der Fraktion DIE LINKE. Seit 2017 ist sie Mitglied und Obfrau im Auswärtigen Ausschuss des Bundestages. Sie setzt sich unter anderem für die Aufarbeitung deutscher Kriegs- und Kolonialverbrechen und eine friedliche Außenpolitik ein.

Albert Gouaffo unterrichtet deutsche Literatur- und Kulturwissenschaft sowie interkulturelle Kommunikation in der Abteilung für angewandte Fremdsprachen der Universität Dschang in Westkamerun. Er ist Vizepräsident des Vereins der Germanisten südlich der Sahara (GAS). Zu seinen aktuellen Forschungsinteressen gehören die deutsche Literatur der Kolonialzeit in Afrika, die deutsche Literatur der afrikanischen Diaspora, Erinnerungsstudien und Provenienzforschung zu Kulturgütern, die während der deutschen Kolonisation entwendet wurden. Sein aktuelles, gemeinsam mit Stefanie Michels herausgegebenes Buch trägt den Titel *Koloniale Verbindungen – transkulturelle Erinnerungstopografien: Das Rheinland in Deutschland und das Grasland Kameruns* (Bielefeld: Transcript 2019).

Dag Henrichsen (geboren 1962) kommt aus Swakopmund, ist namibischer Historiker und promovierte nach Studienaufenthalten in Freiburg i. Br., Leiden und London in Hamburg. Er lebt in Frankreich und ist bei den Basler Afrika Bibliographien, *Namibia Resource Centre & Southern Africa Library* und am Zentrum für Afrikastudien der Universität Basel in der Schweiz tätig. Er ist Autor zahlreicher Veröffentlichungen zur Geschichte Namibias im 19. und 20. Jahrhundert.

Naita Hishoono ist leitende Geschäftsführerin des *Namibia Institute für Demokratie* (NID), einer NGO für politische Bildung. Sie ist seit 16 Jahren für politische Bildungsprojekte und entwicklungspolitische Initiativen in Namibia und im südlichen Afrika verantwortlich. In Deutschland referierte sie u. a. über die aktuellen politischen Debatten in Namibia zum Versöhnungsabkommen zwischen Deutschland und Namibia. Als Referentin für entwicklungspolitische Bildungsarbeit hielt Hishoono Vorträge beim GIZ-Programm *Weltwärts* an Schulen, Akademien, Volkshochschulen und vor Stadträten in Deutschland. Sie unterstützt *lea,* die gemeinnützige bildungsgesellschaft mbH der Gewerkschaft Erziehung und Wissenschaft Hessen, bei der Organisation von Studienreisen nach Namibia. Sie lebt mit ihren zwei Töchtern in Windhoek.

Dominic Johnson ist langjähriger Afrika-Redakteur der *taz (die tageszeitung)* und Ko-Leiter des *taz*-Auslandsressorts. Er ist britischer Staatsbürger, hat an der Universität Cambridge Ethnologie und Politik studiert und zahlreiche afrikanische Länder bereist. Zu seinen Buchveröffentlichungen gehören *Kongo. Kriege, Korruption und die Kunst des Überlebens* (Frankfurt am Main: Brandes & Apsel 2008, 2. Aufl.), *Afrika vor dem großen Sprung* (Berlin: Wagenbach 2011) und zusammen mit Simone Schlindwein und Bianca Schmolze *Tatort Kongo, Prozess in Deutschland. Die Verbrechen der ruandischen Miliz FDLR* (Berlin: Chr. Links 2016).

Uazuvara Ewald Kapombo Katjivena, geboren 1941 in Otjiwarongo, ging in Ongomb'ombonde zur Schule. Das *Augustineum College* in Okahandja schloss ihn wegen »politischer Gründe« aus. Er trat der *Ovamboland People's Organisation* (OPO) bei, die zur SWAPO wurde. 1964 ging er ins Exil nach Tansania. Er wurde Vertreter der SWAPO in Kairo, dann in Algier. 1972 organisierte er die erste internationale Namibia-Konferenz in Brüssel. Von 1974 bis 1977 absolvierte er die Deutsche Film- und Fernsehakademie in Westberlin, danach studierte er an der Deutschen Akademie für Kunst und Kommunikation. Er war Referent an norwegischen Hochschulen und in der Öffentlichkeitsarbeit für Flüchtlinge in der Kommune von Arendal. Nach Namibias Unabhängigkeit war er in leitender Funktion an der staatlichen Rundfunk- und Fernsehgesellschaft. Er lebt mit seiner norwegischen Frau in Arendal.

Horst Kleinschmidt wurde 1945 in Swakopmund geboren. Er ging in Johannesburg zur Schule und Universität. Wegen seiner studentischen Aktivitäten wurde ihm der Lehrerberuf verwehrt. Ab 1972 arbeitete er für Beyers Naudé (mit Steve Biko) am *Christian Institute*. 1975 wurde er als politischer Gefangener in Einzelhaft genommen und konnte 1976 ins Exil fliehen. Er war Direktor des *International Defence and Aid Fund for Southern Africa* in London und an der ANC-Untergrundarbeit im Lande beteiligt. Ab 1991 zurück, leitete er Projekte der *Kagiso* und

Mvula Stiftungen und ab 2000 die staatliche Fischereibehörde. 1990 erhielt er den Bruno Kreisky Preis für Menschenrechte, der schwedische König ehrte ihn 1998 mit dem Ritterstand. Er lebt in Kapstadt.

Adetoun Küppers-Adebisi (Dipl. Wirt.-Ing FH) ist Autor*in, Universitätsdozent*in, Publizist*in, Kurator*in. Sie ist Sprecher*in des Rates für Diversity und soziale Inklusion von *Berlin Global Village* und im Vorstand von *Berliner Entwicklungspolitischer Ratschlag*. Seit 2002 konzipiert sie kulturelle Bildungs- und Wissenstransfer-Plattformen in Kooperation mit Institutionen wie Bundeszentrale für politische Bildung, Goethe-Institut, Heinrich-Böll-Stiftung und Haus der Kulturen der Welt. Der May Ayim Award wurde 2004 als deutsches UNESCO-Projekt zur Erinnerung an den Versklavungshandel und seine Abschaffung ausgelobt. Weitere Auszeichnungen kamen u. a. von der UN 2016 und 2020 von CIM für ein Projekt in Nigeria. Seit 2012 kuratiert sie die *Black Berlin Biennale for Contemporary Art & Decolonial Discourse*, seit 2016 offizielles Projekt der UN-Dekade *for People of African Descent*. Mit *African Union African Diaspora Sixth Region* 2009, *The African Network Germany* 2012 und *DaMIGRA* 2015 hat sie drei Bundesverbände begründet. Sie ist Präsidentin von *AFROTAK TV cyberNomads* und wurde für ihre Beiträge zu dekolonialer Erinnerungskultur mehrfach national und international als Medien- und Kulturaktivistin ausgezeichnet.

Michael Küppers-Adebisi ist Performancekünstler, Autor, Publizist, Kurator. Er ist Referent für Diversity und Community-Building bei *Berlin Global Village* und im Vorstand von *Decolonize Berlin*. Seit 2002 konzipiert er kulturelle Bildungs- und Wissenstransfer-Plattformen in Kooperation mit Institutionen wie die Bundeszentrale für politische Bildung, das Goethe-Institut, die Heinrich-Böll-Stiftung und das Haus der Kulturen der Welt. Der May Ayim Award wurde 2004 als deutsches UNESCO-Projekt zur Erinnerung an den Versklavungshandel und seine Abschaffung ausgelobt. Weitere Auszeichnungen kamen u.a. von der UN 2016 und 2020 von CIM für ein Projekt in Nigeria. Seit 2012 kuratiert er die *Black Berlin Biennale for Contemporary Art & Decolonial Discourse*, die seit 2016 offizielles Projekt der UN-Dekade *for People of African Descent* ist. Er ist Mitbegründer von *AFROTAK TV cyberNomads* und wurde für seine Beiträge zu dekolonialer Erinnerungskultur mehrfach national und international als Medien- und Kulturaktivist ausgezeichnet.

Carola Lentz ist Ethnologin, Seniorforschungsprofessorin an der Johannes-Gutenberg-Universität Mainz, Mitglied der Berlin-Brandenburgischen Akademie der Wissenschaften und der Nationalen Akademie der Wissenschaften Leopoldina. Seit November 2020 ist sie Präsidentin des Goethe-Instituts. Nach ihrer Dissertation über Ecuador forschte sie seit Ende der 1980er Jahre in Westafrika, insbesondere Ghana und Burkina Faso. Zu ihren wichtigsten Veröffentlichungen gehören *Land, Mobility and Belonging in West Africa* (Bloomington IN: Indiana University Press 2013), sowie zusammen mit David Lowe *Remembering Independence* (London/New York NY: Routledge 2018). Im Frühjahr 2022 erscheint *Imagining Futures. Memory and Belonging in an African Family* (mit Isidore Lobnibe). Gemeinsam mit Marie-Christin Gabriel verfasste sie *Das Goethe-Institut. Eine Geschichte von 1951 bis heute* (Stuttgart: Klett-Cotta 2021).

Henning Melber wurde 1950 in Stuttgart geboren. 1967 wanderte seine Mutter mit ihm und seinem Bruder nach Namibia aus, wo er 1974 der SWAPO beitrat. Ab 1975 hatte er Einreiseverbot für Namibia (bis 1989) und Südafrika (bis 1993). Er promovierte in Politikwissenschaften und habilitierte in Entwicklungssoziologie, leitete die *Namibian Economic Policy Research Unit* (NEPRU) in Windhoek (1992–2000), war Forschungsdirektor am *Nordic Africa Institute* in Uppsala (2000–2006), danach bis 2012 geschäftsführender Direktor der dortigen Dag Hammarskjöld Stiftung, ist weiterhin mit beiden Institutionen beratend liiert, außerordentlicher Professor für Politische Wissenschaften an der Universität Pretoria und am *Centre for Gender and Africa Studies* der Universität des Freistaats in Bloemfontein sowie Senior Research Fellow am *Institute for Commonwealth Studies* der Universität London. 1993 bis 2000 war er Vorsitzender der Namibisch-deutschen Stiftung für kulturelle Zusammenarbeit (NaDS). Er hat mehrere Bücher zu Rassismus, Namibia, Afrika und das Verhältnis zu Deutschland in den letzten 30 Jahren bei Brandes & Apsel geschrieben und herausgegeben.

Stephan Mühr ist in Namibia geboren und aufgewachsen und studierte in Freiburg und Hamburg Germanistik. Er ist Associate Professor für German Studies und African-European Cultural Relations an der Universität Pretoria. Seine Dissertation mit dem Titel *Naturwahrnehmung – Fremderfahrung. Entwurf zum Textverständnis europäischer Natur als Fremderfahrung aus der Transformationsgeschichte ihrer Denkfiguren* erschien 2001 bei Peter Lang. In seinen Publikationen setzt er sich immer wieder mit interkultureller Hermeneutik, postkolonialer Literatur und den Erinnerungskulturen zu Namibia auseinander. Von 1998 bis 2003 war er Geschäftsführer der Namibisch-deutschen Stiftung für kulturelle Zusammenarbeit (NaDS) und leitete in dieser Funktion die Entwicklung eines multilateralen Begegnungszentrums, aus dem das Goethe-Institut Windhoek hervorgegangen ist.

Jephta Uaravaera Nguherimo wurde 1963 in dem Dorf Okanjokomukona geboren. Unter dem südafrikanischen Apartheid-Regime wurde er zum politischen Flüchtling. 1987 erhielt er ein Bischof Desmond Tutu Stipendium für die *University of Rochester* in New York, wo er den Grad eines *Bachelor of Science* in Internationaler Politischer Ökonomie und Philosophie erwarb. 1997 graduierte er als *Master of Science in Labor Studies* an der *University of Massachusetts-Amherst.* Als anerkannter Vermittler in Arbeitsdisputen und Aktivist war er Mitbegründer des *OvaHerero, OvaMbanderu and Nama Genocide Institute.* Er verfasste die 2019 im Eigenverlag erschienene Gedicht- und Essaysammlung *unBuried-unMarked. The unTold Namibian Story of the Victims of the Genocide between 1904–1908.* Er lebt in den USA.

Kristin Platt ist promovierte Sozialpsychologin und habilitierte Kulturwissenschaftlerin. Sie leitet das Institut für Diaspora- und Genozidforschung der Ruhr-Universität Bochum und ist Privatdozentin am Institut für Kulturwissenschaft der Humboldt-Universität zu Berlin. Ihre Arbeits- und Publikationsschwerpunkte liegen in den Bereichen Genozidforschung, Diasporaforschung und Traumaforschung. Sie fragt nach Bedingungen individueller und kollektiver Tötungsbereitschaft und nach den Langzeitfolgen von Gewalterfahrungen. Sie ist Mitherausgeberin der *Zeitschrift für Genozidforschung* und der Publikationsreihe *Genozid und Gedächtnis.*

Ruprecht Polenz (geb. 1946) ist Jurist, war von 1994 bis 2013 Mitglied des Deutschen Bundestages und 2000 Generalsekretär der CDU. Von 2005 bis 2013 leitete er den Auswärtigen Ausschuss, von 2002 bis 2016 war er Vorsitzender des ZDF-Fernsehrats. Seit 2013 ist er Präsident der Deutschen Gesellschaft für Osteuropakunde, Dean des *Global Diplomacy Lab* (GDL) und deutscher Co-Rektor des *Turkey Europe Future Forum* (TEFF). Seit 2015 ist er Sondergesandter des Auswärtigen Amtes für die Verhandlungen mit Namibia.

Sylvia Schlettwein, geboren 1975 in Omaruru, wuchs in Stellenbosch (Südafrika), Katima Mulilo und Windhoek auf. Sie studierte Germanistik und Galloromanistik an der Universität Kapstadt, an der *Ecole Normale Supérieure de Lettres et Sciences Humaines* in Lyon und an der Universität Stuttgart, wo sie 2002 ihr Magisterstudium abschloss. Sie kehrte 2003 nach Namibia zurück und lebt und arbeitet seitdem in Windhoek. Sie war Reiseagentin, Lehrerin, Leiterin ihres eigenen Nachhilfe- und Sprachzentrums, Dozentin/Abteilungsleiterin für Sprache und Kommunikation an der *International University of Management.* Derzeit unterrichtet sie Deutsch, Französisch und Geschichte an der Deutschen Höheren Privatschule Windhoek. Außerdem engagiert sie sich seit vielen Jahren für die Literatur in Namibia und ist als Schriftstellerin, Übersetzerin, Lektorin und Moderatorin tätig.

Carl-Hermann (Calle) Schlettwein wurde 1954 in Otjiwarongo geboren. Er besuchte die deutschen Privatschulen in Karibib und Windhoek. An der Universität Stellenbosch studierte er Zoologie und Botanik (Bachelor 1978) und Entomologie (Master 1981). Danach arbeitete er als Fachkraft in der Landesverwaltung für Wasserangelegenheiten. Mitte der 1980er Jahre schloss er sich der SWAPO an. Seit der Unabhängigkeit 1990 war er Staatssekretär in mehreren Ministerien. Ab 2010 für die SWAPO im Parlament wurde er stellvertretender Finanzminister (2010–2012), Minister für Handel und Industrie (2012–2015) und Finanzminister (2015–2020). Seit 2020 ist er Minister für Land, Wasser und Landreform.

Bernadus Clinton Swartbooi wurde 1977 in Tses im südlichen Namibia geboren. Er erwarb ein Lehrerdiplom am *Windhoek College of Education* (die spätere Universität Namibia), studierte Land- und Agrarreform an der südafrikanischen *University of the Western Cape* sowie Jura an der Universität Namibia (Bachelor 2001). Er war Regionalgouverneur der Region //Kharas, ab 2015 SWAPO-Parlamentsmitglied und stellvertretender Minister für Land und Umsiedlung. Nach Konflikten um die Landpolitik wurde er 2017 des Amtes und kurz danach seines Parlamentssitzes enthoben. Er gründete die *Landless People's Movement* (LPM), die er seit 2020 als Parteivorsitzender gemeinsam mit drei weiteren Abgeordneten im Parlament vertritt.

Uwe Timm wurde 1940 in Hamburg geboren. Er studierte Philosophie in München und Paris, ist Schriftsteller und hat unter anderem die

Romane und Essays *Heißer Sommer* (München u.a.: Bertelsmann 1974), *Morenga* (München: Verlag Autoren-Edition 1978), *Die Entdeckung der Currywurst* (Köln: Kiepenheuer und Witsch 1993) und zuletzt *Ikarien* (Köln: Kiepenheuer und Witsch 2017) verfasst.

MacHenry Venaani wurde 1977 in Windhoek geboren. Er studierte am *Holborn College* in London und schloss mit Diplomen in Verfassungsrecht (1999) und internationalem Handelsrecht (2002) ab. Von 2003 bis 2010 war er jüngstes Mitglied des namibischen Parlaments. Nach innerparteilichen Rivalitäten wurde er 2013 Präsident der Demokratischen Turnhallen-Allianz (DTA). Seit 2015 ist er Vorsitzender der 2017 in *Popular Democratic Movement* (PDM) umbenannten DTA, die als offizielle Opposition seit 2020 mit 16 Abgeordneten im Parlament vertreten ist.

Erika von Wietersheim wurde 1952 in Lüderitzbucht geboren, verbrachte ihre Kindheit und Jugend in Namibia, Deutschland und Südafrika und studierte an der *University of Cape Town* Germanistik und Sozialanthropologie. Von 1976 bis 1990 lebte und arbeitete sie auf einer Farm im Süden Namibias, wo sie eine Schule für die Kinder auf der Farm und in der Umgebung aufbaute. 1991 zog sie mit ihrer Familie nach Windhoek. Sie arbeitet seitdem als Autorin (u.a. *This land is my land, Nur 24 Zeilen* und *Good morning, Namibia!*) und freie Journalistin für namibische und europäische Zeitungen und Zeitschriften (u.a. *NZZ, der überblick, afrika süd*) und ist in zahlreichen sozialen, politischen und kirchlichen Bildungsprojekten engagiert.

Olaf Zimmermann, Publizist, war Kunsthändler und Galerist. Seit März 1997 ist er Geschäftsführer des Deutschen Kulturrates. Er ist Herausgeber und Chefredakteur von *Politik & Kultur*, der Zeitung des Deutschen Kulturrates, und Herausgeber des Sammelbands *Kolonialismus-Debatte. Bestandsaufnahme und Konsequenzen – Aus Politik & Kultur 17* (Berlin: Deutscher Kulturrat 2019). Er ist Vorsitzender des Beirates der Stiftung Digitale Spielekultur, Vorsitzender des Stiftungsbeirates der Kulturstiftung des Bundes und Sprecher der *Initiative kulturelle Integration*. 2020 wurde ihm der Verdienstorden der Bundesrepublik Deutschland verliehen.

Benrd Heyl

Namibische Gedenk- und Erinnerungsorte

Postkolonialer Reisebegleiter
in die deutsche Kolonialgeschichte

284 S., Pb. Großoktav, 29,90 €
durchg. vierfarbig ISBN 978-3-95558-306-4

»Die Lektüre des Buches ermöglicht den Lesern einen aufschlussreichen Zugang zu historischen Ereignissen oder Vorgängen. Zu diesen Themen wurden zahlreiche Archivmaterialien, historische Abbildungen genutzt. (...) Das Buch lädt ein, sich umfassende Hintergründe über den Kolonialismus zu erschließen. Es ist ein Gewinn, einen anderen Blick auf die Geschichte des erst 1990 unabhängigen Namibia zu werfen. (...) Die gegenwärtigen Diskussionen um den Völkermord verdeutlichen eindringlich die Bedeutung für die Gegenwart. In diesem Zusammenhang ist diese Publikation ein bedeutsamer Beitrag der Erinnerungskultur.« (Theresa Endres, africa-live.de)

Henning Melber (Hrsg.)

Deutschland und Afrika – Anatomie eines komplexen Verhältnisses

228 S., Pb. Großoktav, 22,90 €
ISBN 978-3-95558-257-9

Zahlreiche namhafte Autorinnen und Autoren tragen in fast zwanzig Kapiteln kompetent dazu bei, umfassender und differenzierter als je zuvor die deutsch-afrikanischen Beziehungen kritisch zu reflektieren. Sie leisten damit einen notwendigen Beitrag zu einem überfälligen Diskurs, der den Realitäten im Zeitalter des Postkolonialismus Rechnung trägt.

»Dieses Buch von Henning Melber sollte man, wenn man in der Kolonialismus-Diskussion mitreden möchte, unbedingt gelesen haben.« (Olaf Zimmermann, Leiter des Deutschen Kulturrates, via Twitter)